Christoph Keller ist nicht nur ein bekannter Schriftsteller und Theaterautor, er ist auch Rollstuhlfahrer. Da er die Welt aus einer anderen Perspektive wahrnimmt, hat er seine Lebensgeschichte geschrieben. Seine mit viel Humor erzählte Autobiographie führt von Sankt Gallen bis nach New York. Im Mittelpunkt steht der Vater, der einst ein sehr erfolgreicher Unternehmer war, bald aber Konkurs anmelden musste, einer obsessiven Sammelleidenschaft nachging, eine Kunstgalerie eröffnete und seine drei Söhne, die alle an Muskelschwund erkrankten, als Krüppel betrachtete. Ein Buch, das den Blick auf die Welt verändert.

»*Eine bewegende Lektüre und eine im Goetheschen Sinne ›ironische Ansicht des Lebens‹.*«
Neue Zürcher Zeitung

Christoph Keller wurde 1963 in St. Gallen geboren. Von 1984 bis 1991 studierte er Slawistik und Amerikanistik in Genf und Konstanz. Christoph Keller ist mit der amerikanischen Lyrikerin Jan Heller Levi verheiratet und lebt in St. Gallen und New York.

Unsere Adresse im Internet: www.fischerverlage.de

Christoph Keller

Der beste Tänzer

Fischer
Taschenbuch
Verlag

Veröffentlicht im Fischer Taschenbuch Verlag,
einem Unternehmen der S. Fischer Verlag GmbH,
Frankfurt am Main, April 2008

© S. Fischer GmbH, Frankfurt am Main
Druck und Bindung: Clausen & Bosse, Leck
Printed in Germany
ISBN 978-3-596-16884-2

für Jan
meiner Familie

This gave me that precarious Gait
Some call Experience.
Emily Dickinson

Epilog & Prolog

Frühlingsmorgen, 1995

Die Galerie beansprucht nur ein einziges Zimmer des Atelierhauses und manchmal den Korridor, der zu dem größten Raum des Gebäudes führt. In der Ecke, die der Tür schräg gegenüber liegt, hinter einem während der Öffnungszeiten zurückgeschobenen Vorhang, sitzt der alte Galerist und wartet auf Kundschaft. Es ist vier Uhr nachts.

Die Fenster des kleinen Ausstellungsraums hat er zumauern lassen, um Hängfläche für seine gegründete, aber noch nicht eröffnete Galerie zu gewinnen. Als man ihn jedoch nach dem Bankrott seines Geschäftes auch aus seinem eigenen Heim vertrieben hat, sah er sich gezwungen, das ganze Zimmer zu verbarrikadieren, um wenigstens einen Bruchteil dessen in Sicherheit zu bringen, was einst die bedeutendste Kunst- und Antiquitätensammlung weit und breit gewesen ist.

Der Galerist senkt den Kopf und nickt sich zu. Hätte er damals nicht für sich selbst gesorgt, er besäße jetzt nicht einmal den Stuhl, auf dem er sitzt. Es bleibt still. Natürlich bleibt es still. Niemand kommt, wie so oft.

Er lacht auf. Dass die Eindringlinge den Galerieraum nicht entdeckt haben, ist das eine. Jeder hat den auffälligen Vorhang – wer hängt schon einen schweren Samtvorhang vor eine Tür? – weggezogen und sich mit dem in Blautönen gehaltenen Selbstporträt seines Vormieters, des Malers Max Falk, zufrieden gegeben. Doch wie jene, die sich Konkursbeamte nannten, um ihren Raub vor dem Gesetz zu vertuschen, einen Keller übersehen konnten, ist ihm noch immer, siebzehn Jahre später, ein freudiges Rätsel.

Jetzt füllen die Kunstwerke die privaten Räume des Atelierhauses, stapeln sich unter der Treppe oder lagern im knapp mannshohen Untergeschoss. Die Antiquitäten repariert er oben, von wo er im Winter, wenn die Bäume blätterlos sind, das Dach seines einstigen Hauses sehen kann. Thonet-Stühle, Eisenuhren, Mörser, durchgerostete Stethoskope, Tiffany-Vasen, Zwiebeltaschenuhren, Trichtergrammophone, dazu albenweise His-Master's-Voice-Schellackplatten (Satchmo, den er am liebsten hört), Rosenthal-Teller, Vogelbauer, Christbaumkugeln, aufziehbare japanische Tanzpuppen, Masken aus Urnäsch und dem Kongo, Gartenzwerge aus Thüringen, ein mittelalterliches Zahnziehset im wattierten Holzfutteral, Musikdosen aus Porzellan, und alles, was es aus Zinn gibt.

Wie die Modellwohnungen im nahen Historischen Museum versetzen die liebevoll ausgestatteten Zimmer den Besucher im ersten Stock in eine andere Epoche. Mit dem Unterschied allerdings, dass man hier nur diese Räume betreten muss, um zugleich in Dutzende von Epochen zu geraten, und dass hier, im Gegensatz zum Museum, nicht alles lupenrein ist, manches von nicht ganz astreiner Herkunft und alles käuflich.

Auf einer zurückgelassenen Staffelei Max Falks empfängt im Hauptraum des Atelierhauses den immer selteneren Besucher Ben Vautiers Wandtafel mit dem weißen Kreidesatz KUNST IST ÜBERFLÜSSIG. GEHEN SIE NACH HAUSE. Der Galerist meint diese Aufforderung ernst, obwohl ihr natürlich niemand Folge leistet. Es ist so einfach geworden, den Kunstliebhaber auf den Arm zu nehmen, denkt er, wann immer er an der Tafel vorbeikommt. Bedauerlich, dass sich einer, der sich für einen wahren Kunstliebhaber hält, nicht mehr beleidigen lässt; spucke ihm ins Gesicht, und er kauft dir deinen Speichel ab, während er auf seiner Wange trocknet.

Auch hier gibt es keine Fenster mehr; doch anders als im Galerieraum sind sie nicht zugemauert, sondern mit weißen Decken verhängt, damit das Licht ausgesperrt bleibt. Scheint die Sonne auf die Decken, versetzt sie den Galeristen in jene neblige Stimmung, die er zu lieben gelernt hat. Das milchige Licht der Straßenlaterne aber, die seinen Arbeitswinkel ausgeleuchtet hätte, bleibt ihm erspart.

Dieser Raum, der Max Falks Atelier war, wird nun von Trennwänden in ein kleines Labyrinth von Büros eingeteilt. Nicht, dass der Galerist über einen großen Mitarbeiterstab verfügte; abgesehen von Frau Meili, die zu Öffnungszeiten der Galerie die Besucher begrüßt, ist es nur er selbst, der hier in verschiedenen Funktionen sitzt: als Galerist, als Antiquar, Buchhalter, Werber in eigener Sache, als Bewahrer und Verwalter der Trümmer seiner zerstörten Sammlung, aber auch als Urheber der neuen »Sammlung K«, als Briefeschreiber und Kläger vor Gericht, Soldat und Heiliger Krieger im Kampf gegen die nicht auszurottenden Hunnen, die seine Stadt ein zweites Mal heimgesucht, doch diesmal nicht die Abtei gebrandschatzt und deren Bibliothek geplündert haben, sondern sein Lebenswerk, seine Sammlung, ihn.

Schaut er von seinem Arbeitsplatz auf, sieht er im staubigen Halbdunkel den Zwischenstock, der, nur von einem wackligen Geländer abgegrenzt, in den Raum hineinragt. In diesem gleichsam schwebenden Zimmer stehen eine Kommode, ein mit alten Puppen gefüllter Allgäuer Bauernschrank, ein Stuhl, ein Bett: sein Schlafzimmer für alle Fälle. Wann hat er es das letzte Mal benutzt? Wann ist er zuletzt dort oben gewesen? Die Stiege, steil wie eine Leiter, sieht er von seinem Platz aus nicht, doch er sieht sie, wie auch den Wandtafelspruch, der dort steht, wenn er den Raum betritt. Das Besondere an dieser Treppe ist das Geländer, ein echtes Schiffstau, das alle berühren wollten, ob es ein gefügiges Mädchen war, das ihm, oder ein williger Kunde, dem er voran gestiegen ist.

Oft stand er früher hier mit ausgestreckten Armen, um einen seiner Buben, der ihm auf dem Hosenboden entgegenpolterte, am Sturz zu hindern. »Achtung, ich komme!« hört er seinen Jüngsten rufen, darauf dessen Kichern, dann den Schlachtruf – was war es gleich? – »Ahoi, König, ich entere!« oder so ähnlich. Bevor sein Sohn selbst herunterpolterte, klapperte seine geliebte metallene Treppensteigfeder herab, *klonk-pfut, klonk-pfut,* dann, *pott-pott-pott,* der Sohn selber, einer von dreien, zögernd wie die Feder, auf jeder Stufe von neuem anhaltend, Atem holend, Mut fassend, bevor er die nächste Stufe in Angriff nahm, als sei eine Stufe etwas, vor dem man sich fürchten muss.

Für einen Augenblick meint der Galerist im Halbdunkel ein Blitzen zu sehen – ein Bubenauge? die Metallfeder? –, doch er wischt das Bild mit einer Armbewegung weg. Auf dem Schreibtisch so viel Arbeit, und noch mehr oben auf der Werkbank. Uhren, die ticken und nur in Ausnahmefällen die Zeit angeben müssen. Der Einladungsentwurf für die Vernissage, die bereits wieder fällig ist, drängt. Seine Einladungen bestehen lediglich aus dem schwarz gedruckten Namen des Künstlers und dem der Galerie auf weiß glänzendem Hintergrund. Dennoch verursachen ihm diese wenigen Wörter Kopfzerbrechen. Sind sie es, die ihn so müde machen, als wolle sich der Künstler schon vor der Ausstellung darüber beklagen, dass er zu wenig verkauft hat? Unsinn. Und doch: Gibt es Leute, die noch undankbarer sind als Künstler?

»Ja«, seufzt der alte Mann in den verlassenen Raum, »die gibt es«, und beugt sich tiefer über die Einladungskarte. Dabei schlägt seine Brille auf die Lupe, die er dicht vor die Augen hält. Das helle Geräusch erinnert ihn an die Türglocke, eine angerostete Klingel, an deren Klöppel eine Schnur hängt. Auch sie eine Antiquität natürlich; eigenhändig und mit der nachträglichen Einwilligung eines Bauern von dessen Tür geschraubt.

Die Haustür ist nicht verriegelt; den Klöppel ziehen und hereinspaziert. Früher hat er jeden Kunden persönlich bei der Tür empfangen. Das Warten auf den Hausherrn, von diesem gebührend verzögert, verwandelt die Wartenden in Käufer: Wer will schon seine Zeit für schlechte Kunst verschwenden. Je länger einer vor der Tür ausharrt, desto besser wird die Kunst, der er dahinter gegenübertritt. Wer bereits verschwunden ist, wenn der Galerist bei der Tür ankommt, dem ist er doppelt dankbar: dass er ihm zu einem bisschen Bewegung verholfen und dass er ihm seine Zeit nicht gestohlen hat. Zu Bewegung rät ihm der Arzt dringend; nur wann? Wieder fühlt sich sein Schoß feucht an. Aber vielleicht ist das nur Schweiß. Schwül ist es, schwül und stickig.

»Nur mit der Ruhe!« ruft er in den Atelierraum. Seit seinem Schlaganfall – oder vielmehr seit der vernachlässigbaren Serie von »Minischläglein«, die er nicht einmal registriert hätte, wäre er nicht am Morgen auf dem Atelierboden aufgewacht und zum Arzt gegangen, weil ihm sein Knie wehtat –, seither muss seine Kundschaft auf das ihr Kunstverständnis fördernde Warten verzichten: Ihm ist der Weg von seinem Eckposten im Atelierraum bis zur Tür zu weit geworden. Und seither, nun, seither geht er am Stock.

Deshalb hat er Frau Meili im Korridor mit Sicht auf die Eingangstür hinter einem Tischchen postiert; darauf liegen mehrere Exemplare des Programmes und der Jubiläumsbroschüre der Galerie, die gehefteten Leserbriefe zu Roman Signers Brunnen, der erwiesenermaßen die Tauben und damit die sie fütternden alten Schachteln aus ihrem Park vertrieben hat, der auch auf Englisch erhältliche Katalog seiner Vogelkäfigsammlung, die in der Schweiz ihresgleichen sucht, sowie einige der Bücher seines jüngsten Sohnes: Am liebsten hat er jenes, in dem er bereits im ersten Viertel mitsamt Haus und Haut und Haaren und Bibliothek und Sammlung verbrennt.

Wo steckt Frau Meili? Er schaut auf die Uhr. Schon bald fünf. Er kann sich nicht erinnern, dass er ihr für heute freigegeben hat. Es ist nicht das erste Mal, dass sie nicht erscheint. Die gute Seele mag ihren Aufpassdienst kostenlos verrichten, und doch muss er wissen, ob er sich auf sie verlassen kann. Nun, nicht ganz kostenlos. Eben erst hat er ihr eine Lithographie geschenkt, eine unnummerierte, was sie, wie vorauszusehen war, nicht bemerkt hat. Er darf nicht vergessen, sie zu mahnen, fängt also an, die Buchstaben, an denen er, wie er feststellt, auch schon spart, mit seinem dicken grünen Filzstift zu malen: M.li. Als er das m für mahnen zu formen beginnt, wirbelt er herum.

Was war das? Er horcht, ob das Knarren der Tür zu hören ist, und starrt in den düsteren, von den Rauchschwaden seiner Zigarre durchzogenen Raum. Es bleibt still. Er seufzt; schimpft dann laut auf die hiesigen Kunstbanausen, die auch heute wieder in Scharen nicht erschienen sind. Er zieht seine Buchhaltermütze, die nur aus einer Sonnenblende und einem Gummiband besteht, tiefer in die Stirn, hält sich die Lupe vor die Brille und beugt sich zur Einladungskarte hinab. Wie schreibt man »Vernissage« gleich wieder, wie »Einladung«? Erneut hört er den Türklöppel.

Diesmal reagiert er sofort. Er stemmt sich aus seinem Stuhl, greift nach dem Stock und schlurft in den Korridor hinaus. Die Eingangstür ist zu: keiner da. Der Staub schwebt in der Lichtsäule des Türfensters hoch. Wieder schaut er auf die Uhr. Wieder springt der Zeiger vor. Zeit, nach Hause zu gehen. Die Galerie ist nachmittags von zwei bis fünf Uhr offen, und jetzt ist es fünf.

Draußen ist es so hell – oder düster – wie an anderen milchignebligen Tagen auch. Der Galerist zieht die Tür hinter sich zu, dreht den Schlüssel zweimal im Schloss um und rüttelt zur Sicherheit daran. Er hält sich am Türpfosten fest und nimmt die erste der Stufen rückwärts. Rückwärts, weil er ohnehin schon so dasteht. Daraufhin – diesen Tritt hat er mit einer eleganten Pirouette einwandfrei genommen – packt ihn der Übermut. Er dreht sich um und schreitet aus, in den Abgrund der zweiten und dritten Stufe. Jetzt kann er sich auf den Stock verlassen. Was, wenn er den Stock vergessen hätte? Er kichert. Er kann den Stock für diesen zweiten Tritt nicht vergessen haben, weil er ohne Stock nicht so weit gekommen wäre. Dann trübt sich seine Stimmung wieder.

Die Kopfsteinpflaster stehen mit ihren Kanten vor und sind mit Moos überzogen. Hat es geregnet? Das würde den unebenen Weg auch noch rutschig machen. Tapfer schreitet er los, schwingt mit dem Stock aus und erreicht sicher das Ende des Wegs, der durch einen makellos verwilderten Garten mit einigen Skulpturen führt. Die Kurbelwelle eines VW Käfers ist sein Werk. Er hat sie auf einer Schrotthalde gefunden, gesockelt und zwischen die anderen Skulpturen gestellt. Manche der Werke sind von dem Gestrüpp, das sie umgibt, nicht mehr zu unterscheiden. Sollte er eines davon als Kunst verkaufen? Den Segen hätte er in Form eines Geleitwortes von Jolanda Gut, der führenden Kunstkritikerin der Region, die ein Pissoir nicht von einem Duchamp unterscheiden kann und trotzdem an allen Futtertrögen sitzt.

Überhaupt ist das eine Idee: die Gestrüppe entwurzeln und sie in der Galerie ausstellen. Als letzte Vernissage, mit der er sich verabschieden würde; und als endgültigen Kommentar, was er tatsächlich von den Sankt Galler Kunstkennern hält, die Gut inbegriffen. Er sieht den Artikel schon vor sich: ... Wahrheitsliebe und die Liebe zur guten Kunst haben ihn angetrieben ... Nach seinem Schicksaljahr, 1978, als ihm Sammlung, Geschäft und Familie genommen worden sei, habe er seinen Lebensunterhalt mit Antiquitätenhandel bestritten, da Kunst ja nicht rentieren müsse (so ein Quatsch!). Ein Evergreen ist die Bemerkung (hat er das wirklich einmal gesagt?), dass er mit den Künstlern menschlich warm werden müsse, da eine Zusammenarbeit sonst ausgeschlossen sei. Und auch dies wird beim Abschied von der Galerie wieder in der Zeitung stehen, ob er es sagen wird oder nicht, nämlich, dass es ihm um die jungen Leute gehe, die den Weg noch vor sich haben und die er fördern würde, als seien es seine eigenen Söhne. Nur wird er sich nicht verabschieden. Er wird hundertzwanzig Jahre alt werden, wie er es stets angekündigt hat, und danach unsterblich. Unbesiegbar ist er schon.

Vor ihm breitet sich der menschenleere Parkplatz aus. Er beginnt etwas zu summen, das sich wie *Do Not Forsake Me, Oh My Darling* anhört. Jetzt, wie er blinzelnd über den weiten Platz blickt, als scheine die Sonne tatsächlich, ist er Will Kane, der Sheriff von Hadleyville aus *High Noon*, und der Parkplatz ist Hadleyville, USA. Land der Freiheit, Land der Helden, deren letzter Will Kane ist.

Noch immer ist die Hauptstraße von Hadleyville menschenleer. Das mag um diese Tageszeit, da die Menschen von ihrer Arbeit nach Hause kommen, erstaunen, doch Will Kane weiß, warum es so ist. Es ist der Verrat, der die Stadt leergefegt hat, denn buchstäblich die ganze Stadt hat ihn verraten. Als Erster hat ihn sein Hilfssheriff, der seinen Job wollte, sitzen gelassen. Seinem Beispiel folgten sein Buchhalter, der ihn jahrelang beschissen hat, seine Freunde, die davon, dass sie ihm Hilfe angeboten hatten, nichts mehr wissen wollten, seine drei nutzlosen Söhne, sein Hund und natürlich seine Frau, die auf den letzten Zug gesprungen ist und Hadleyville verlassen hat, als es noch Zeit war. Hunde, Hunnen, alle!

Den letzten Versuch hat vor einem Jahr sein jüngster Sohn unternommen. Er meldete sich, nachdem er ein Dutzend Jahre nichts von sich hatte hören lassen, weil er vernommen hatte – von wem eigentlich? –, dass es mit seinem leiblichen Vater zu Ende gehe. Diesen Gefallen hat er ihm und allen anderen nicht getan, doch hat er ihn ein paar Mal im *Hirschen* und in seiner Galerie empfangen und ihm sogar seine eigenen Kunstwerke gezeigt, die er in einem Luftschutzkeller lagert. Dass er sich schließlich überreden ließ, ihn in seine Wohnung zu lassen, um zu sehen, was vom Erbe noch übrig ist, war ein Fehler, den er, noch nicht zu spät, korrigiert hat, als er Larry, der sich seit seiner ersten Ausstellung für den Giacometti der Postpostmoderne hält, seinen Jüngsten auf dem Rücken die Treppe hochtragen sah. Was, gelinde gesagt, ein sonderbarer Anblick war.

Er schaut sich um. Alles ruhig, wie erwartet. Der Verrat der Hadleyviller an ihm ist so perfekt, dass sie ihn nicht einmal hinter vorgezogenen Gardinen beobachten.

Will Kane fröstelt. Es ist kälter, als er gedacht hat. Das Lied verstummt, als er sich anschickt, den Platz zu überqueren. Auch das ist immer so. Auf dem Platz entsteht die Stille, und aus der Stille tritt Frank Miller, der Killer, den er eingesperrt hat und der gekommen ist, um ihn zu töten. Er wartet am anderen Ende der Hauptstraße von Hadleyville. Will Kane schaut auf die Uhr, der Zeiger springt auf die nächste Ziffer. Beim *Hirschen* klopft er an die Tür. Brennt im Saloon nicht Licht? Er drückt die Klinke, die Tür gibt nicht nach. Wie kann um diese Zeit das Lokal geschlossen sein? Der Wirt, dieser Feigling, hockt unter dem Tresen und zittert um sein Leben. Wie kann es anders sein: Er rettet sie, sie verraten ihn.

Das Fluchen setzt ihn wieder in Bewegung. Verwünschungen schießen wie Kugeln aus seinem Mund. Auch heute riskiert er für die anderen alles, weiter!, weiter!, da steht Frank Miller, *peng-peng!*, was für ein erbärmlicher Schütze. Rasch über die Straße, das Wasser ist tief, die Ampel steht auf Rot. Sein Stock sucht auf dem unsicheren Grund des Flusses nach Halt, da!, ein Boot, gerade noch rechtzeitig, das Auto hupt, so stehen sie sich gegenüber, Frank Miller und er, *peng-peng!* Hoch der Stock, von der raschen Bewegung wird ihm schwindlig, er flucht, fast fällt er und kann sich gerade noch an seinem Stock festhalten, sonst hätte ihn Frank Miller zu spüren bekommen. Er tut nur, was er zu tun hat, egal, ob ihm einer hilft, jetzt ist er nicht mehr Will Kane, der auf Hilfe angewiesen ist – was für ein Held ist das überhaupt, der sich am Ende von seiner Frau retten lassen muss? –, jetzt ist er Sheriff John T. Chance aus *Rio Bravo*, der sich dem Duell stellt, ob ihm dabei einer hilft oder nicht. John T. fragt nicht, John T. handelt, *peng-peng!*, da gelingt es dem Autofahrer endlich, den alten Mann von der Straße zu hupen.

John T. aber ist zufrieden. Wie immer hat er das Duell gewonnen, mindestens zwei Dutzend mexikanische Saukerle verbluten im Straßengraben. Recht geschieht ihnen, GESUCHT: TOT ODER LEBEND, wer sich mit ihm anlegt, ist immer gleich tot, *peng-peng!*, *klonk-klonk*, der Stock klappert dem anderen Ufer zu, und kaum steht der Alte sicher auf dem Gehsteig, fuchtelt er mit dem Stock und flucht dem Auto nach.

Er muss es nur noch am Café Zimmermann vorbei schaffen, beim Fotogeschäft um die Ecke, dann ist er zu Hause. Nur noch ein Hinterhalt, der letzte aber ist immer besonders heimtückisch. Bevor er die acht Stufen, die zu seinem Hauseingang führen, wirklich sieht, tauchen sie wie das Gefühl, das den Parkplatz angekündigt hat, in seinem Kopf auf. Er zittert. Tränen? Nein, nur der Wind, der den Wüstenstaub in seine Augen weht. Auch diese letzte Hürde nimmt er, Tritt für Tritt zieht er sich am Geländer hoch, nur noch die vier Stufen, die ihn im Inneren des Hauses zu seiner Wohnung im ersten Zwischenstock bringen. Erschöpft, aber auch stolz auf die erbrachte Leistung, kramt er nach seinen Schlüsseln, wirft die Tür auf und ruft in die leere Wohnung: »John T. ist zu Hause!«

Erst jetzt wird ihm bewusst, wie müde er ist. Seine Jacke auf den Stuhl im Korridor zu werfen, schafft er noch. Dann aber lässt er sich auf das Bett fallen, ohne sich auszuziehen, egal, wie feucht es sich zwischen seinen Beinen anfühlen, egal, wie sehr ihn sein Knie schmerzen mag, egal.

Heute wieder rasend vor Glück.

Am Morgen den Gummiabsatz meines Stocks verloren: Jetzt klappere ich beim Gehen. (Nur auf harter Unterlage.)

Das Erste, was ich am ersten Tag des neuen Jahres ausprobiere, ist nicht, ob mein Computer, sondern ob mein Körper noch funktioniert. Das hat mit dem Jahreswechsel, der auch ein Jahrhundert- und Jahrtausendwechsel ist, nichts zu tun, ich tue es jeden Morgen. Es ist mir egal, ob mein PC den Y2K-Virus hat: In mir lebt ein neuromuskuläres Sabotageprogramm, das mich Schritt für Schritt verlangsamt. Mein Körper hat SMA, Spinale Muskelatrophie (Typ III, Kugelberg-Welander).

Wer mit einer fortschreitenden Erkrankung lebt, macht es sich zur Routine, täglich zu testen, was noch funktioniert. Kann ich auch am ersten Tag des neuen Jahrtausends noch von meinem Bürostuhl aufstehen? In die Küche gehen? Da ich weiß, dass ich es eines Tages nicht mehr kann, muss ich – nun, täglich mit diesem Tag rechnen. Kann ich diese Stufe, diesen Gehsteigrand noch nehmen, diese Strecke – tausend, fünfhundert, hundert, zwanzig Meter – noch

Marcel Duchamp, *Roue de bicyclette*, 1951.

zurücklegen? Kann ich noch bis zur Toilette watscheln (mit dem Stockklappern, das mich ankündigt)? Und wieder zurück?

Mein Muskelbuch: *Um über mein Leben mit dieser Erkrankung schreiben zu können, um mir Klarheit darüber zu verschaffen, was es bedeutet, dass ich nie genau weiß, was noch immer möglich ist – mit Gewissheit weiß ich nur, dass eines Tages jede Bewegung, selbst das Atmen, unmöglich sein könnte –, nehme ich mir für das Jahr 2000 vor, täglich über meine Muskeln Buch zu führen.*

Jan hebt den Rollstuhl aus dem Kofferraum. Wieder steht einer dabei und schaut ihr – interessiert? gelangweilt? – zu.

Als wir uns in einer Schriftstellerkolonie im Staat New York kennen gelernt haben, hat mich Jan, die dort an ihrer Biographie über die amerikanische Lyrikerin Muriel Rukeyser gearbeitet hat und die jetzt meine Frau ist, erst für zwei gehalten: Derjenige, der im Rollstuhl daher gerollt kam, und derjenige, der sich manchmal am Abend zu Fuß, als habe er sich nur rasch umgezogen, auf den Weg von seinem Zimmer zum Abendessen gemacht hat.

Beinah hätte ich damals wieder abreisen müssen, weil der mir vor der Abreise zugesicherte »spezielle Raum für Rollstuhlbenutzer« nur über eine Stufe erreichbar war und eine Tür hatte, durch die ein Rollstuhl nicht einmal passte. Es fand sich ein Ersatz: Die Direktorin, die mir vor meiner Abreise die »Rollstuhlgängigkeit« ihres Hauses mit einer Vehemenz zugesichert hatte, als würde ich an ihrer Aussage zweifeln, ließ in die eigentlich allen zur Verfügung stehende Bibliothek im Hauptgebäude ein Bett stellen. Hätte sonst wieder abreisen müssen. Hätte sonst Jan nicht kennen gelernt. Hätte sonst ein anderes Leben gelebt.

Wie an jedem Jahreswechsel zeigt das Fernsehen eine Version von Reise zum Mittelpunkt der Erde. *Wieder werden es Professor Lidenbrock und Axel nicht ans Ziel schaffen. Wieder werden sie von einem Vulkan an die Erdoberfläche gespült. Wieder gerade noch rechtzeitig.*

Sommermorgen, 1968

Gibt es denn wirklich jemanden, der so erbärmlich,
so verloren lebt, dass er nicht einmal eine Art
Dachstube sein eigen nennt,
in die er sich zurückziehen und
wo er sich vor der Welt verbergen kann?
Denn das ist alles, was man zum Reisen braucht.
Xavier de Maistre, Voyage autour de ma chambre

Tick.

Kasperli landete auf dem Gauner aber so, dass er bustlos war. So schleppte er ihn zum Gefängnis. Von dort durfte er eine Reise nach America machen und drei Tage später kam ein Brief ...

Ich bin etwas Kitzliges auf meiner Wange, als schwebe ein warmer Finger über meinem Gesicht. Es fühlt sich an wie eine Wespe, das natürliche Vorbild des »Helikopeters«, den ich kürzlich meiner Spielzeugarmee einverleiben konnte. DIE REGEL aber besagt, dass es zum Kratzen noch zu früh ist. Selbst zum Augenöffnen ist es noch zu früh.

Lieber Kasperli, du hast also Wort gehalten. Das freut mich sehr. Komm du doch zu uns für zwei Tage. Wir machen ein Fest für euch. Das Geld ist auf der Rückseite. Wir erwarten euch. Du kommst doch mit der ganzen Familie. Gut komm zur abgemachten Zeit o. nicht! Viele Grüsse Wünscht euch Föschä Gingenschlag, Gefängnisdirektor von Sing-Sing in *tack* New-York.

Der Morgen weht in mein Zimmer und trägt das Aroma von frisch geschnittenem Gras und feuchter Erde herein. Das liegt daran, dass ich im Schatten der Tanne hinten bei der Garage ein

Loch grabe. In der Erde habe ich ein uraltes isländisches Pergament gefunden, eine vor Schmutz kaum lesbare Einladung, zum Mittelpunkt der Erde zu reisen. Ich bin auf dem richtigen Weg, und mein Loch ist schon drei viertel Meter tief! Und am Nachmittag –

Halt! Ich muss ehrlich sein. Das besagt DIE REGEL, und auch meine Mutter ist unnachgiebig, wenn es um Ehrlichkeit geht. Ich habe das uralte isländische Pergament nicht wirklich in unserem Garten gefunden, sondern im besten Buch, das ich jemals gelesen habe. Doch während ich es las, und *das* kann man mir glauben, *bin* ich zum Mittelpunkt der Erde gereist, und unterwegs habe ich mir eine Geschichte ausgedacht, die mich nach diesem »New-York« bringt, wo die höchsten Häuser stehen und wo ich auch noch nie war. *Tick.* Andererseits war ich schon fast im Mittelpunkt der Erde, denn sonst wäre meine Hose nicht so schmutzig. Gut, wieder ertappt. Schmutzig wurde meine Hose vom Graben, nicht vom Lesen. Dass ich manchmal zwischen Lesen und Graben nicht mehr unterscheiden konnte, ist aber wahr.

Auf der Rückseite: Für die Fahrt 20 Doller.
»Gehen wir alle: Papa, du, Gritli und ich.«
»Ja.«
»Was!« rief der Vater mit Gritli.
»Wir können Gratis nach Amerika!«

Gleich noch einmal: Halt! Frage: Weshalb muss ich um jeden Preis ehrlich sein, wenn dieser Jules Verne lügen darf, wann immer er will? Sogar im Titel seines Buches verspricht er, dass wir zum Mittelpunkt der Erde kommen, doch wer es gelesen hat, weiß, dass Professor Lidenbrock und sein Neffe und Assistent Axel dort nie ankommen. Wir, ja: der Professor, Axel und ich, wir wurden von einem Vulkan aus der Erde gespuckt.

»Die Erde hat euch ausgeschissen«, sagte mein Vater, *tack*, als ich mich mit meinem Reiseproblem an ihn wandte.

»Shh, Föns!« zischte meine Mutter, doch mein Vater war bereits wieder unterwegs in den Dachstock, wo er seine Sammlung einrichtete, was viel Zeit beanspruchte, etwa so viel, wie man braucht, um sich mit einer Plastikschaufel zum Mittelpunkt der Erde zu graben.

»Ja.«
»Juhhe!«
»Jippi!«
»Olle!«
Jetzt ging es ans packen. Dann verlud man alles ins Auto und fuhr los.

Axel werde ich nicht mitnehmen. Weil er heimlich mit dem Mündel Professor Lidenbrocks, seines Onkels, verlobt war, hat er bereits beim ersten Mal gezögert, diesen Ausflug zu unternehmen. Zu groß sind meine Bedenken, dass er erneut jede Gelegenheit nutzen wird, sich auch vor den anderen Reisen mit mir zu drücken: um die Erde, unter Wasser, zum Mond. Ich glaube, Axel würde selbst davor zurückschrecken, mit meiner Mutter auf den Markt zu fahren.

Ich habe mich entschieden, Kasperli mitzunehmen, Kasperli ist sowieso mein Lieblingsheld. Es gibt ihn schon lange, diesen Holzbengel. So nennt ihn meine Mutter, die meint, es habe ihn schon gegeben, als sie noch jung war. Das heißt, es hat ihn schon immer gegeben. *Tick.* Kasperli ist ein frecher, kleiner Kerl mit Augenbrauen wie Kohlenstücke, einer roten Zipfelmütze, einem blauen T-Shirt, gelben Tennisschuhen und einer langen Nase, die allerdings nicht so lang ist wie die von Pinocchio, da Kasperli immer die Wahrheit sagt oder jedenfalls meistens, wie ich auch immer. Kasperli zögert nicht und hat immer das letzte Wort, und hat er es nicht, dann hat es sein Hammer, mit dem er furchtlos auf alles einschlägt, was sich ihm in den Weg stellt, und sei es der Teufel selbst, was oft vorkommt, und ganz bestimmt lässt er sich von keinem Vulkan aussch*shh!* ...

Zuerst fuhren sie durch Lugano, Chiasso, Mailand und dann fuhren sie in einen Ozeanriesen, welcher sie nach Ameriga brachte (von Genua aus)

Ist es nicht noch zu früh, das Bett zu verlassen? Mein Bett ist mindestens drei Jahre alt oder hat mein Vater dreihundert gesagt? Ich kann das eingetrocknete Öl des Bildes über meinem Kopf riechen. Es riecht nach orangener Katze mit grünen Tupfern. *Tack.* Sie setzt zum Sprung an und springt doch nicht, egal, wie lange ich hinschaue; ob sie springt, wenn ich wegschaue, kann ich nicht sagen, weil ich sie dann nicht sehe. Wovor rennt sie davon? Manchmal wirble ich herum, um festzustellen, ob nicht gerade jemand in den Bergen im Hintergrund des Bildes verschwindet. Ich bin nicht schnell genug. Und wäre ich es, könnte ich die Katze noch retten? Ihr Körper ist in Stücke geschnitten, als sei sie eine Roulade, und die Rouladenstücke hängen an Fäden aus einem überraschend grausamen Haustierhimmel herab.

Die Katze aber ist nicht tot. Muss man nicht tot sein, um in den Himmel zu kommen? Ich weiß, dass man nicht tot sein muss, um in die Hölle zu gelangen, denn Pfarrer Mutt sagt, ich würde dort am lebendigen Leib gekocht werden, wenn ich nicht besser aufpasse. *Tick.* Heute ist Sonntag, heute muss ich aufpassen. Kirche ist um elf, Pfarrer Mutt heizt schon den Suppentopf. Aber ich habe keine Zeit. Ich muss mit dem Schiff, das im Dachstock vor Anker liegt, nach Amerika, und am Nachmittag, ihr wisst schon. Mein Vater würde das, was ich habe, einen »Interessenkonflikt« nennen, aber meine Mutter und ich haben eine Abmachung: Wenn ich noch schlafe, das heißt, wenn ich es schaffe, bis um zehn wieder im Bett zu sein, um mich schlafend zu stellen, muss ich nicht in die Kirche.

Es ist noch nicht einmal sechs Uhr. Ich schaue mir das Bild an, das über meinem Schreibtisch hängt und einen schwarzen Elefanten zeigt. Im Gegensatz zur Katze hat er keinen Geruch, weil er hinter Glas ist. Ich weiß, dass Elefanten nicht schwarz sind, doch dieser ist wenigstens nicht in Rouladenstücke geschnitten.

Ist das der Himmel? Nein, der Himmel sitzt in dem Marmeladenglas auf der Sandsteinwand beim Rosenbeet *tack* in unserem Garten. Nora und ich haben das Glas mit Wasser und Rosenblättern gefüllt, das schon nach unserem nächsten Sommer riecht, wenn sie wieder von Sizilien zurück ist. Nora weiß natürlich nichts von meinem Loch im Garten und meiner Reise zum Mittelpunkt der Erde. Sonst würde sie sich heimlich mit mir verloben, sich um mich Sorgen machen, und ich, der ich dann wie Axel wegen seiner Verlobten zögerte, würde mich womöglich nicht auf den Weg machen. Am Ende wäre ich mit Nora verheiratet und würde mich nicht einmal mehr auf den Gemüsemarkt trauen. Wieder juckt es mich auf der Wange. Jetzt befiehlt DIE REGEL: *Kratz!* und lustvoll tu ichs.

»Ist Sing-Sing von New-York noch weit?«
»Nein«, sagt der Vater, »und Mänhättän ist die Hafenstadt von New-York!«
»Ah wie schreibt man Mänhättän und wie New-York?«
»M-ä-n-h-ä-t-t-ä-n N-e-w Bindstrich Y-o-r-k!«

Ich kann den Staubvorhang sehen, der mein Zimmer teilt. *Tick.* Das geschieht jedes Mal, wenn am Fernseher eine neue Episode von *Raumschiff Enterprise* läuft. Die Strahlen der Morgensonne beamen den Staub zur Decke hoch, genau so wie Käpt'n Kirk auf den Planeten Klingon gebeamt wird. Was nur beweist, dass der Staub in meinem Schlafzimmer Käpt'n Kirk auf dem Weg zum Planeten Klingon ist. Kürzlich hat Puck, mein ältester Bruder, meine Theorie mit seinen jüngst erworbenen Kenntnisse der modernen Physik wissenschaftlich untermauert.

»Beamen«, sagte er und schaute misstrauisch sein Haar an, als müsste es länger sein, »ist nichts anderes als den menschlichen Körper in seine kleinsten Teile zu zerlegen und sie dann mit Lichtgeschwindigkeit auf die Reise zu schicken. Und glaub mir«, Puck grinste, »es gibt nichts Schnelleres als das Licht. Sobald die Teilchen sicher auf Klingon angekommen sind, werden sie wieder in die ursprüngliche Form zurückintegriert. Die winzigsten Teilchen des Körpers sind Atome, weißt du, und Atome *tack* sind, das weiß jeder, nichts anderes als Staubpartikelchen. So funktioniert das ganze Leben. Capito?«

»Warum braucht es denn einen Bindstrich?«
»Das ist so, Kasperli« sagt der Vater mit Autität, »es gibt eine Stadt die York heißt und es gibt eine Stadt da New – neu dazu gekommen dann machte man eben den Bindstrich. New-York. Capito?«

Obwohl Mix der Sandwichbruder ist, habe ich das Sandwichzimmer. Links von mir ist Pucks Zimmer, das noch immer im Nebel der letzten Nacht aus Zigarettenrauch, das Haus erschütternder Musik und der Haarschuppen einer Horde Kantonsschüler schwebt; *tick* Mix' Raum ist ein Kriegsschauplatz, und der Teppich der Ort, wo Rommels Wüstenarmee, Robin Hoods wilder Haufen, Cäsars Prätorianergarde, Hornblowers unsinkbare Flotte zusammenprallen – das Meer beginnt, wo der Teppich endet –, die Kreuzritter unter päpstlicher Vorherrschaft das Heilige Land erobern und die Schweizer Söldner unter der Vorherrschaft von wem immer sie bezahlt werden, erobern, was immer ihnen zu erobern befohlen wird.

Mix fordert mich oft dazu auf, mich seinen Schlafzimmerschlachten anzuschließen; meine Aufgabe ist es, die Verlierer in ihre historischen Niederlagen zu führen. Er bereitet unsere Kriege sorgfältig vor. Ich bin die Deutschen am Omaha Strand, die Österreicher bei Morgarten, die Türken bei Gallipolli und das Böse bei Armageddon. Einmal habe ich eines der Bücher, die er liest, um mich zu besiegen, in seine Armee geworfen. Das hat sie mit einem Schlag ausgelöscht, und ich bin hochgesprungen und weggerannt. Diesen Kampf gewinne ich immer: Bis Mix auf den Beinen ist, bin ich längst weg. Nie würde er die weiße Flagge hissen, um seine Niederlage einzugestehen; er würde lediglich feierlich verkünden, dass ich den Verlauf der Geschichte nicht ändern könne, jedenfalls nicht in seinem Schlafzimmer.

»M-ä-n-h-ä-t-t-ä-n alles aussteigen.« rief plötzlich eine Stimme über Deck es war der Käpt'n des Ozeanriesen.

Stille; *tack* bis auf den gedämpften Herzschlag der Uhr über dem Treppenabsatz. Den weißen Teppich vor dem Bett, der sich über Nacht fast immer in Schnee verwandelt, überwinde ich mit einem gewagten Sprung. Ich lande sicher auf dem Spannteppich, prüfe mit den Zehen, ob es sich wirklich um Schnee handelt – die Antwort lautet ja, obwohl sich der Schnee überraschend warm anfühlt –, und schlüpfe aus meinem Schlafzimmer. Vor der Treppe hole ich tief Atem. Um keine Zeit zu verlieren, nehme ich zwei Stufen auf einmal.

Unter der Uhr materialisiert sich mein Vater, um mir deren Mechanismus zu zeigen. Alles, was ich verstehe, ist tick-tack. Und dass alles in unserem Haus, also auch seine Bewohner, antik ist. Mein Vater vibriert in der Morgensonne und erklärt mir stolz, dass diese Uhr vierhundert Jahre alt sei. Ich bin nicht beeindruckt. Ich will dir sagen, was alt ist. Ich bin alt. Ich bin vier, sechs, in einer Sekunde – die Zeit, die ein Ton benötigt, um durch einen Kopf zu reisen –, neun Jahre alt. Mein Vater legt seine kräftigen Hände um meine Schultern und hebt mich hoch, um mir zu zeigen, was er die Gedärme der Uhr nennt. Ich sehe, wie sich die winzigen Zahnräder ineinander verbeißen, wie sie aufschreien *tick*, und verstehe auch diesmal wieder auf Anhieb, weshalb die Zeit vergeht und Großmutters Gesicht so runzlig ist.

»Die Rädchen sind alle aus Holz«, schwärmt er, obwohl seine Stimme schon ganz fern klingt. Ich brauche nur zu nicken. Mein Vater stellt mich zurück auf den Boden. Geschieht dies nicht rechtzeitig, ist er verloren, besagt DIE REGEL. Die Vision löst sich in ihre Staubteilchen auf, die noch kleiner sind als Atome, und wird treppabwärts durch die geschlossene Tür ins Elternschlafzimmer gebeamt, um in dem schnarchenden Körper neben seiner Frau weiterzuschlafen. Die beste Eigenschaft einer Vision ist, dass sie nicht laut wird und das ganze Haus aufweckt, wenn ihr klar geworden ist, dass sie sich aus dem Staub machen soll.

Sie fuhren gleich in die Mitte von New-York. Bald fanden sie das Gefängnis Sing-Sing. Sie fragten nach Herrn Gingenschlag.

(FORTSETZUNG IN HEFT 3)

Nana, die durch die Luft tanzt, singt: »Fürchte dich, das Dachstockland zu betreten!« *Tack.* Ihre Riesenbrüste sind gelb, gesprenkelt mit grünen und roten Punkten. Das träge Sonnenlicht, das durch die Tagvorhänge im Treppenhaus hereindringt, lässt sie erglühen. Doch wo kommt der Wind her? Hat mein Vater wieder vergessen, das Fenster zu schließen, nachdem wir den halbfertigen Papagei im Bastelzimmer zurückließen? Sonst würde Nana nicht tanzen – so nennt mein Vater die dralle aufblasbare Puppe, die über dem Dachstockeingang hängt und über allen schwebt, die den Mut haben oder töricht genug sind, zu uns zu kommen, um sich im Labyrinth meines zweistöckigen Dachstockes zu verirren.

»Hallo Nana«, flüstere ich. Ich stelle mich auf die Zehenspitzen, um ihren gelben Fuß anzutippen. Schon dreht sie sich schneller: Ich bin stärker als der Wind. Das ist der Trick. Ich bin drinnen.

(FORTSETZUNG VON HEFT 2) »Gefunden«, rief der Vater aus. Sie klingelten den Diener herunter. »Ick gann hald nickt reckt Deutsch, mein Herr gann es besser, ganz guud!« Das letzte Wort wusste der Halbdeutsch sprechende Diener nur noch englisch, darum sagte er es auch so. *Tick.* Er sagte dann noch, der Herr Gingenschlag erwartet Sie schon.

KopfFuß ist gefährlicher als Nana. Ich weiß, dass er im Markenzimmer lauert. Wie er seinen Kosenamen hasst! Das ist seine wunde Stelle. Es erinnert ihn an seine Einschränkungen, an alles, was er nicht hat: keine Brust, keine Hüften, keine Beine. Nana würde dich keines einzigen Blickes würdigen, Winzling! *Wuff, wuff!* Ich versuche, so verächtlich wie Rott zu klingen, wenn er den Chihuahua mit der rosa Schleife unserer Nachbarin anbellt, und stoße die Tür zum Markenzimmer auf. Der Boden ist gelb, die Wände grün, das kommt von KopfFuß' faulem Atem. Sobald ich das Licht angedreht habe, sehe ich ihn bösartig grinsen – und erstarren. Jetzt ist er an die Wand genagelt, gefangen in seinem Rahmen und beleuchtet von der nackten 60-Watt-Neonleuchte.

Das Lithographie-Monster, dessen Gesicht jetzt eine flehende Maske ist – DIE REGEL: hab nie Mitleid mit einem Monster *tack* –, lebt hinter Glas über einem breiten Metallschrank, in dem ein Exemplar jeder Lithographie liegt, die es auf der Welt gibt. Ein paar davon sind noch bösartiger als KopfFuß, und das ist auch der Grund, weshalb mein Vater sie wegschließt. Auf dem Schrank liegen die Alben, in denen sich sämtliche Briefmarken dieser Welt befinden, nur leider keine aus einer anderen Welt.

Sie kamen in einen Vorraum mit schönen Bildern und einem großen Teppich, jetzt kam wieder eine Tür, die machte der Diener auf, und kamen in eine Halle. Dort hingen überall Uhren und Bilder die ticken und tacken.

Im Markenzimmer kann ich meinen Vater, der es hasst zu reisen, austricksen. Er denkt, dass ich dort bin, doch ich bin es nicht, nicht wirklich, jedenfalls. Mein Vater reicht mir stumm mit einer Pinzette, die so klein ist, dass sie zwischen seinen Fingern nicht mehr zu sehen ist, eine »Queen Elizabeth II. 5 p«, die ich zwischen die »Queen Elizabeth II. 3 p« *tick* und die »Queen Elizabeth II. 10 p« lege. Unter den misstrauischen Blicken des gebändigten KopfFuß schaue ich auf die Marken auf dem Löschpapier vor mir, zoome mein Kameraauge näher, und schon bereise ich die fantastischen Orte, die auf den Marken abgebildet sind: England, Taiwan, sogar das Fürstentum Liechtenstein. Ja, das ist es, was ich tun will, also ist es auch das, was ich werden will, nämlich ein »Reiser«. Diese Frage stellt mir mein Vater nie: Was willst du später einmal werden? Macht ihn das nicht zu einem besonderen Vater?

Gestern habe ich angeregt, dass wir nicht nur auf Marken, sondern einmal wie Phileas Fogg im Ballon um die Welt reisen könnten, doch mein Vater will nichts davon wissen.

Ob er etwas gegen den Ballon habe?

Keine Antwort.

»Wir könnten mit einem Flugzeug reisen.« Ich weiß, dass mein Kompromiss die Möglichkeit ausschließt, in Afrika von Kannibalen gefressen zu werden.

Noch immer keine Antwort. *Tack.*

»Im Auto?« Das würde die Kannibalen wieder ins Spiel bringen. »Zu Fuß?«

»Blödsinn«, sagte er nur, und das war auch sein letztes Wort über das Reisen. Mein Vater ist der Phileas Fogg des Dachstockes. Vielleicht hat es mit seinem Beruf zu tun. Wenn mich jemand fragt, was mein Vater tut, sage ich nicht einfach, dass er der Direktor einer großen Firma ist und über ein richtiges Imperium herrscht, was er jedes Mal sagt, als würden es die Leute sonst vergessen.

Ich sage stolz, mein Vater sei Sammler.

»Von was?«

Was für eine Frage. »Na, von allem!«

Ich knipse das Licht und damit das Markenzimmer aus. Ich stehe im Korridor und versuche, nicht zu atmen. Es ist still. Nicht einmal Nana, die bestimmt noch immer durch die Luft tanzt, ist zu hören. Ich wandere durch staubiges Buchland…

»Seit willkomm in meinem Haus. Ich freue mich sehr, dass ihr gekommen seid. Ihr schlaft doch bei uns oder.«

»Guten Tag, Herr Gingenschlag, es freut uns sehr, dass wir kommen durften, aber wir schlafen lieber im Hotel.« *Tick.*

… in die Richtung unseres Kinocenters am Ende des Korridors. Drei Plätze, neunzig Zentimeter breite Leinwand, Super-Acht. Slapsticks in Schwarzweiß, Cartoons in Farbe. Es gibt kein anderes Geräusch außer dem Rattern des Projektors, denn es ist an mir, die Wörter zu den Bildern hinzuzuerfinden, genau wie man die Bilder zu den Wörtern hinzudenkt, wenn man ein Buch liest. Mindestens das halbe Imaginieren ist mein Job. Nicht vergessen, eine Cola und Erdnüsse mitzubringen, denn während der Vorführung wird nichts serviert. Ich setze mich, und schon reite ich in die große weite Prärie, bin ich ein hysterischer Mickey auf einem davonschnellenden Dampfer, der geschickt ungeschickte Charlie, der in das Räderwerk einer menschenverschlingenden *tack* Riesenmaschine gerät, dann aber geschmeidig durch die gefährlichen Räder gleitet. Ich bin der ausgehungerte Yogi-Bär, der einen Bienenstock belagert, Doof, der Dick ins Auge piekst, oder Dick, dem von Doof ins Auge gepiekst wird, bin die jüngere Version meiner selbst in einem selbst gedrehten Film, in dem ich furchtlos auf Skiern den Zweimeterhügel in unserem Garten hinabschieße.

Auf meinem Weg zurück durch das Korridorbuchland schlüpfe ich in das vom Sonnenlicht erwärmte Bastelzimmer. Es ist alles, wie wir es gestern zurückgelassen haben. Selbst der Leimgeruch hängt noch in der Luft. Ich nehme die Leimtube in die Hand und schraube den Deckel auf. Leicht, zu leicht, denke ich. Was taugt ein Leim, wenn er nicht einmal dazu imstande ist, seinen eigenen Deckel festzukleben? Der Papagei liegt nackt im Bett seiner eigenen Federn. Burgund, grün, blau. Sein Körper ist aus Eiche – mein Vater hat die Form des Vogels mit seiner Säge im Werkraum auf der anderen Seite des Dachstockes zugeschnitten. Ich habe gefeilt *tick*, geschmirgelt, ihn poliert, bis er sich geschmeidig in meiner Hand gedreht hat. Der Papagei besteht aus was immer mein Vater vom Geschäft nach Hause bringt. Gestern waren es farbige Kupferblätter, also hat mein Papagei ein Kupferblätterfederkleid. Mein Vater hat versprochen, dass wir heute die Federn, die ich zugeschnitten habe – mit einer Papierschere, die jetzt kaputt ist – auf den Körper des Papageien kleben, aber eben, mit meinen Vater, na ja, da weiß man nie so genau.

Er liebt es, an seinem Tisch auf der kleinen Erhebung beim Fenster im Bastelzimmer zu arbeiten. Er beobachtet mich, so wie ich ihn beobachte. Dort oben in seiner Zigarrenrauchwolke sammelt er seine Sammlung. Er fotografiert alles, was er hat, weil er so auch die Fotografien seiner Sammlung und auch die Ordner, in denen er sie sammelt, sammeln kann. Die Aufnahmen entwickelt er in der Dunkelkammer neben der Werkstatt, klebt sie dann in den entsprechenden Ordner *tack* und gibt ihnen Namen wie »Helen Dahm, *Schwarzer Elefant*«; »Erich Staub, *Geschlitzte Katze in fantastischer Appenzellerlandschaft*«, »Horst Antes, *Kopffüßler*« oder »Niki de Saint Phalle, *Nana*«. Dann gibt er auch den Ordnern Namen und stellt sie in das Regal hinter sich. Mein Vater sammelt auch Bilder von uns. Diese bewahrt er in Alben auf, die heißen zum Beispiel »Sohn 1: *Puck – Basteleien*, 1961«; »Sohn 2: *Mix – Taufe und erste Schritte*, 1958–1960«; »Sohn 3: *Stöffi – Skifahren*, Winter 1969« oder »Ruth: *Hochzeitsreise*, 1953«.

Und jetzt Fuß, der das Geheimnis der Bewegung kennt: Es stimmt zwar, dass ich ihn anschubsen und dann die Treppe hinabrennen muss, damit ich sehen kann, wie er auf mich zu ... geht? ... kriecht? ... fließt ist wohl das richtige Wort, doch sobald er sich in Bewegung gesetzt hat, kann ihn nur das Ende der Treppe stoppen. Anders als KopfFuß ist Fuß ganz Fuß von Kopf bis Fuß. Er hat überhaupt keinen Kopf. Wenn er sich in Startposition befindet *tick*, ist er vielleicht fünf Zentimeter groß. Streckt er sich, um die Treppe hinabzufließen, wird er bis zu dreißig Zentimeter lang; wenn mein Vater und ich ihn an seinen Enden (er hat nur Enden, keine Anfänge) halten, und mein Vater beim Markenzimmer stehen bleibt, kann ich den Korridor entlang bis zum Kinocenter gehen, weil sein Körper so dehnbar ist. Wir tun das selten, weil wir nicht wollen, dass Fuß seinen Muskel überdehnt, denn das ist alles, was er hat, seinen Muskel, und das ist alles, was er ist, ein metallener Muskel. *Klonk, pfut, klonk-pfut*, Stufe um Stufe, immer nur eine auf einmal, fließt Fuß die Treppe herab, auf mich zu, bis ihn der Absatz stoppt. *Klonk. Pott. Tack.*

Was hält Fuß in Bewegung? Was ist sein Geheimnis? Die Stufen natürlich. Alles, was Fuß braucht, ist eine endlose Treppe. Doch Fuß bewegt sich nur abwärts. Ich hebe ihn auf und trage ihn die Treppe hoch, wo ich ihn erneut auf seine Reise schicke.

Diesmal lasse ich ihn am Treppenabsatz sitzen. Hier wartet er, bis ich zurückkomme. Er starrt die Treppe vorwurfsvoll an, als sei sie ein unüberwindbares Hindernis.

Der Abend kam wie im Fluge. »Kann ich nicht noch 20 Minuten bitte!« bettelte Kasperli. Und: »Also gut zieh dich ab und komm nochmal.« Nachher ging es aber endgültig mit ihm ins Bett. Bald am nächsten Morgen kommt Kasperli verschlafen um zwölf in die Küche und rief: »Mamma es ist halb acht ich … Oh Gott, muss ich in die Kirche! Aber nein, es gibt ja gar keine Kirchen in Mänhättän!«

Tick.

Mir fällt – plötzlich? »schlagartig«? – auf, weshalb ich keine neuen Schuhe brauche. Ich benutze sie kaum, weil ich meist sitze. Ich betrachte die Schuhsohlen: Darauf muss man erst einmal kommen.

Das Versteck, das ich an jenen Sonntagmorgen und nicht nur, um den Gottesdienst zu vermeiden, so früh angesteuert habe, während alle noch schliefen, war durch zwei winzige Türen zu erreichen. Sie befanden sich links und rechts vom einzigen Fenster des zweiten Dachstockwerkes, auf einem nachträglich eingefügten Podest von der Höhe einer Stufe. Nachträglich eingefügt waren auch die Wände, die zwischen der Dachschräge und dem großen, mit Kirchturmuhren vollgehängten Raum meinen Korridor bildeten. Die Türen waren so klein, weil sie nicht als Türen zum Hindurchgehen gedacht, sondern einst die Türen eines zweiteiligen Schrankes gewesen waren. Es war meinem Vater gelungen, die beiden Türen, nicht aber den ganzen Appenzeller Hochzeitsschrank zu retten; einfallsreich wie er war, hatte er sie beim Umbau des Dachstockes verwenden können.

Die Türen eines solchen »Pärlischrankes« zeigten üblicherweise ein Porträt der Braut, die andere eines des Bräutigams. Bei uns waren die Eheleute wieder getrennt. Links von den Alpen, die ich jenseits der Tannenwipfel durch das Fenster sehen konnte, hing der Bräutigam, ich aber wandte mich immer nach rechts und drang durch die Braut in den Korridor ein. Mir kam es vor, als stiege ich in einen Schrank ohne Rückwand: Der erste Schritt führte in den Schrankfuß, doch bereits vom zweiten Schritt an erwies sich dieser Schrank als der Schrank, von dem jedes Kind träumt oder träumen sollte. Mit dem Einschalten des Lichtes gelang es mir, die aus reiner Dunkelheit bestehende Rückwand zu durchdringen, und so schritt ich unerschrocken los, alle Gefahren der Welt vor und die Braut erst einmal hinter mir.

Nicht, dass man sich in einem einer Dachschräge folgenden, sechzig Meter langen Korridor verirren kann; doch das Kabel der Grubenlampe half mir, mir vorzustellen, eben dies geschehe und ich sei von einem Schrank in ein Labyrinth mit einem weit verzweigten Wegsystem, Sackgassen und Falltüren geraten. Notfalls würde mir das Kabel den Weg zurück weisen. Mir war schon immer wichtig, mich zu verirren und dabei bei jedem Schritt genau zu wissen, wo ich mich befand.

Hat sich Axel auch so gefühlt, als er mit Professor Lidenbrock durch den erloschenen Vulkan in die Erde stieg? Er hielt seine Fackel hoch – er konnte sich nicht auf das Kabel meiner Grubenlampe verlassen –, zögerte ein letztes Mal und machte sich schließlich doch auf den Weg. Vielleicht war er ja nur vorsichtig, und der Professor verantwortungslos. Ich folgte Axel, ich folgte dem Professor, ich folgte Hans, ich dachte an Axels Verlobte, die er zu Hause lassen musste, doch wirklich einholen

Axel, Professor Lidenbrock mit der Grubenlampe und Hans, ihr Führer, auf dem Weg zum Mittelpunkt der Erde.

konnte ich sie nicht, da sie immer gleich um die nächste Ecke verschwunden waren.

Vom Licht meiner Lampe berührt, entstand eine Kinderkrippe, die sich in der Dunkelheit wieder auflöste. Ein von Mardern angenagter Koffer gab Laut, das einzig übrig gebliebene Rad eines Fahrrads begann sich zu drehen, als ich an ihm vorbeikam, und etwas, von dem ich nicht wissen wollte, was es war, krabbelte unter einem Bettlaken von mir weg. Alles, was alt war – und alt wurde es dadurch, dass es sich in unserem Dachstock befand –, wartete darauf, von Vater zu neuem Leben erweckt zu werden. Es spielte keine Rolle, dass der Mittelpunkt meiner Erde nur ein schmutziger Quadratmeter Holzboden zwischen zwei Dachstützen war. Über die Dachstützen, in die ich mit einem rostigen Nagel meinen Namen eingeritzt hatte, warf ich ein Laken, das war mein Dach, und von den Dachstützen ließ ich weitere Laken, die niemand mehr haben wollte, hängen, das waren meine Wände.

Meine Einrichtung bestand aus einem mottenzerfressenen Kissen, ein paar antiken Fledermaushäufchen, Zwetschgen-, Pflaumen- und Pfirsichkernen und einem längst verschrumpelten Apfel. Nicht einmal meine Sommerliebe Nora wusste davon. Nicht einmal einen Bleistift brachte ich hierher und auch kein Heft für meine Geschichten. Als ich sechs war, konnte ich hier noch aufrecht stehen, mit neun stieß ich mit dem Kopf gegen meine Decke, die Balken, das Dach. Ich kauerte in meinem Geheimzimmerchen, das nicht viel größer als die Kommode in meinem Schlafzimmer war, auf einem staubigen Kissen, über mir der Schutz des Lakendaches, und träumte von den Geschichten, die mich reisen ließen, wohin ich nur wollte. Gab es überhaupt einen Unterschied zwischen wirklichen Reisen und erträumten? Prasselte Regen auf die Schindeln, wurde auch mein Held in Amerika nass.

Später, wieder unten, wenn meine Mutter, manchmal noch mit Mix, in die Kirche gegangen war, schrieb ich die Geschichten auf. Als ich genügend hatte, trug mein Vater die Schulhefte zu einer Buchbinderei. Nach zwei Wochen war aus Kasperlis acht »Abenteuern und Heldentaten«, wie es im Untertitel hieß, ein Buch geworden, das vom Verfasser zusätzlich »eine Kindergeschichte« genannt wurde, um keine Zielgruppe auszuschließen. Reich bebildert, wie auch Jules Vernes Bücher, in Farbe und Schwarzweiß.

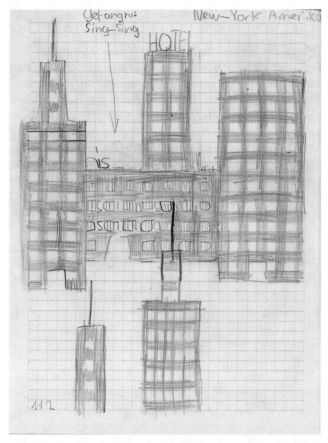

Zeichnung aus »Kasperli als Postbote«, aus Christoph Keller, *Kasperli. Abenteuer und Heldentaten. Von Kinder für Kinder. Eine Kindergeschichte*, 4. Geschichte, Heft 6 (Fortsetzung von Band 2), S. 112–113, Druck und Verlag CK, Einband: G. Fischer, Sankt Gallen, Schutzumschlag: CK u. AK, 1974.

Mit einem »Wort zum Inhalt«, welches der bei der Publikation neunjährige Autor mit fünf Proben seiner Unterschrift versah, eine davon mit einem stolzen Rechtschreibfehler. Das Buch war gebunden und hatte einen Schutzumschlag, für den als Künstler der Sohn mit seinem Vater verantwortlich zeichnete. »Auflage der Sonderausgabe 1974: 1 Exemplar.« Das Buch war sofort vergriffen.

Bestimmt war es ungefährlicher, meinen Mittelpunkt, den Dachstock meines Dachstockes, anzusteuern, als jenen Mittelpunkt, den Axel schließlich doch nicht erreicht hat. Wäre ich entdeckt worden, hätte ich es nicht mit einem See- oder sonstigen Ungeheuer zu tun gehabt, sondern lediglich mit Pfarrer Mutt von der Kirche Rotmonten. Wo blieb der Vulkan, der mich vor ihm rettete? Ich musste mich beeilen. Die Schranktür stand offen, die Braut lächelte abweisend. Dem Kabel nach ... die Treppe hinab, *klonk-pfut, klonk-pfut, pott-pott-pott, tick-tack* ... schon fast neun, Nana tanzte wild im Wind, ich war so weit weg von meinem Bett und dem vorgetäuschten Schlaf wie ... wie ... nur noch von ... »New-York-mit-Bindstrich« ...

Den ausziehbaren Stock mit der Skiwerbung darauf will ich nicht. Wir stehen (ach, ich sitze im Rollstuhl, Jan steht) im, wie heißt das?, Spital-und-Pflegebedarf-oder-so-Geschäft in Sankt Gallen. So wie der Rollstuhl mein Rettungsboot im Auto ist, damit ich vom Parkplatz ins Restaurant komme, so soll mir der faltbare Stock im Rollstuhlnetz mein Rettungsboot vom Rollstuhlparkplatz zum Pissoir sein.

Muss ich unterwegs austreten, hilft mir Jan vor der öffentlichen Toilette – vorausgesetzt, wir finden überhaupt eine, die für mich zugänglich ist – aus dem Rollstuhl, indem sie ihre Arme um meinen Oberkörper legt und mich auf die Beine zieht. Sie öffnet die Toilettentür, ich mache mich auf den Weg. Fünf Meter, zehn, zwanzig Meter, kein Problem. Ich halte mich an der Wand, an den Lavabos, am Handtrockner fest, während Jan draußen wartet. Manchmal, erschöpft vom Stoßen, setzt sie sich in den Rollstuhl, auch wenn ihr die

Das dritte Geschlecht. Das Schild hängt bei der öffentlichen Toilette der Sankt Galler Stiftsbibliothek im Dombezirk, über der ich (zweites Stockwerk, kein Lift, Geländer rechts) von 1977 bis 1979 in die Schule gegangen bin.

– fragenden? vorwurfsvollen? abschätzenden? – Blicke der Männer, die an ihr vorbeikommen, unangehm sind.

»Vor einem Sturz kann mich auch ein Stock nicht bewahren«, wehre ich mich im Spital-und-Pflegebedarf-oder-so-Geschäft. Natürlich weiß ich, dass das nicht stimmt. Einen Stock kaufen aber hieße zuzugeben, dass es mir wieder etwas schlechter geht.

»Doch«, sagt Jan, »denn dein Stock signalisiert, dass du nicht so sicher auf den Beinen stehst, wie es den Anschein hat. Er macht die Leute darauf aufmerksam, vorsichtiger zu sein.«

Die Stockabteilung des Spital-und-Pflegebedarf-oder-so-Geschäfts ist auch die Inkontinenzabteilung. Vorwiegend Plastik, etwas Glas. Wer will schon in Glas. Und wohin mit dem Glas danach? In den Aktenkoffer, in die Jackentasche? Ist es auch wirklich dicht? Nicht jetzt, inkontinent bin ich nicht, ich bin hier wegen eines Stocks, den ich auch nicht wirklich will. Ich könnte ein solches Gefäß gebrauchen, um notfalls im Rollstuhl sitzen zu bleiben und mein Geschäft im Schutz eines Baumes zu machen. Hätte die Polizei Verständnis für ein öffentliches Ärgernis dieser Art? Zwar würde ich gegen ein Gesetz verstoßen, doch, könnte ich mir sagen, verstößt das Gesetz nicht auch gegen mich, indem es die meisten öffentlichen Toiletten für mich nicht zugänglich macht? Was für eine Gleichberechtigung ist das, wenn es nicht einmal zum gleichberechtigten Pinkeln reicht?

Meine Blase ist trainiert, für unwegsame Städte, lange Abende bei Bekannten, deren WC im oberen oder unteren Stockwerk ist, den Flug von Zürich nach New York: sieben Stunden fünfundfünfzig Minuten plus zwei Stunden Ein- und Aussteigen. Ich schaffe es ohne Toilettenbesuch bis nach Manhattan, mit Zoll und Taxifahrt plus weitere zwei Stunden. Zwar steht neben meinem Bett seit kurzem (und wenn Jan nicht da ist) ein Cocktailshaker aus Plastik für die Nacht, doch habe ich gelernt, darüber zu schweigen. Mein russischer Freund Ju., der mir schon von der Toilette aufgeholfen hat – immer sofort spülen! –, sagt, ich müsse darüber schreiben, wer schriebe schon über so etwas, also schreibe ich darüber, aber ich schäme mich, beim Pinkeln und beim Schreiben erst recht, gelernt ist gelernt.

Selbst die Hersteller schämen sich dafür, solche Produkte herzustellen. Würden sie sie sonst so kindisch »uribag« nennen? Was das für ein Gefühl im Pflegebedarf-oder-so-Geschäft war? Wie in einer fremden Stadt im Sexladen. Hut aufsetzen. Sonnenbrille nicht vergessen. Tack.

... *where you gonna run to now* ...

Die Stimme dringt aus Pucks Zimmer. Ich höre die Schritte meiner Mutter. Je stärker ich meine Augen zupresse, umso überzeugender erwecke ich den Eindruck zu schlafen. Rott bellt, ein seltenes Ereignis. Jetzt (ich halte den Atem an) steht meine Mutter vor der Schlafzimmertür.

... *hey, hey* ...

Eine dreizehnbeinige Spinne krabbelt über meine Zunge: Es ist die samtene Berührung des getoasteten, mit Butter bestrichenen und »Das-ist-nicht-gut-für-dich!« gesalzenen Sonntagmorgenzopfbrots, das mir entgehen wird. Kirche oder Frühstück. Die Türklinke senkt sich (ich blinzle), und dieser Kerl, der in Pucks Zimmer nach Joe ruft, hebt seine Stimme. *Tick.* Bis zur Kirche sind es acht Minuten für mich und siebzehn für Mix. Der Weg ist steil, doch manchmal gehen wir noch zu Fuß. Asphalt, Kies, einige wenige Stufen, niedrig und breit. Ich nehme die Stufen mit großen Schritten, Mix krallt sich am Gitter fest, das die Wiese vom Weg abtrennt. Er holt für jeden Schritt mit dem Bein aus, weil ihm das den nötigen Schwung verschafft. Für die besonders steile Stelle am Ende des Weges hakt sich Mix, der schon etwas erschöpft ist, bei unserer Mutter ein. Puck geht nicht mehr mit, weil er auf Weihrauch allergisch ist und auf Pfarrer Mutts Geschwätz sowieso.

Vater hat zu viel Durst, um es eine ganze Messe lang auszuhalten. Es liegt nicht an ihm, dass es in der Kirche keine Möglichkeit gibt, einem natürlichen Bedürfnis nachzugehen, und deshalb hält er die Kirche für eine unnatürliche Institution, der er lieber fernbleibt. Weniger trinken kommt nicht in Frage. Auch ist es nicht einfach zu entscheiden, was er trinken soll. Von Orangensaft bekommt er Juckreiz, trinkt er Schwarztee, kann er nicht mehr einschlafen. Mineralwasser verursacht Schluckauf. Es bleibt ihm, weiß Gott, nur noch der Wein. Davon kann er trinken, so viel er will. Kein Juckreiz, kein Schluckauf, kein Kopfweh, und schlafen kann er wie ein Herrgott, manchmal sogar tagsüber auf dem Boden des Markenzimmers im Dachstock, wo er so laut schnarcht, dass sich selbst KopfFuß in seinem Rahmen fürchtet. Manche wundern sich über meinen Vater, doch keiner versteht das besser als ich. Sagt seine REGEL: *trink!*, muss er trinken, und sie sagt es oft. Da kann man nichts machen.

»Stell die Musik leiser!« *Tack.*

Wie soll Puck das hören? Besser, er würde die Musik ausschalten. Was, wenn Vater wieder zornig wird? Kürzlich hat sich Puck zum Abendessen verspätet, und obwohl sich herausstellte, dass sein Motorrad kaputtgegangen ist, wollte Vater ihn nicht abholen. Das solle ihm eine Lektion sein! brüllte er, worauf unsere Mutter fragte, was ihm eine Lektion sein solle, dass er nicht auf seinen Beinen nach Hause laufen könne? Vater schrie, Puck hätte es sich vorher überlegen sollen, und unsere Mutter wollte wissen, was sich Puck hätte vorher überlegen sollen, dass sein Motorrad kaputtgehen könne? »Ende der Diskussion!« rief er, stieg in den oberen Stock und setzte sich in die Badewanne, worauf sie sich aus dem Haus schlich und Puck abholte.

Beinah wäre ich wirklich eingeschlafen, doch jetzt spüre ich, wie meine Mutter sich über mich beugt. Sie weiß, dass ich meinen Schlaf nur vortäusche, und ich weiß, dass sie nur so tut, als würde sie es nicht wissen. Wie gern würde ich die Augen öffnen und sie anschauen. Wie würden wir lachen.

Bam!

Ich zucke zusammen: Sie haben Joe geschnappt. Noch einmal kracht die Gitarre, dann ist es ruhig. Ich höre das Scharren der Grammophonnadel auf der Suche nach dem nächsten Stück und zugleich das Klicken des Türschlosses, das meine Mutter einschnappen lässt. Als ich das letzte Mal in der Kirche war, rutschte Mix nach der Messe auf dem Kirchenplatz auf dem Eis aus. Weil es rutschig war, konnte er nicht mehr aufstehen. Und weil keiner mehr da war, klingelten wir beim Pfarramt, doch die Haushälterin teilte uns mit, Pfarrer Mutt könne meinem Bruder nicht helfen, da sonst sein Mittagsmahl kalt würde. Es war auch nicht möglich, das Telefon im Vorraum zu benutzen, weil auch dies den Herrn Pfarrer beim Suppenessen im Nebenraum stören könnte. Als meine Mutter sagte, das sei doch nicht die Möglichkeit, rief die Haushälterin entrüstet, der Herr Pfarrer sei auch nur ein Mensch, und schlug die Tür zu. Weil zwei Spaziergänger vorbeikamen, die Mix auf die Beine halfen, mussten wir meinen Bruder dann doch nicht vor der Kirche liegen lassen.

Wieder fängt Pucks Song von vorne an, jetzt so laut, dass Puck ihn auch unter der Dusche hören kann.

... hey, hey ...

Ich zähle die Schläge der Kirchturmuhr: Es ist elf. Pfarrer Mutt, gefolgt von zwei Ministranten, schwebt zum Altar, richtet das Mikrophon und verkündet das Wort. Er sagt: Liebet euren Nächsten wie euch selbst. Er sagt: Versündiget euch nicht. Er sagt: Barmherzigkeit, Barmherzigkeit. Er sagt: Lasset um Gottes Willen eure Suppe nicht kalt werden. Er sagt: Joe, renn um dein Seelenheil.

... where you gonna run to now ...

Kasperli hat wie immer Glück gehabt: Er muss in Mänhättän nicht in die Kirche, weil es dort keine gibt, und bekommt das getoastete Zopfbrot mit Butter und so viel Salz, wie er will.

Tock.

Lieber Gott, mach, dass es in Mänhättän wirklich keine Kirchen gibt!

Die Verkäuferin in der Stock- und Inkontinenzabteilung im Pflegebedarf-oder-so-Geschäft bringt mir einen faltbaren Metallstock aus kupferglänzendem Material mit hartem Griff. Es gelingt mir nicht, den Stock auseinander zu ziehen und wieder zusammenzufalten. Jan versucht es, auch vergeblich. Ich mache meine »Behindertemüssen-auch-Athleten-sein«-Bemerkung. Die Verkäuferin lächelt verlegen das Uribag-Lächeln. Als es ihr auch nicht gelingt, aus den vier durch einen Gummi verbundenen Teilen einen Stock zu formen, holt sie ein anderes Modell. Diesen Stock schaffen die Verkäuferin und Jan zu zweit. Ich komme bis Phase drei (von vieren) und kann so zumindest signalisieren, dass ich nicht so fest auf den Beinen stehe, wie es aussieht. Um Phase vier zu bewältigen, muss man den Stock in beide Hände nehmen und ihn wie einen Extender auseinander ziehen. Meine Arme ermüden, doch das ist eine gute Übung. Ich kaufe den Stock und lasse ihn im Rollstuhlnetz in meinem Rücken für immer verschwinden. Den Uribag werde ich kaufen, sobald sie ihm einen anderen Namen gegeben haben.

Erkundigte mich einmal in Paris bei einem Polizisten, ob die öffentliche Toilette, auf die er mit seinem Schlagstock zeigte, »accessible« sei. Er schaute mich verwundert an (schaute verwundert auf mich im Rollstuhl herab) und sagte, bevor er sich abwandte: »Theoretisch müsste sie für alle zugänglich sein.« Sie war es nicht.

Erster Teil

Auf dem Bettrand die Socken für den nächsten Tag, auf der Früh-
stücksbar bereits das Buch für die Pause (Rühmkorfs vorletzte Ge-
dichte), im Kopf der Gedanke, mit dem die Arbeit beginnen könnte.

Heute ist dieser Gedanke: Putsch! Nieder mit dem totalitären Re-
gime, das meinen Tag bis ins Detail vorbestimmt! Das nimmt mir
die Spontaneität und lässt meinen Alltag erstarren: Jeder Schritt ist
im Voraus berechnet, jede Bewegung schon gedacht. Bringe ich die
Tasse von der Bar in die Küche – es ist bloß eine Vierteldrehung um
meine eigene Achse –, so kann ich mir einen Gang sparen, indem ich
zugleich die angegessene Grapefruit mittrage. Da ich zunehmend
mit Bewegungen knausern muss, wird mir bald jede vorgegeben,
meinem Denken eingeschrieben, wird mein Gehen ein engmaschi-
ges Netz spärlicher Muskelaktivität sein, das mich durch den Tag
manövriert und mich an nichts anderes als diese nächste Bewegung
denken lässt.

Formt sich in meinem Kopf ein Gedanke, entsteht zugleich auch die
Wegstrecke, die ich bis zum Schreibtisch zurücklegen muss: Türrah-
men, Regal (darin auf Schulterhöhe Bulgakows Werkausgabe, wo
ich mich am liebsten festhalte), Stuhllehne, Bürostuhl. Das Wich-
tigste ist, bei jedem Schritt darauf zu achten, dass ich nicht stolpere:
Ein Teppichrand oder ein Bleistift genügt. Mit zunehmender Ge-

schwindigkeit – ein bisschen beschleunigen kann ich meinen Schritt
– nimmt auch das Sturzrisiko zu. Der Gedanke treibt mich an, doch
ich muss mich auf das Gehen konzentrieren. Ich muss den Schritt
sehen, bevor ich ihn ausführe. Bis zum Schreibtisch wird es mein
Gedanke schon schaffen, sonst ist er es nicht wert, aufgeschrieben zu
werden; schafft er es, ist er gut.

Früher war mein Vater, wenn er zu Hause war – als er noch zu
Hause war –, meist im zweistöckigen Dachstock anzutreffen. Im
zweiten und dritten Geschoss unseres Hauses an der Alpsteinstraße, das im Föhn auf halber Höhe zwischen den Bergen und
der Stadt im Hochtal schwebte, herrschte er über sein Königreich. Dort oben setzte er seine Sammlung von allem instand,
lichtete sie ab, ordnete sie, mit Lupe, Zigarre und Buchhalterblende ausgestattet, nummerierte sie, bestimmte ihren Wert und
nannte sie mit dem Stempel »Sammlung K« unwiderruflich sein
Eigen.

War das geschehen, ließ er die Stücke wieder in die Stadt und
deren Umgebung zurückfließen. Er lagerte seinen Besitz in den
Dachstock des Gartenhauses aus, im zu einem Schießstand um-
funktionierten Geräteschuppen, in der Doppelgarage, wo die
Uhren bald zweireihig hingen und anfangs meine Mutter er-
schreckten, wenn sie ihr Auto abstellte, und im bald ebenso voll
gestopften Atelierhaus. Er breitete sich in leere Wohnungen aus,
und bald leerte er Wohnungen in den Mietshäusern, die sich sein
Geschäft dazukaufte, um sie von den Steuern abzusetzen, sich auf
diese Weise Aufträge oder neuen Platz für seine Sammlung zu
verschaffen. Kein ungenutzter Winkel in seiner Fabrik war vor ihr
sicher, und bald waren es auch die genutzten nicht mehr. Dicht
übereinander gehängte Gemälde verwandelten die Korridore in
Galerien, Bildhauer fanden sich ein, um sich ihre Skulpturen von
den Handwerkern des Geschäftes zusammenschweißen zu lassen. In einer Scheune außerhalb der Stadt hortete er alte Möbel,
die er selbst aufrichtete oder aufrichten ließ, sobald er die Zeit

oder das Geld dazu hatte und die Möbel nicht vorher verschimmelten, vermoderten, verlotterten, verrotteten oder was immer die ihnen eigene Art war, selbst für meinen Vater unbrauchbar zu werden.

Bereits sein Vater, der auch Alfons hieß, hatte die Flohmärkte durchkämmt, doch beschränkte er sich auf alte Waffen und Zinn, vor allem aber auf die räumlichen Grenzen, die er sich mit seiner Wohnung zu setzen bereit gewesen war. Alfons senior war genügsam, und dadurch, dass er sich an seine Grenzen hielt, mag er das gewesen sein, was man in Sankt Gallen »brötig« nennt, doch auch wenn dies das übelste Schimpfwort sein mag, das sich die Sankt Galler für sich selbst ausgedacht haben mögen, so kam mir mein bescheidener Großvater doch immer wie ein zufriedener Mensch vor.

Die einzige Grenze, die er mit Bestimmtheit – und Gusto – überschritten hatte, war die deutsch-schweizerische am Bodensee. Er, der gebürtige Deutsche, war, wie er gern erzählte, in die Schweiz einmarschiert, als Klempnergeselle auf Wanderschaft. Rohrbruch für Rohrbruch, Toilettenschüssel um Toilettenschüssel habe er sich vom Allgäu her an die Schweiz angepirscht und sie schließlich im Sturm genommen. Auch erzählte er gern – und achtete dabei darauf, dass Alfons junior in Hörweite war –, wie ihm sein Vater eine Lektion in Bescheidenheit erteilt hatte. Als er seinen Vater auf einer Farbpostkarte um die Erhöhung seines Taschengeldes anging, erhielt er von diesem eine selbst an Worten sparende Absage: »Wer sich eine Farbpostkarte statt einer günstigeren in Schwarzweiß leisten kann, beweist, dass er keineswegs auf mehr Geld angewiesen ist!«

Im Jahr 1926 ließ sich Alfons senior in Sankt Gallen nieder. Er beteiligte sich an der zwei Jahrzehnte zuvor gegründeten Flaschnerei Dornbirer, die sie von nun an gemeinsam, ergänzt um ein »& Keller« am Platztor an der Sankt Jakobsstraße am Rande der Altstadt führten. Aus den Flaschnern wurden Klempner, aus der Flaschnerei »Gas-, Wasser- und Ablaufinstallationen«. 1940 zog sich Dornbirer zurück, was auch zum Rückzug des »Dornbirer

&« aus dem Firmenschild führte, und aus den »Gas-, Wasser- und Ablaufinstallationen« konnten modernere »sanitäre Anlagen« werden.

Da die Glocken der Kirche Sankt Mangen meinen Großvater jeden Morgen weckten, musste er sich nie einen Wecker anschaffen. Seine Frau, Maria Wetter, lernte er in der Bäckerei ihrer Eltern kennen, wo er sein Morgenbrötchen kaufte. Damit sie sich nicht ein Leben lang die Beine hinter einem Bäckertresen in den Bauch stehen müsse, habe er sie, erzählte er stolz, über die Straße geheiratet, wo sie ihm ein Leben lang den Haushalt gemacht habe. So hatte er seine Familie gegründet und seine Wanderschaft abgeschlossen. Auch mit den Kindern beschied er sich, ein Sohn, eine Tochter. Nichts lockte ihn mehr weg. Keine Reise in die bunte Welt, Sankt Gallen im nebelverhangenen Hochtal reichte für ein Leben aus. Die Hochzeitsreise führte ins Allgäu, vielleicht, um von der Wanderschaft endgültig Abschied zu nehmen. Er bezog in seinem Leben nur einmal eine Wohnung, die er für gutes Geld so einrichtete, dass sie ihn überleben würde, und nur ein einziges Mal, einige Jahre, nachdem seine Frau verschieden war, zog er noch um: in ein Altersheim, wo er starb.

Großvaters Wohnung befand sich auf dem Dach des Gebäudes, in dem sich »Dornbirer & Keller« eingemietet hatte. Als sich dieser Raum erschöpft hatte, erklärte er seine Zinn- und Waffensammlung für vollständig und hörte mit dem Sammeln auf. Im Speicher lagerte er die eine oder andere Kiste mit Zinngeschirr, das er preiswert durch besseres hatte ersetzen können, und sogar das nagte an ihm. Auf dem Büffet beim Wohnungseingang lag sein blaues Notizbüchlein, in das er die Stücke seiner Sammlung eintrug; als er diese abgeschlossen hatte, fand es seinen Platz in der obersten Schublade des Büffets.

Die Zinnsachen schmückten die Wohnung, die Waffen aber bewahrte er in einem Häuschen auf, das auf der Dachterrasse des Geschäftshauses stand. Es war durch die Küche über zwei steile Stufen und durch einen kleinen, für die Sommersonne mit einer Pergola bestückten Sitzplatz zu erreichen. In seinen späten Jahren, während denen ich, fünf, sechs, vielleicht noch sieben Jahre alt, oft einen Nachmittag bei ihm verbracht habe, saß ich am Stubentisch und baute wieder und wieder dasselbe Modellhaus zusammen. Das war eine schwierige Aufgabe – die Wände des Hauses mussten aus Balken errichtet, die Schindeln einzeln auf das Dach gelegt werden –, für die ich dadurch belohnt wurde, dass im Innern des Hauses das Licht anging, wenn ich alles richtig zusammengesetzt hatte. Öffnete Großvater, der nicht wollte, dass ich allein im Dachhäuschen spielte, die Tür zur Terrasse, folgte ich ihm sogleich. Vom Alter schon etwas gebeugt, was ihm aber bei seiner Körperfülle nicht anzusehen war, musste er sich am Türrahmen festhalten. Für jede der Stufen verabreichte er sich mit einem Schnaufer den Ruck, den sein Körper zur Bewältigung des Höhenunterschiedes zu benötigen schien – einatmen, ausatmen, *ruck!*, einatmen, ausatmen, *ruck!* –, bis er sich, seinen behäbigen Körper als Luftpumpe benutzend, ins Freie gewuchtet hatte.

So wie bei seinem Sohn alles etwas größer sein musste, war im Dachhäuschen alles etwas kleiner, aus Protest, aus Zufall oder einfach so. Ein kleines Giebeldach, darauf ein winziger Schornstein, der im Häuschen eine verkleinerte Feuerstelle mit Abzugluft belieferte, kleine Schindeln, zwei kleine Räume. Großvater musste sich bücken, um das Häuschen zu betreten. Wie die Türen, die zu meinem Dachstockkorridor führten, waren auch diese zu klein geraten, und wenn sie auch nicht ganz so winzig waren wie meine – immerhin mussten sie meinem Großvater Einlass gewähren –, so war es doch auch die Tür eines längst vermoderten Schrankes, die hier ihr Gnadenbrot fristete.

In der Erinnerung – es gibt das Häuschen und auch das Haus, auf dem es gestanden hat, nicht mehr – kommen mir die Möbel verdächtig klein vor, als seien sie eigens für mich geschaffen worden. Ich saß bequem auf meinem Stuhl am Tischchen, während sich mein Großvater mir gegenüber in die Ecke zwängen musste, ein Riese, der den Stuhl unter sich schluckte. So unordentlich es im Dachstock meines Vaters war, so aufgeräumt sah es hier aus;

alles hatte seinen Platz und musste dorthin zurückkehren, während der Raum in meines Vaters Vorstellung dazu da zu sein schien, von den angehäuften Objekten bezwungen zu werden. Selbst der Staub schien sich diesen beiden gegensätzlichen Ordnungsprinzipien anzupassen: Dort das im Staub versinkende Reich, hier die staubfreie, für die Ewigkeit geschaffene Zone.

Die Waffen, Waffen aller Epochen und Kriege (wie mir Mix bestätigte), waren das Einzige, was in Großvaters Dachhäuschen in Originalgröße präsentiert wurde. Doch die Hellebarden, Neunsterne, Armbrüste, Säbel, Ritterrüstungen, das Gewehr, das Großvater im Ersten Weltkrieg benutzt hatte, wirkten in der verkleinerten Umgebung nicht bedrohlicher, sondern harmloser. Rüstungen, in die ich schlüpfen konnte, Säbel, die ich aus ihren Futteralen zischen lassen durfte (so gut es ging: Die Säbel reichten mir bis zum Kinn). Pistolen, die ich, obwohl sie in makellosem Zustand waren, mit dem Wedel reinigte, mit unsichtbarem Öl schmierte, mit vorgestelltem Pulver stopfte und, den linken Arm zum Anlegen benutzend, auf die Rüstung in der Ecke, das Jagdhorn, die Zwillingspistolen an der Wand, das Familienwappen, den Stadtbären richtete und den Hahn springen ließ. *Klack-klack*, der Feind, den ich nicht hatte, war immer gleich tot.

Als Großvater in den frühen siebziger Jahren starb, ging die wertvolle Zinnsammlung, wie auch alles andere, zu gleichen Teilen an meinen Vater und seine Schwester, die sich im Erben auskannte. Sein Zinnberg türmte sich auf dem Sofa, der ihre, der größere, auf dem Wohnzimmertisch. Was sie nicht wusste, war, dass ihr Bruder die Sammlung bereits vor dem Ableben Alfons seniors durch eine minderwertige ersetzt hatte; doch das würde »die blöde Kuh«, wie er uns gegenüber prahlte, als er mit einer Wagenladung Zinn nach Hause kam und uns seine Beute stolz präsentierte, »ohnehin nie erfahren«.

Alfons junior, von seinen Freunden Föns genannt, hatte in Sankt Gallen die Grundschule und in der Klempnerei seines Vaters die Lehre absolviert. Bereits als junger Mann war er eine überwältigende Erscheinung, bullig, robust, schwerknochig, mit sich schon zurückziehender Haarlinie. Die Strähnen kämmte er nach hinten, sodass seine Stirn noch wuchtiger vorstand. Er hatte Charme, Witz, war überraschend romantisch, verletzlich und schwerfällig. Er bewegte sich mit unmissverständlicher Autorität, als habe sich eine jener mysteriösen Skulpturen auf der Osterinsel, die ihn so beeindruckten, aus ihrer Erstarrung gelöst.

Der Dom, zentral gelegen und sonntags geöffnet, schien ihm der geeignete Ort zu sein, um sich nach einer Braut umzuschauen. Während sich Föns den Altar als Werkbank vorstellte und das Altargitter als Zaun für den Garten, den er noch nicht hatte, doch ohne Zweifel haben würde, blieb sein Blick am weißen Nacken einer unbekannten Schönen haften. War diese junge Frau nicht geschaffen für die Welt, von der er träumte und die er bereits dabei war zu errichten? Ihr helles, braunes Haar ließ den Halbmond ihres Halses frei, der von einer bescheidenen, doch unübersehbar wertvollen und sachgerecht gereinigten Silberkette zweigeteilt wurde. Passte sie nicht bestens in die Hollywoodschaukel in seinem zukünftigen Garten? Stil versprach dieser Halshalbmond, Zärtlichkeit, Anmut, ach, einfach alles,

was ihm in seinem Leben fehlte. Als sie sich umdrehte und kurz die verschwenderische Rundung ihrer rechten Backe, dann die Nase preisgab, war ihm klar, dass es keinen Sinn machte, das Ende der Messe abzuwarten, denn die Hollywoodschaukel, die einen blauen Überzug mit weißen Noppen haben würde, hatte in seiner Vorstellung bereits sanft zu schaukeln begonnen …

Max Falk, der neben ihm auf der Bank saß, erhielt den

Auftrag, den Namen der schönen Unbekannten in Erfahrung zu bringen. Nicht, dass Geduld Föns' Stärke war, doch seinen Freund bei dieser Gelegenheit auch gleich abklären zu lassen, ob der Domaltar zu erstehen sei und, falls ja, für wie viel und ob am Preis zu rütteln sei und ob der Bischof (oder wer immer dafür zuständig war) als Zahlung Klempnerstunden annehmen würde, hob er sich für eine andere Gelegenheit auf. Er erregte Max' Aufmerksamkeit, indem er ihn in die Seite stieß, und lenkte sie darauf mit einer Aufwärtsbewegung seines Kinns auf das Objekt seiner Begierde, das sieben Bankreihen vor ihnen saß. Die? Nein, nicht die alte Hutschachtel, Depp, die daneben. Da die Aufgabe für den gläubigen Katholiken heikel war, flüsterte er dem Maler zu, ihm eine Zeichnung abzukaufen oder, besser noch, ihm als Zeichen seiner Verbundenheit einen Kühlschrank zu geben. Wobei er für einen Kühlschrank, sagte er im Aufstehen, im Grunde schon ein Ölbild haben müsste, am besten ein Porträt von seiner zukünftigen Frau. Föns ließ das Domportal zukrachen, und Max, mit der Aussicht auf einen Kühlschrank im Kopf, betete dem Amen der Messe entgegen. Drei Kinder wollte er, und weil seine Verlobte schon etwas schwanger war, eilte die Hochzeit.

Föns lief die Antiquitätenroute nach Hause, versah im Geist mehrere Möbelstücke in den Schaufenstern mit einem »Verkauft«-Schild und überlegte sich, wo er sie in seinem zukünftigen Haus hinstellen würde.

Max folgte der Auserwählten seines Freundes, die den Domplatz in Begleitung eines Aufpassers, eines älteren Herrn (ihr Vater?) überquerte. Er entschied, sie sitzend zu porträtieren.

Föns entschied, das Fräulein Biedermann (das wirklich so hieß) auf seine Braut anzusetzen.

Max' Verlobte stand, als er sie gemalt hatte. Sie fror, weil er es sich nicht leisten konnte, sein Atelier (das sog. »Atelierhaus«) zu heizen, und sie fror, weil er sie nackt malte.

Das Fräulein Biedermann würde Föns den Gefallen tun, seine Auserwählte zu einer ihrer Soirées, wie die eingebildete Ziege ihre Einladungen nannte, zu bitten, und schon würde er sie kennen gelernt haben.

Die Fremde und ihr Vater betraten das Café Pfund am Marktplatz, wo sie (wie jeden Sonntag nach der Messe) eine Auswahl »Zwanzgerstückli« (Patisserie für zwanzig Rappen das Stück) kaufte.

Um sich in den Augen der katholischen Kirche nicht dadurch zu versündigen, dass er die Frau, mit der er den Lebensbund eingehen würde, nackt malte, hatte Max vorgesorgt, indem er, der in Sankt Gallen schon recht angesehene Porträtist katholischer Heiliger, den Körper mit dem Gesicht einer beliebigen Frau versah. Weil er aber seine Auserwählte aufrichtig liebte, geriet ihm angesichts seiner nackten Verlobten das Gesicht dermaßen beliebig, dass ihr Körper wie von Gott geschaffen aussah, ihr Gesicht aber zum Werk eines Stümpers wurde.

Wo blieb Max? Föns saß bereits mit seinen Eltern und der Schwester beim Sonntagsmahl (Rindsbraten, Erbsen, Kartoffelstock, Rotwein, wobei Föns der Einzige war, der stets von allem nachschöpfte). Er hatte auf seiner Antiquitätenroute so viele Möbel gesehen, dass er nicht nur seine zukünftige Villa (vierundzwanzig Zimmer) eingerichtet, sondern im Geist auch noch eine Scheune dazugemietet hatte, wo er die anderen Stücke lagern konnte.

Auf diese Weise aber, räsonnierte Max weiter, könnte er den Akt seiner ihm Versprochenen mit einem Gesicht, das an keine Frau dieser Welt (und auch keiner anderen) erinnerte, im Notfall (etwa, um für das Atelierhaus zu heizen) verkaufen. Was aber, wenn er sich auf diese Weise nicht nur der Kirche gegenüber versündigte, sondern mit dem hingepfuschten Gesicht auch seine Berufsehre befleckte?

Beinah hätte er Föns' zukünftige Frau und (idealerweise) Mutter zweier Kinder (erst ein Bub, dann ein Mädchen) aus den Augen verloren. Ein Krachen – es war das Krachen einer Gartentür – gemahnte ihn an die Freundespflicht, die er eingegangen war. Die Unbekannte folgte ihrem Vater (denn er war es) über eine Steintreppe in ein bescheidenes, weiß getünchtes Haus mit einem Giebeldach. Kaum waren sie verschwunden, trat Max an den Briefkasten heran und notierte sich den Namen: Familie Franz Josef Hämmerle.

Max atmete auf. Erstens würde er seine Berufsehre wiederherstellen, indem er das Gesicht des Fräulein Hämmerle besonders gut malte. Zweitens würde er seine Seele bei der nächsten Beichte retten. Drittens (und als zusätzliche Buße) würde er den Akt seiner Frau mit dem misslungenen Kopf aus Fürsorge verkaufen, vermutlich an Föns, der ihn bereits einmal auf »etwas in der Art« angesprochen hatte, und er, Max Falk, würde dafür auch noch einen Kühlschrank erhalten. Alles, alles würde sich fügen, so wie sich immer alles fügte, wenn man sich Gott anvertraute.

Ruth (denn so hieß das Fräulein Hämmerle mit Vornamen) nahm die überraschende Einladung dieses ihr nicht bekannten Fräulein Biedermann gern an. Das verschaffte ihr eine Gelegenheit, einen Abend außerhalb ihrer vier Wände und des Einflussbereiches ihres Vaters zu verbringen. Es genügte, ihm zu sagen, dass dieses Fräulein Biedermann eine alte Freundin sei, die sie aus den Augen verloren hatte. Franz Josef setzte das Zeitlimit (zwei Uhr) und sagte, er werde sie mit der Uhr in der Hand erwarten.

Föns tanzte nur einmal mit Ruth, mit der Unbeholfenheit einer Osterinselfigur, die sich auf ein Schweizer Parkett verirrt hatte. Bevor er sie kurz vor zwei Uhr nach Hause fuhr, drückte er ihre Hand, als sei sie die Hand eines Kunden, dessen Rohrbruch er gerade erfolgreich behoben hatte, und teilte ihr mit, ihre Wege würden sich gewiss bald wieder kreuzen.

Mit der Belagerung begann er am nächsten Tag. Er berechnete, wie lange sie zu Fuß in die Transportgesellschaft, in der sie arbeitete, brauchen würde, wartete zum errechneten Zeitpunkt vor ihrem Haus, und als sie herauskam, stieß er seine Wagentür auf. Auf dem Beifahrersitz lag das Paket mit dem Dutzend »Zwanzgerstückli«, hauptsächlich Cremeschnitten. Sie sagte sich, sie werde die Süßigkeiten dieses eine Mal noch annehmen, und bedankte sich. Er fuhr sie zur Arbeit, wie er es von nun an täglich tun würde, morgens, mittags, abends, mit Unterbrechungen zwei Jahre lang, unermüdlich, pünktlich und misstrauisch.

Von Anfang an nannte mein Vater meine Mutter sein Sammlungsstück Nr. 1. Setzte er sie auch nicht instand, wie er es mit seinen übrigen Stücken tat – das war nun wirklich nicht nötig –, so hat er sie doch abgelichtet, in zahlreiche Alben eingeordnet, beschriftet und eben nummeriert:

Meine Mutter, fünfjährig, im weißen Spitzenkleid, ohne Zweifel ein Produkt der Textilfirma ihres Vaters, der Textilkaufmann war. Sie steht vor dem stattlichen, ein Jahr zuvor, 1934, erbauten Haus im vorarlbergischen Lustenau, auf das es die lokalen Behörden vor dem Anschluss Österreichs an Deutschland abgesehen hatten. Da Hermine Hämmerle-Kessler, Franz Josefs Frau, sich an der Grenze stets geweigert hatte, den neuen Gruß zu erwidern, eine Unflätigkeit, welche die deutschen Behörden den österreichischen anvertrauten, war die Übernahme des Hauses einen erfreulichen Schritt näher gerückt. In München waren sie aus einem Hotel verwiesen worden, nachdem Hermine, die bei ihrem Frühstück die Butter vermisste, den Direktor herbeizitiert hatte, um ihn zu belehren, dass es für ein Land besser sei, Butter statt Kanonen herzustellen. Bevor sich die lokalen Behörden, ermuntert von den deutschen, über das Haus hermachten, zogen sie immer wieder Großvaters Limousine, einen schwarzen Fiat, ein, da nun die armwerfenden Paraden auch im Vorarlbergischen mit immer größerer Dringlichkeit veranstaltet werden mussten. Der

Fiat war über und über mit Fahnen bedeckt, sodass ihn mein Großvater auf der Straße nur noch am Autokennzeichen erkannte, eine Buchstaben-Zahlen-Kombination, die, kaum hatte er es verloren, das Paradies bedeutete. Als sich 1938 Österreich offiziell für Deutschland entschloss, flohen meine Großeltern. Die Familie erreichte die Schweiz mit den drei Töchtern in zwei Wagen an verschiedenen Grenzübergängen. Den Sohn hatte Franz Josef nicht mitgenommen, da er, schließlich war er Kaufmann, die Gebühr für das laufende Semester im Voraus bezahlt hatte. In der Feldkircher Jesuitenschule Stella Matutina sah sein einziger Sohn mit an, wie die neuen Herren die Kreuze zerstückelten und in die Weihwasserbecken pissten. Ein »guter Nazi«, der nicht glauben wollte, dass sein neuer Gott zu solchen Gräueltaten fähig war, fuhr ihn persönlich in die Schweiz zu seinen Eltern. Im Haus meines Großvaters  siedelten die Faschisten die nach ihren Maßstäben ausgewählten Babys an, zogen dort also diejenigen groß, die kompromisslos jene zu ersetzen hatten, die dem neuen Trend nicht entsprachen. Als der Krieg vorbei war, benötigten die Alliierten Unterkünfte. Da auch sie herrschaftliche Häuser bevorzugten, erreichten meine Großeltern mit der Hilfe des Bürgermeisters, dass die Babys, die als die nun doch nicht stattfindende arische Zukunft in seinem ehemaligen Haus heranwuchsen, vorerst dort bleiben konnten. Für das Haus war es besser, Kleinkinder und deren Betreuerinnen zu beherbergen, als die marodierenden Soldaten einer siegreichen Armee. Als das Haus wieder in den Besitz meiner Großeltern überging, zogen sie es vor, in Sankt Gallen zu bleiben: Sie erfuhren, dass sie – wegen des Hauses? oder weil meine Großmutter diesen kindischen Gruß nicht erwidert hatte? – auf der Liste für Buchenwald gestanden hatten. Der Deportation entgingen sie, weil die lokalen Behörden aus noch mangelnder Erfahrung den Bruder meines Großvaters verhaftet hatten. »Verräter« hatten ihre Nachbarn sie genannt, als der Spuk vorbei war, »ihr seid abgehauen und habt es euch gut gehen lassen, als wir euch am meisten gebraucht hätten.« »Wirklich?« gab Hermine zurück, die in der Schweiz nichts an Schlagfertigkeit eingebüßt und an Zurückhaltung nichts dazu gewonnen hatte, »ich hatte den Eindruck, dass wir euch vor der neuen Sonne gestanden sind.«

Erfreulichere Bilder: Meine Mutter, bereits in der Schweiz, als zehnjährige Klosterschülerin vor dem katholischen Mädchenpensionat in Menzingen. Der täglichen Morgenmesse und dem endlosen Knien auf den harten Holzbänken entkam sie durch einen sanften Schlag gegen ihren Nasenflügel. Dieser brachte eine schwache Ader zum Bersten und das Blut zum Fließen. Sie ließ einen Tropfen in ihr dickes Wollkleid fallen und warf ihren Kopf zurück, um die Aufmerksamkeit der Oberschwester zu gewinnen, die sie sogleich der Kirche verwies, um ein größeres Blutbad zu verhüten. Dem Wunder der stets während der Morgenmesse blutenden Nase kam sie nie auf die Schliche.

Meine Mutter als Tochter, zwischen ihren Eltern, dem geliebten, früh verstorbenem Bruder und den beiden Schwestern; meine Mutter auf einer Bank im Stadtpark mit ihrem Vater. Meine Mutter als Möchtegernmannequin, als sie mit einer Laufstegkarriere liebäugelte, auf dem Rücken liegend, das lange Haar melodramatisch über den Boden geworfen. Darauf im Album meine Mutter in einem Bregenzer Bühnenbild, als sie einmal für ein erkranktes Model einspringen konnte. Meine Mutter als Braut, meine Mutter in einer der unzähligen norditalienischen Kirchen, in die sie mein Vater auf ihrer Hochzeitsreise geschleppt hat, meine Mutter mit meinen Brüdern und mit Dora, unserer Haushälterin, die den Staubwedel auch für den Fotografen nicht zur Seite legte. Meine Mutter als frisch gebackene Hausbesitzerin, meine Mutter schwanger mit mir, obwohl es bei zwei Söhnen hätte bleiben sollen, und von diesen Seiten an – ich blättere schneller – meine Mutter als Mutter: Im wetterfesten Lodenmantel, mit der Hundeleine in der Hand und der windverwehten Frisur, das fröhliche Gesicht ein bisschen wettergegerbt, gezeichnet von guter Erschöpfung – unterwegs mit den Buben und Rott, dem Hund, – meine Mutter glücklich auf einer Waldwiese, mein liebstes Bild.

Will ich niesen, muss ich stehen bleiben. Der Wind, den ich produziere, könnte mich trotz Stock umwerfen: Es ist der Rückstoß meiner Nase.

Mein Vater, der meine Mutter im Mai 1953 heiratete, war ein guter Esser und Trinker. Er genoss es, in Gesellschaft zu sein; nach Mitternacht öffnete meine Mutter die Wohnzimmerfenster, um die Gäste daran zu erinnern, sich vor dem Morgengrauen zu verabschieden. »Wir haben zwei kleine Kinder, die schlafen müssen«, sagte sie, die auch Gäste mochte, »ich habe eine Flasche Wein, die noch getrunken werden muss«, entgegnete er ihr. War es kalt, schlüpften die Gäste in ihre Mäntel, wickelten ihre Schals um den Hals, zogen die Handschuhe über und machten sich an die neue Flasche Wein, die Föns bereits aufgemacht hatte. Meine Eltern verbrachten ihre Freizeit im Lion's Club, auf dem Golfplatz, in Künstlerateliers, auf Flohmärkten und in Fröhlichs fünfstöckigem Antiquitätengeschäft beim Dom und – aber hier ging meine Mutter schon oft allein mit den Buben hin – bei Bekannten am See.

Zum ersten Mal hatte Föns mehr Geld, als er brauchte, um die laufenden Rechnungen zu bezahlen. Er verdiente mehr Geld und gab noch mehr aus; daher nannte er seine Anschaffungen »Investitionen«. Was immer er anschleppte, war nie weniger als »eine Trouvaille, wenn man bedenkt, was es wirklich ist«, und der Verkäufer »ein ausgemachter Trottel, der von seinem Geschäft nichts versteht, denn dass dieses Stück ständig an Wert zulegen wird, geb ich dir schriftlich, Ruth«, als habe er jemals daran gedacht, sich freiwillig von einem Gegenstand zu trennen. Die Sammlung »diversifizierte sich«, als sei sie ein selbständiges Wesen geworden, dem der Sammler machtlos ausgeliefert war. Seine Rückversicherung war sein Geschäft, und dem Geschäft ging es immer besser, denn das Geschäft war jetzt er (was auch der Grund war, weshalb er es nie in eine Aktiengesellschaft überführen ließ). Nachdem sich sein Vater zurückgezogen hatte, gehörte ihm das Unternehmen ganz. Zu »Keller Sanitär« kam »Keller Spiegelschränke« und, schnell größer werdend, »Keller Metallbau«.

Jeden Tag schleppte er ein neues Objekt an: eine Morier-Uhr, eine Armbrust, mit der Tell geschossen, ein Fabergé-Ei, das Katharina der Großen gehört hatte, eine verrostete Säge aus einer aufgegebenen Sägerei, ein Öllämpchen aus einem geplünderten Etruskergrab, eine böse »Negerplastik«, wie es damals noch hieß, die er, als er sich mit einem Lieferanten wegen einer unbezahlten Rechnung verkrachte, im Geschäft ins Treppenhaus stellte, dort, wo die Treppe am steilsten war. Schon in der nächsten Woche stolperte der Lieferant und brach sich den Knöchel. Wenn das keine lohnende Investition war!

»Ich muss es nicht gleich bezahlen«, sagte er, wenn er das besorgte Gesicht seiner Frau sah.

»Irgendwann musst du es bezahlen. Lass uns für das Geschäft sparen. Weiß man denn, ob die Zeiten immer so bleiben? Und für die Kinder...«, sagte Franz Josefs gute Tochter.

Meiner Mutter kam es nicht in den Sinn, für sich Schmuck zu wollen oder ein Designerkleid oder das Wochenende in einem vielsternigen Hotel am Lago Maggiore zu verbringen oder auch nur mehr Geld für den Haushalt zu verlangen. Und wenn es nur aus dem einen Grund gewesen wäre, dass er dieses Geld nicht ausgegeben hätte. Sie hätte es bekommen. Nicht, dass er ihr nichts kaufte; er war immer großzügig. Doch sie sagte zu oft, dass sie diese Dinge nicht brauchte. Das war ihre Art, ihm zu sagen, er solle sein Geld sparen. Was sie nicht erhielt, würde auf der Bank Zinsen bringen, stellte sie sich vor. Doch so funktionierte es nicht; was seine Frau nicht wollte – und hatte er es ihr nicht immer wieder angeboten? –, verwandelte sich nicht in Erspartes, sondern in die Kommode, die bei Fröhlich schon mit der Reserviert-Etikette versehen stand.

Selbst ihm war dieses Vorgehen manchmal nicht ganz geheuer, sodass er das Angeschaffte bei der Präsentation zu Hause mit dem Zusatz versah, »Ruth, das ist für dich.«

»Was soll ich mit noch einem Liner?« entgegnete sie prompt. »Die Wände sind voll. Einen Brühlbach haben wir doch schon. Und wenn du das alles wirklich für mich anschleppst, wäre ich das nächste Mal bei der Auswahl gern dabei.«

»Und das hier ist für Puck!«

»Wieso kriege ich keinen der Gegenstände, die du für mich nach Hause bringst, jemals wieder zu Gesicht?«

»Du hast doch eben selbst gesagt, dass die Wände voll sind. Du kommst nie ins Atelier, wo ich die Bilder aufbewahre. Ich zeige dir meine Sammlung gern.«

»*Deine* Sammlung.«

»Das ist alles für dich, die Frau an meiner Seite.«

Franz Josef hatte ihr (und der Krieg ihm) beigebracht, was ein Wert war. Bargeld war ein Wert, ein Wert waren solide Mauern, ein Haus mit einem dichten Dach, nicht aber die Staubfänger ihres Mannes.

Meine Mutter, bereits eine Meisterin im Hinzufügen, fügte hinzu: »Am Ende zahlst du für alles.«

»Selbstverständlich.« Doch er war nicht zu bremsen. Er präsentierte bereits die nächste Idee. »Wir brauchen mehr Platz.«

»Für Dinge?« Mehr Platz zu haben war etwas, was sie ebenso fürchtete wie ersehnte.

»Für dich. Du bist wieder schwanger. Und das Haus an der

Das Haus an der Alpsteinstraße, ca. 1960

Alpsteinstraße ist für uns wie geschaffen. Ich war gerade da. Sieben Räume auf einem Stock, großzügiger Kelleranteil und dazu noch zwei Dachstockzimmer. Dort könnte ich meine Werkstätte einrichten. Das Haus ist größer – und schöner – als das Haus deines Vaters! Was sagst du dazu? Einverstanden? Ich habe eben den Mietvertrag unterzeichnet. Du wirst es lieben, wirst schon sehen!«

Und er hatte Recht. Was für ein prächtiges Haus es war. Mit einem Garten wie ein Park. Die mittlerweile vierköpfige Familie zog am 1. Dezember 1957 ein. Erst lebten sie in der geräumigen

Wohnung im Halbparterre. Hohe Decken, große Fenster. Das große Hallenfenster, welches das Alpsteinpanorama rahmte und der Straße den Namen gab, Bäume und Büsche, die den Garten langsam zuwuchsen. Max Falk mischte ein dunkles Violet für die Wohnzimmerdecke; die Künstlerfreunde blieben noch länger. Der Garten war ein kleiner, im englischen Stil angelegter Park: getrimmte Hecken, Rosenbüsche, Kieswege. Das Kloster am gegenüberliegenden Hügel strahlte weiß in die Nacht, und mächtig über allem schwammen im Föhn die Alpen.

Nach drei Jahren kaufte Franz Josef das Haus an der Alpsteinstraße für seine Tochter und deren Familie. Sein Schwiegersohn, dessen Geld gerade gewinnbringend investiert war, versuchte ihn zu überreden, das Haus auf seinen Namen eintragen zu lassen, da es sich doch gehörte, dass ein Haus auf den Namen des Ehegatten eingetragen sei. Franz Josef beschied ihm, wenn es schon das Schicksal einer seiner Töchter sei, in einem Flohmarkt zu wohnen, so solle ihr dieser zumindest gehören. Jedes seiner Kinder hatte von ihm ein Haus erhalten, da seines ihm auf Dauer nicht einmal ein Krieg hatte wegnehmen können, und jetzt war seine jüngste Tochter an der Reihe, ihre Festung fürs Leben zu erhalten. Vier Kinder, vier Häuser: Das Lustenauer Urhaus hatte sich vervierfacht.

Wo beginnen? Wann fing es an? Gab es ein Ereignis? Ich kann kein Datum in meiner Agenda ankreuzen und sagen, wann genau die Muskelschwäche, das Langsamerwerden eingesetzt hat. War es, als ich mich das erste Mal auf der Armlehne unseres niedrigen Loungechairs abstützen musste, um aufstehen zu können? Als ich zum ersten Mal, tastend, nach dem Treppengeländer griff? Als ich, viel früher schon, plötzlich eine unerklärliche Unbeholfenheit beim Seilspringen zeigte, und falls das der Anfang gewesen sein sollte, wann genau war das?

Zwei sind genug, dachte meine Mutter. Die Buben, ihr Mann, das Haus, der Garten, der lebhafte Hund. Dora, die im Dachstock ein Zimmer hatte und mithalf. Föns besuchte die Flohmärkte, Antiquitätengeschäfte und Künstlerateliers jetzt allein. Er zeigte seine Funde nur noch selten; sie standen in Papiertaschen im Treppenhaus und verschwanden nach dem Abendessen im Dachstock.

Als Max Falk mit seiner Frau und den drei Kindern aus dem Atelierhaus ausgezogen war, um außerhalb der Stadt zu leben, wo es billiger war, mietete es Föns dazu und präsentierte es ihr als Überraschung. Da sie dafür nicht die notwendige Begeisterung zeigen konnte, sagte er, er tue dies doch nur, um das Haus an der Alpsteinstraße zu entlasten. Doch eine Entlastung stellte sich nicht ein, im Gegenteil, und überrascht war meine Mutter erst, als sich herausstellte, dass ihr Mann das Atelierhaus bereits seit einem Jahr dazugemietet hatte.

Zeigte er ihr seine Schätze immer seltener, weil sie ohnehin nur sagen würde, das sei nicht nötig und ob sie das Geld nicht sonst brauchen könnten? Er würde ihr sagen, es sei genug Geld vorhanden, ob sie zu wenig Haushaltgeld habe, nein, na also. Die Söhne? Hatten auch alles. Die Rechnungen? Alle bezahlt. Sie solle sich keine Sorgen um diese Dinge machen. Sie war seine »Göttin«, hatte er sie nicht im Dom entdeckt? Das hörte sie nicht gern, weil es ketzerisch klang und weil sie sich auf dem Podest, auf das er sie stellte, nicht wohl fühlte. Sie kam sich unnahbar vor und war doch das Gegenteil; sie fühlte sich durch diesen Titel unberührbar und wollte doch berührt werden. Lag es an ihr? War sie ihm langweilig geworden? Göttinnen waren doch ein bisschen langweilig, nicht wahr? Unfehlbar und ungesellig, die nach Mitternacht die Fenster öffneten, während er ständig mit Leuten zusammen war, doch immer seltener zu Hause.

Hatte Föns, was er wollte, hier, an der Alpsteinstraße, die Kinder, seine Frau und das Haus, dort das Geschäft, die Männerclubs, und als Verbindungsglied die über die halbe Ostschweiz verstreute Sammlung, die alles zu einem – seinem – Ganzen schnürte? Fragte sie ihn, weshalb er immer mehr Zeit ohne sie, ohne die Kinder verbrachte – nun gehörten auch die Wochenenden der Sammlung –, sagte er nur, sie gehe doch auch ohne ihn in die Kirche; entgegnete sie, er sei es doch gewesen, der die Kirche zu ihrer Angelegenheit erklärt habe, verfluchte er die Kirche. Auch die Kinder waren ihre Sache; zwar bastelte er mit ihnen Geburtstags- oder Weihnachtsgeschenke, doch während der Bastelnachmittage war es ihr »verboten«, in die Werkstatt zu kommen, weil er und die Kinder sie überraschen wollten. So freute sie sich über die einfallsreichen Geschenke, fing aber an, dem Wort »Überraschung« zu misstrauen.

Zwar forderte er sie ab und zu auf, sich doch auch im Atelierhaus blicken zu lassen, wo es seinen Künstlerfreunden zunehmend besser zu gefallen schien als an der Alpsteinstraße, zumal sie dort mit einer Begleiterin erscheinen konnten, ohne mit dieser verheiratet sein zu müssen. Als ihr einmal Föns' Sekretärin, die dort über die Mittagspause eine dringende geschäftliche Transaktion zu erledigen hatte, aus dem Atelierhaus entgegenkam, fuhr sie wieder nach Hause, ohne ihren Überraschungsbesuch gemacht zu haben, und entschied sich, ihrem Mann zu vertrauen.

Manchmal bedrückte meine Mutter die dunkle Wohnzimmerdecke. Schaute sie hoch, sah sie durch sie hindurch in den oberen Stock, wo ihre Mutter lag. Sie fütterte einen Fünf- und einen Siebenjährigen und gab ihrer Mutter alle vier Stunden eine Spritze, um ihre Schmerzen zu stillen. Nachdem Hermine nach einem Sturz auf dem Küchenboden in ihrer Wohnung liegen geblieben war, hatten Föns und sie entschieden, sie bei sich aufzunehmen. Deshalb mussten sie ein Versprechen brechen. Im zweiten Stock hatte seit einem Vierteljahrhundert eine Witwe gewohnt, die sich zum Abstauben weiße Handschuhe überstreifte und jedes Mal, wenn sie von ihrem Wohnzimmerfenster aus den Buben beim Spielen im Garten zuschauen wollte, um das Einverständnis der Eltern bat. Meine Mutter fühlte sich wie eine Verräterin. Sie hatten der fast neunzigjährigen Frau versprochen, in ihrer Wohnung sterben zu dürfen.

Dort starb jetzt ihre Mutter. Sie konnte durch die Decke ihr Husten hören. Jedes Husten fuhr ihrer Mutter durch den eigenen Leib. Jedes Husten ließ sie nach oben rennen, um sie zu trösten, und kaum war sie oben, brüllte einer der Buben oder bellte der Hund. Nachts stand Föns zweimal auf, um seiner Schwiegermutter die Injektionen zu verabreichen. Das Gewicht der Bettlaken schmerzten ihre Knochen, die sich zu Staub auflösten. Bewegte sie ihren Arm, konnte er brechen; ein kräftiges Husten hatte ihr bereits eine Rippe angerissen.

Nein, das war nicht die Zeit für ein drittes Kind. Was konnte sie tun? Mit Föns darüber reden? Konnte sie noch mit ihm über so etwas reden? Worüber konnte sie mit ihm reden? Worüber redeten sie noch? Sie begann mit Kindersorgen, er antwortete mit Sammlerfreuden. Hastiges Abendessen, sie stand danach lange in der Küche, er verschwand im Dachstock oder fuhr ins Atelierhaus. War sie noch wach, wie er zurückkam, roch sie den Alkohol, der ihn ankündigte. War sie unglücklich? Nicht wirklich, doch wirklich glücklich war sie auch nicht. Sie stellte fest, dass sie das Gespräch, dem er sich entzog, immer weniger wollte. Sie entschied, nicht mit ihrem Mann über ihren Schwangerschaftsabbruch zu reden und suchte ohne sein Wissen einen Internisten auf. Der riet wegen ihres Bluttiefdruckes zur Abtreibung, und dagegen konnte selbst Gott nichts haben, denn dafür zu sorgen, dass sie überlebte, war doch keine Sünde.

Es war ihr Gynäkologe, der ihr die Absolution verweigerte. »Du wurdest als Katholikin erzogen, Ruth«, sagte er. »Das heißt nichts anderes, als dass dich dieses Kind, ist es einmal abgetrieben – nicht, dass ich es tun würde –, den Rest deines Lebens verfolgen wird. Du bist nicht der Typ dazu. Und weshalb auch? Dein Mann verdient genug Geld und ihr habt genug Platz.« Der Gynäkologe kannte sein Publikum und setzte zum rhetorischen Höhepunkt an. »Was immer in deinem Leben schief gehen wird, und irgendetwas geht immer schief, du wirst es dieser Sünde zuschreiben. Eine Abtreibung ist ein Fluch. Ich kenne keine Frau, die wirklich über eine Abtreibung hinweggekommen ist. Und dich wird es härter treffen als jede andere.«

Kam für meine Mutter nach diesem Gespräch eine Abtreibung nicht mehr in Frage, so hatte sie doch den Gedanken nicht aufgegeben, das in ihr heranwachsende Dritte loszuwerden. Während sich ihr Verstand Gottes Willen beugte, suchte ihr Körper nach einer Lösung, für die sie nicht haftbar gemacht werden konnte. Beinah wäre es ihr gelungen. Was sie tat, war Folgendes: Sie arbeitete mehr und härter, schleppte schwere Sachen, beugte sich rasch, um rasch wieder aufzustehen, hüpfte, wo immer sie konnte, polterte die Treppen noch lauter und häufiger als ihre Männer hoch und wieder herunter, mähte unermüdlich das steilste Rasenstück im Garten –

»Und was jetzt?«

Konnte man sich mit Rasenmähen die ewige Verdammnis einhandeln?

»Was meinst du?«

Auch der Gynäkologe konnte nicht sagen, was genau die Blutungen ausgelöst hatte.

»Ich werde es dir sagen. Du musst dich jetzt entscheiden. Es gibt nur zwei Möglichkeiten. Entweder gebe ich dir eine Injektion, worauf du acht Tage und keinen weniger das Bett hütest, und du wirst dein Baby kriegen. Oder ich gebe dir die Spritze nicht.«

Eine wirkliche Wahl war es nie gewesen.

»Worauf wartest du noch?«

»Du bist nicht der Typ, Ruth«, sagte er nur.

Und kaum drang die Spritze in ihren Körper, fühlte sich meine Mutter schon müde genug, um eine ganze Woche im Bett zu verbringen.

Meine Mutter schwanger mit mir. 1963.

Immerhin kann ich genau datieren, wann ich zum ersten Mal zum
Stock gegriffen habe: am 17. November 1998. Da Jans eigene kleine
Wohnung im West Village in New York nur über sieben Stufen zu
erreichen war, wohnten wir in der Upper West Side zur Unter-
miete. C., ein Professor für Mediävistik (in dessen Wohnung ich ein
Faksimile des Sankt Galler Doms fand) ist seit einem Autounfall
querschnittgelähmt und selbst auf einen Rollstuhl angewiesen. Viel-
leicht hat er uns deshalb seine Dreizimmerwohnung, die er ohne
weiteres teurer hätte vermieten können, immer wieder überlassen.

Ich war dabei, auf Anraten eines amerikanischen Arztes, ein
neues Medikament auszuprobieren, ein Steroid, das Sportler zum
Muskelaufbau benutzen. Drei Wochen lang hat es mich kräftiger
werden lassen, mich »muskulär« um zwei Jahre zurückversetzt, und
dementsprechend war mein Schritt beschleunigt, ich beschwingt.
Dann war es, auch über Nacht, wieder vorbei damit. Ob das mit
dem Medikament, mit dem ich ein bisschen experimentiert habe, zu

Meine Eltern anlässlich des 40. Geburtstages meines Vaters,
eines leidenschaftlichen Jägers, am 20. April 1964.

tun hatte, weiß ich nicht, weiß, glaube ich, niemand so wirklich, auch wenn die Forschung SMA immer mehr auf die Schliche kommt.

    Doch seit diesem Novembertag bin ich keinen Schritt mehr ohne Stock gegangen oder ohne mich an Jans Arm oder an Wänden, Stuhllehnen, Bildrahmen oder sogar Pflanzenstielen festzuhalten. Als erster Stock diente mir ein etwa 130 Zentimeter langer, schmaler Bilderrahmen, den ich hinter einem Schrank entdeckt hatte. Er war klapprig, Sperrmüll; weshalb hatte C. ihn nicht weggeworfen? Er wäre eingebrochen, hätte ich mich wirklich darauf abgestützt. Doch was ich brauchte, war Stabilität oder, genauer, die Illusion von Stabilität. Es reichte mir aus, den Rahmen in der Hand zu halten und mit ihm den Kontakt von meiner Hand zum Boden herzustellen, sodass ich einigermaßen sicher durch den Raum balancieren konnte. Meinen Alltagsstock (dessen Gummiabsatz nun fehlt) habe ich mir erst gekauft, als wir wieder in Sankt Gallen waren. Es ist ein schlanker, schwarzer Aluminiumstab, für den ich immer wieder Komplimente erhalte.

Während die Verschlechterungen geschehen, scheinen sie die Gefühle zu überdecken und das behelfsmäßige Funktionieren zu befehlen: das Kompensieren. Fast immer lässt sich mein Körper einen Ausweg einfallen. Fällt dem Körper nichts mehr ein, muss ich die Einfälle haben: statt dem Frühstückstisch eine Frühstücksbar, statt Treppensteigen ein Flachbetttreppenlift, für Gehstrecken über die Wohnung hinaus der Rollstuhl, der Stock ersetzt das Gleichgewichtsgefühl. Es muss doch weitergehen. Es geht auch immer irgendwie weiter, denn schon taucht hinter einem Schrank ein Holzrahmen auf, eben noch Abfall, jetzt die überbrückende Rettung. Erst freue ich mich über den Zufall der Entdeckung, über meine Fähigkeit, ein Problem zu lösen. Später stellt sich ein, was ich wirklich dabei gefühlt haben muss: Hilflosigkeit, Wut, Angst, Ohnmacht. Ergebenheit. Was an mir zehrt, ist, dass ich stets auf immer neue Überbrückungen angewiesen sein werde. Auch die Gefühle werden kompensiert. Weiter, weiter.

25%
gesund

25%
krank

25% 25%
50%
Träger

Erbanlagen.

Was ich an jenem Novembertag 1998 verloren habe, ist die Vorstellung meines Gleichgewichts, nicht das Gleichgewicht selber. Darauf ging ich als Seiltänzer durch den offenen Raum, der schwarze Aluminiumstock als Balancierstange. Mein nächster Verlust war der offene Raum. Obwohl ich mich nicht an den Wänden halten musste, brauchte ich ihre versichernde Nähe. Mittlerweile reicht mir beim Gehen auch die Versicherung der Wände nicht mehr aus. In einer Hand der Stock, die andere sucht Schritt für Schritt nach Halt. Die Kommode, die Stuhllehne, die Wände, die ich, wie mir auffällt, immer an denselben Stellen berühre. Meine Finger hinterlassen graue Spuren auf der weißen Wand, sich täglich verändernde, abstrakte Zeichnungen. Ich nehme mir vor (als Hommage an meinen Bilderrahmenstock?), Holzrahmen anfertigen zu lassen, sie über die Zeichnungen zu hängen und die entstandenen Gemälde zu signieren.

Ich bleibe sitzen und warte, was geschieht. In meinem Kopf. Sätze geschehen. Sätze kräftig wie Muskelstränge, die an Kraft dazugewinnen, nicht verlieren, und ich begreife, es ist dieselbe Kraft, die sich hier nur verlagert.

Als sich jene feudale Zeit, da wir noch alle vierundzwanzig Zimmer an der Alpsteinstraße für uns beansprucht haben, in den siebziger Jahren ihrem Ende näherte, lag ich abends, nachdem mich die Lektüre ermüdet hatte, oft lange wach in meinem Bett, einem natürlich ebenfalls nummerierten Sammlungsstück. Es stand genau unter der Schaltzentrale der Sammlung meines Vaters im Dachstock. Mit geschlossenen Augen versuchte ich, nach meiner Mutter und meinen beiden älteren Brüdern Sammlungsstück Nr. 4, dem rastlosen Knarren des Holzes, das die Schritte über mir verursachten, eine Richtung, eine Absicht abzugewinnen.

Das zweite Stockwerk des Hauses war unser Schlaftrakt, die vier Schlafzimmer, der Ankleideraum meiner Mutter, zwei Bäder und, der heimliche Höhepunkt des Tages (heimlich, weil diese Vorrichtung allein für meinen Vater vorgesehen war), das Eltern-WC hinter der braun getäfelten Tür mit dem so genannten »Klosomat«. Ich las damals oft in Rabelais' Roman, den ich in Vaters Bibliothek gefunden hatte. Aus dem Umstand, dass sich die drei

Bände noch immer ungenutzt im seifigen Wachsschutzpapier befanden, leitete ich ab, dass sie für mich, den Finder, bestimmt waren. Dass fast jede Seite eine Zeichnung aufwies, würde das Lesen der fünfzehnhundert Seiten vorantreiben, rechnete ich mir aus, als käme es auf die Geschwindigkeit an, mit der man ein Buch bewältigt. Der derbe Witz, derb wie jener meines Vaters, machte mir Eindruck. Da redete einer natürlich von natürlichen Dingen, so wie man es nicht durfte oder nur, wer ein toter Klassiker oder mein Vater war, der sich über alles hinwegsetzte. Mir war klar, dass Gargantua nicht sein »recht zartflaumiges Gänschen, wenn man nämlich seinen Kopf zwischen die Beine klemmt«, zum Besten aller Arschwische erkoren hätte, sondern unseren Klosomat, hätte er nur einmal auf ihm gesessen.

Heutzutage, da man Wörter wie »Arschwisch« nicht mehr sagen soll, weiß jeder, dass ein Klosomat eine papierlose Vorrichtung zum Powaschen, also eine Popodusche ist. Mit einem wohl temperierten Wasserstrahl wird der oder dem Sitzenden auf Knopfdruck die unbeschreibliche Stelle gesäubert, getrocknet und die Härchen gar ein bisschen geföhnt. Damals in Sankt Gallen, ja, in der ganzen Schweiz, aber wusste das keiner, weil ein solcher natürlich nur für Könige gebaut wurde. Denn wie auch jeder weiß, hat es in der Schweiz niemals Könige gegeben und wird es sie auch niemals geben, da unsere beste und unbestechlichste aller Demokratien einen solchen niemals auf dem Thron dulden würde. Nur ist eben nicht immer alles, was jeder weiß, wahr, wie im Grunde auch jeder weiß; und nur mir, mir allein, lag der Beweis vor, und damit die Macht, unser ganzes Land mit einem einzigen Wort in eine Monarchie zu verwandeln.

Sprach ich das Wort? Natürlich nicht; weil ich kein umstürzlerischer Junge war; weil es mir genügte zu wissen, dass unser Land insgeheim eine Monarchie war, unerschütterlicher noch als die englische und regiert nur von einer Handvoll; vor allem aber, weil ich meinen König damals mit niemandem teilen wollte. Da es in unserem Haus einen Klosomat gab, hieß das nichts anderes, als dass bei uns der König lebte. Und der war mein Vater. Und ich, obwohl der jüngste von drei Söhnen, war sein Thronfolger. Und daraus ergab sich für mich das natürliche Erbrecht, von den königlichen Insignien zu profitieren, wann immer es mir ein Bedürfnis war.

Mein Vater, ging mir durch den Kopf, wie ich in meinem Bett lag und den Klang der Schritte über mir zu orten versuchte, war für mich jahrelang der Alleinherrscher Aller Helveter & Ganz Helvetiens, insbesondere meiner kleinen, zweieinhalbtausend Quadratmeter großen, säuberlich eingezäunten, mit zwei verriegelten Eingängen versehenen Klein-Schweiz an der Alpsteinstraße. Doch jetzt, schlaflos den Blick an die Decke gerichtet, war ich alt genug, um zu merken, dass das knarrende Königreich über mir längst schon untergegangen war. Was wurde schon beim Namen genannt? Bestimmt nichts, worauf es ankam. Ich schwieg also, schwieg jetzt erst recht, denn die fortschreitende, unheilbare, in jedem Fall tödlich endende Erkrankung mit Namen Erwachsenwerden, die bei mir um diese Zeit diagnostiziert worden war und von nun an unabänderlich ihren Lauf nehmen würde, ließ mich verstummen.

Vielleicht frage ich mich deshalb erst jetzt, da ich unter allen Symptomen des Erwachsenseins leide, weshalb diese Geschichte, die für mich in vielem wie ein Königsmärchen begonnen hat, so herausgekommen ist. Ist es, weil Kindheiten rückwärts erzählte Märchen sind, weil der geküsste Prinz sich in einen Frosch verwandelt, die Fantasie hoffnungslos vom Alltagstrott vernebelt wird, als sei es im Leben ständig November am Bodensee? Oder weil letztlich ein Arschwisch nur ein Klosomat sein darf und man an ungenannter Stelle nicht mehr jenes gargantuische »wundersame Wollustgefühl, sowohl der weichen Flaumfedern wegen als auch wegen der temperierten Wärme des Gänsleins, die sich ohne weiteres dem Mastdarm und den anderen Eingeweiden mitteilt und dann sogar in die Gegend des Herzens und ins Gehirn aufsteigt«, spüren darf, sondern nur die Sprachlosigkeit klinisch gesäuberter Arschlöcher?

Eine Krankheit schreitet voran, sagt man, was im Zusammenhang mit der meinen nicht einer gewissen Ironie entbehrt.

So wie Vater das Haus an der Alpsteinstraße, das ihm nur auf dem Papier nicht gehört hat, anfüllte, um es sich einzuverleiben, so kaufte er auch Bücher meist nur, um sie zu besitzen. Er hatte seinen Buchhändler angewiesen, ihm jedes Buch über Kunst und Antiquitäten in wöchentlichen Lieferungen zukommen zu lassen und, zu meinem Gewinn, auch das fortlaufende Gesamtprogramm des Zürcher Diogenes-Verlages: Zeichnungen und Cartoons von Flora bis Searle, die Iren von O'Connor bis O'Flaherty, die Amerikaner von Bradbury bis Slesar, mir am liebsten aber erst einmal die illustrierten Jules-Verne-Ausgaben und die Anthologien von *Mord* bis zu *Noch mehr Horror*.

Während er die Kunstbände immerhin durchblätterte und sie als Referenz für seine Sammlung herbeizog, packte er die belletristischen Titel bald nicht einmal mehr aus ihrem Schutzpapier aus. Durch den Besitz eines Gegenstandes, von dem für ihn, den Nichtleser, eine Bedrohung auszugehen schien, konnte er sich diesen unterwerfen. Ahnte er, dass er nur ein Einziges der bedrohlichen Wesen auspacken musste, um es zu lesen, und es wäre vorbei gewesen mit seinen Sprüchen?

Indem er sie aufkaufte, um sie darauf keines Blickes mehr zu würdigen, besiegte mein Vater die Literatur, wie er gedacht haben mag. Er hatte während einiger Jahre – wie lange hat unser Wohlstand gedauert: zwölf, vielleicht vierzehn Jahre? – das Geld dazu, und auch den Platz in unserem großen Haus. Allmählich siedelte ich heimlich die Literaturabteilung seiner Bibliothek in mein Zimmer um. Ich beschied mich, aus Respekt vor der Lektüre, aber auch aus Furcht vor meinem Vater. Ich glaube, was mich dazu gebracht hat, mir die Bücher ungefragt zu holen, war sein Satz, von ihm könne man alles haben, der bei jeder Wiederholung ein wenig mehr wie eine Drohung klang. Auch schienen mir die Bücher an Wert zu gewinnen, wenn ich sie wie Schmuggelgut behandelte und ihnen ihren Wert wieder verlieh, den ihnen mein Vater mit seiner Wahllosigkeit genommen hatte. Mag ich mir auch anfangs gesagt haben, ich würde die Bücher wieder in den Dachstock zurücktragen, so blieben sie dennoch bei mir stehen, als der leise Protest, der gute Bücher ohnehin sind, aber auch als Ausweis der erbrachten Leseleistung und als weiterer Etappensieg im nicht offen erklärten Wettkampf mit meinem Schulfreund Zack um die größere Bücher- beziehungsweise Musiksammlung.

Uns beide hatte der Sammelvirus befallen. Woher meiner kam, weiß ich, nicht aber, wo Zack ihn aufgelesen hatte, vielleicht von mir. Unsere Zimmer glichen sich: Poster von mehrheitlich leicht bekleideten Sängerinnen an den Wänden und Schallplatten von mehrheitlich männlichen Sängern im Regal. Wir schnitten alles aus, was mit Musik zu tun hatte, und klebten das Ausgeschnittene auf vorgelochte Blätter, die wir alphabetisch in einer rasch wachsenden Anzahl von Ordnern ablegten, was uns zum Hauptinvestor von Klebstiften unserer Migros-Filiale machte. Zack und ich waren Sankt Gallens Steinzeitversion des Internets: Klick einen Namen an, und innerhalb weniger Sekunden sonderten wir wenigstens fünf Seiten Material über das gewünschte Thema ab, dazu ein Dutzend Links zu verwandten Themen. Waren wir mit den Eintragungen der Sänger beschäftigt, rief der eine den anderen an. Die neuen Erkenntnisse mussten diskutiert, gewisse Erkenntnisse zurückgehalten werden, um den gewonnenen Informationsvorsprung nicht zu gefährden. Kamen die Sängerinnen in die Schere, erfolgte kein Anruf, sondern der gemeinsame einsame Gang ins Bad unserer jeweiligen Wohnungen.

Büchergestelle, Plattenregale, Kassettenracks. Zacks fünfstöckiges, das er über seinem Schreibtisch angebracht hatte, stürzte während eines unserer Analysegespräche über seinem

Kopf zusammen. Ich lachte, als ich am Telefon das Scheppern, Krachen und Fluchen hörte. Dieses Unglück warf ihn um Wochen, wenn nicht Monate in unserem unausgesprochenen Wettkampf zurück. Hunderte von Kassetten, lückenlose Jahrgänge der Schweizer Pophitparade, waren auf Zack niedergegangen. Letztlich gewann er den Wettkampf doch, indem er mich häufiger um mein Taschengeld anging und es mit meinen Mitteln für seine Sache einsetzte. Zack konnte ganz schön knauserig sein, musste es auch, wenn man die Ambition seiner Sammlung vor Augen hatte. Gelang es ihm nicht, mich von der Notwendigkeit, ihm Geld zu borgen, zu überzeugen, beschwatzte er mich so lange, bis ich die Platte erstand, die er sich mit dem gepumpten Geld gekauft hätte. Auf dem Nachhauseweg hatte er genug Zeit, mich zu überreden, sie ihm über Nacht auszuleihen, damit er sie überspielen konnte.

Wollte mein Vater die Bücher physisch besitzen, um sie nicht lesen zu müssen, las ich (und auch Zack, glaube ich) die Bücher, um sie zu besitzen. Ich musste eine Leistung erbringen, die mir die Art und Weise, wie ich in deren Besitz kam – Diebstahl? Besitzverlagerung? Dauerausleihe? – rechtfertigte. Ich begann früh zu lesen, las, wo immer ich war, wann immer ich konnte, und immer schon wollte ich das Gelesene auch physisch um mich haben, als Beweis der erbrachten Leistung, als Versicherung, dass das Erlebnis, das ich bei der Lektüre gehabt hatte, nicht mit dem Weggeben des Buches aus meinem Gedächtnis gelöscht werden würde.

Ich schlug mich auf die Seite der Bücher, um den Feldzug meines Vaters gegen die Literatur zu durchkreuzen. Mir machte die Welt des Feuerwehrmannes Montag aus *Fahrenheit 451* Angst, in der es die Aufgabe der Feuerwehr ist, Brände zu legen, nicht, sie zu löschen. Montag vernichtete die Bücher, bis er eines davon las und sich infizierte. Diese Infektion war lebensgefährlich: Montag wurde von den Bücherhassern gejagt und wäre, hätte er sich nicht zu den Buchmenschen retten können, zu Tode gehetzt worden. Wusste mein Vater um diese Gefahr? Und wenn er es wusste, weshalb ging er dann das Risiko ein, die verseuchten Objekte im Haus aufzubewahren? Oder war ihm nicht mehr bewusst, was ihm alles ins Haus geliefert, was er selbst alles täglich in Tragtaschen, Kartonschachteln und Körben anschleppte?

Montag fand vor seinen Häschern Zuflucht in einer Welt der Bücher, in der es physisch allerdings kein einziges Buch gab: Jede und jeder lernte ein Meisterwerk der Literatur auswendig und rezitierte es ständig, um es nicht zu vergessen und es vor dem Tod weitergeben zu können. Auch ich war ein Infizierter. Solange mich keiner hetzte – Vater legte keine Brände, zumindest keine konkreten –, und solange ich die Bücher besitzen konnte und nicht auswendig lernen musste, war mir mein Schicksal als ein unheilbar von der Bücherpest Befallener recht. (Und doch verunsicherten mich die wandelnden Bücher der Filmfassung – sie waren so traurig, so verbissen, so zukunftslos …)

Mein Körper studiert seine Choreographie täglich neu ein, da er ständig damit rechnen muss, Bewegungen, die meine Muskeln nicht mehr leisten können, zu kompensieren.

Herrschte über mir Stille, so wusste ich, dass mein Vater in seiner vergleichsweise bescheidenen Ecke im Bastelzimmer, wo sich die Schaltzentrale seiner Sammlung befand, in den Qualm, den seine Zigarre produzierte, abgetaucht war. Auf dem Grund des Rauches, der Schreibtischoberfläche, würde er nach einer Fotografie fischen, sie in die Fotoecken schieben und auf das vorgedruckte und vorgelochte Blatt mit der Überschrift »Sammlung K« kleben. Hörte ich ihn husten, lag ich mit meiner Ortung richtig. Ich stellte mir vor, wie er die an einem Gummiband befestigte Augenblende auf seiner Stirn zurechtrückte oder wie er mit seiner Hornbrille gegen die Lupe prallte. Knarren über mir ließ darauf schließen, dass er einen Ordner aus dem Regal zog. Energisches und vitaleres Knarren, auf das ein Krack-krack folgte, bedeutete, dass er aufgestanden und die beiden Stufen, die seine Ecke vom übrigen Raum trennten, hinabgestiegen war. Darauf verlor sich die akustische Spur, und ich schlief meist ein.

Vater war unterwegs im weitläufigen Dachstock, wo nichts, nicht einmal der Staub, das war, was es zu sein schien. War er auf dem Weg in die Werkstatt, wo drei kaputte Uhren, in ihre noch funktionierenden Bestandteile zerlegt, darauf warteten, zu einem wenn auch nicht mehr stilechten, so doch beharrlich weitertickenden Mechanismus zusammengesetzt zu werden? Stand er im Fotolabor, wo das nächste Set Fotos trocknete, bevor er es ins Bastelzimmer brachte, um die Katalogisierung seiner Sammlung fortzusetzen? Oder war er aufgestanden, um die bereits wieder leere Flasche Wein durch eine volle zu ersetzen?

Die erste Flasche versickerte in seinem, wie er sagte, zu Bestzeiten, hundertdreißig Kilogramm schweren Körper, ohne äußerliche Spuren zu hinterlassen. Vielleicht schwitzte er etwas mehr, vielleicht schwitzte er schneller. Erst Nr. 2 machte ihn fröhlich, übermütig, zum Unterhalter mit Charme und Witz. Doch sein Witz ging ebenso nahtlos in Scharfzüngigkeit, Maulheldentum und Aggressivität über, wie sich der Inhalt der dritten Flasche in seinem Körper auflöste und sich seines Geistes zu bemächtigen begann. Ich flüsterte meinen Brüdern oder meiner Mutter »Achtung, Nr. 3« zu oder streckte, war er in Hörweite, die entsprechende Anzahl Finger in die Höhe, da man ihm während Nr. 3 besser aus dem Weg ging. Das Warnsystem funktionierte, obwohl ihn Nr. 3 über den Umweg eines Spazierganges mit dem Hund in der Regel ohnehin zum Sammeln in den Dachstock trieb, sodass wir einen Sicherheitsabstand von zwei Stockwerken und einer Flasche zwischen uns wussten, denn Nr. 4 brachte ihn wieder herunter.

Aus irgendeinem Grund hatte er es sich zur Regel gemacht, im Dachstock kein Weinlager anzulegen, obwohl er dort die Flaschen am besten hätte verstecken können. Doch er zog es vor, zu einem großen Treppensteiger zu werden, sechsundfünfzig Stufen mit der leeren Flasche hinunter in den Weinkeller und eben so viele mit der vollen wieder zurück. Wusste er nicht, dass ihn sein jüngster Sohn Abend für Abend, Flasche um Flasche auszählte, als sei er ein Ringrichter und als boxe der Vater gegen den einzig wirklich unbesiegbaren Weltmeister im Schwergewicht? Nr. 4 machte ihn müde, weinerlich, und Vater ergab sich der Säufersentimentalität, welche auf die Aggressivität des früheren Abends folgte. Jetzt wollte er nicht mehr alle zur Sau machen, denen er unterstellte, ihm etwas wegnehmen zu wollen, die ihm in den Sinn gekommen waren oder mit denen er eben zu tun gehabt hatte; jetzt schrie er nicht mehr, »Werdet schon sehen, jetzt werde ich böse, jetzt hat das alles ein Ende!«; jetzt hatte er das Bedürfnis nach Wärme, menschlicher oder wenigstens jener des Hundes.

Er hockte sich in die Mitte des Sofas im Wohnzimmer und flehte, weinerlich geworden, jeden in Rufweite an, sich doch zu ihm zu setzen, sich mit ihm einen Film, am liebsten einen Western, anzuschauen, in welchem Cary Cooper oder besser gleich John Wayne für ihn, der eine Schießerei für den Höhepunkt der abendländischen Gesprächstradition hielt, die Aufgabe übernahm, alle zur Sau zu machen. Von Nr. 3 zu Nr. 4 zeigte sich ein Schwellenverhalten. Hatte sich die Aggressivität noch nicht vollständig in Sentimentalität aufgelöst, schaltete er kommentarlos auf seinen Film um, egal ob sich einer von uns etwas anderes anschaute. Wer immer protestierend das Wohnzimmer verließ, konnte ihm gestohlen bleiben, doch nur ein Glas oder auch nur einen Schluck später hörten wir ihn rufen: »Kommt doch zu mir, ihr könnt euch anschauen, was ihr wollt...«

Ich war der Jüngste, ich war der Thronfolger, ich hielt es am längsten mit dem abdankenden König aus, ich hoffte am verzweifeltsten. Selbst als die Zeit des Flaschenzählens schon angebrochen war, setzte ich mich noch zu ihm hin. Schenkel an Schenkel, seiner in Manchesterstoff, meiner in Jeans, seiner groß wie meine Hüfte, meiner vom Umfang seines Oberarms. Weinglas, Sprite-Flasche. Die Zigarre zwischen seinen Lippen. Er hustete, spuckte Tabak aus, hob eine seiner gargantuischen Arschbacken in die Höhe und ließ es freudvoll krachen. James Stewart zog den Colt – endlich, immer war bei ihm der Film fast zu Ende, war sein Dorf halb ausgerottet, seine Familie längst beerdigt, bis Jimmy es auch krachen ließ, »Ah, endlich!« atmeten Vater und Sohn noch manchmal gemeinsam auf.

»Hock dich doch zu mir!« rief er immer wieder, seit ich begonnen hatte, mich in den Loungechair zu setzen, der sich näher beim Fernseher, weiter von ihm entfernt befand, und ihm den Rücken zuwandte. Vater schlief jetzt oft ein, ließ seinen Atem rasseln, bis der Raum nach Alkohol, Tabak und Schweiß stank, sodass auf dem Wohnzimmersofa immer häufiger einer thronte, mit dem ich immer weniger zu tun haben wollte. Ich stand auf, ohne mir den Film zu Ende anzusehen. Bald hatte ich mir von meinem Taschengeld einen Flohmarktfernseher erspart, der in meinem Zimmer auf dem Bett gegenüber der Kommode zu stehen kam und Vaters nächtliche Schritte über mir übertönte. Hörte ich im Wohnzimmer rechtzeitig seine Schritte auf der Treppe, stemmte ich mich aus dem, wie mir vorkam, immer niedriger werdenden Loungechair und wartete, bis ich ihn auf der Höhe der vorderen Wohnzimmertür wusste, um durch die hintere zu verschwinden. Hörte ich ihn meinen Namen rufen, versuchte ich, die Treppe rascher hochzusteigen. Als er auch mich nicht mehr rief – hatte der König die kleine Rochade durchschaut? –, rief er nach dem Hund und klapperte dazu mit der Büchse mit Hundekeksen.

Blieb nur noch Flasche Nr. 5, die ihn dem traumlosen Alkoholschlaf überantwortete. Schaffte er es nach dem Film wieder nach oben in den Dachstock, verbrachte er die Nacht oder zumindest die zwei, drei Stunden, bis ihn der Alkohol wieder aus dem Schlaf riss, manchmal auf dem Boden des Markenzimmers. Schaffte er es nicht mehr, blieb er auf der Treppe liegen, sodass ich manchmal, um Zack zur Tür zu begleiten, über ihn steigen musste, ein Alpmassiv von einem Körper, zumal meiner um diese Zeit bereits damit begonnen hatte, an Muskelkraft zu verlieren.

Und Zack musste natürlich auch über meinen Vater klettern, worauf er sofort nach Hause ging, und wir nicht, wie sonst üblich, in der Eingangstür standen und in die Nacht hinein über Filme und Bücher sprachen. Auch zu keinem späteren Zeitpunkt redeten wir über diese Vorfälle, ich, weil ich mich schämte, Zack, weil er einen eigenen Vater hatte, über den er nicht reden wollte oder konnte.

Das Bubenspielzimmer im Keller, das nach einem gescheiterten Versuch, Sankt Gallen aus Gips nachzubilden, die »Tobzelle« genannt wurde. Dazwischen hat die Tobzelle als Abstellraum, als John T.s letztes Schlafzimmer im Haus an der Alpsteinstraße, als meine Studentenbude und für zwei Untermieter als Schlafzimmer gedient. Heute ist der Raum mein Büro, von dem aus ich – wären da keine Bäume – das Lippenstiftgebäude des Einkaufszentrums, das Hadleyville im Osten abgrenzt, sehen könnte.

War das Knarren über mir verstummt und lag ich trotzdem noch wach, schlich ich in den Keller. Mochte ich auch die Fertigkeit entwickelt haben, von seinem Verhalten auf zwei oder drei Gläser genau auf die Anzahl Flaschen zu schließen, die er bereits getrunken hatte, so musste ich doch sehen, was ich nicht glauben wollte, dass mein Vater für den Inhalt dieser Flaschen alles hergab, was ihm doch lange das Teuerste gewesen war, sein ganzes Königreich, die Königin, den Thronfolger und die Vasallen. Ich musste die Flaschen berühren, das kühle, grüne Glas in meiner Hand wärmen, als käme mit der Wärme das Geheimnis zum Vorschein, das die Flaschen für meinen Vater bergen mussten, und ich musste es tun, bevor er sie am nächsten Tag, bevor er ins Geschäft ging, vernichten würde.

Flaschen, bis zur Decke gestapelt. Flaschen in Karton-, Flaschen in Holzkisten. In den guten, allzu guten Zeiten trank sich Vater durch die teure B-Liste – Beaujolais, Burgunder und Bordeaux, Brunello, Barbaresco und Barolo –; in den allzu schlechten begnügte er sich mit Chianti in mit Stroh eingefassten Zweiliterflaschen und dem Kochkirsch. Auf einem kleinen Tisch lag im Weinkeller eine Sammlung Korkenzieher, darunter ein für Korken vorgesehener Korb, der immer leer war, daneben der Flaschenzertrümmerer, mit dem er experimentiert hatte. Das Gerät aber vernichtete die Beweisstücke nur unvollständig, krachend und so, dass die Glassplitter durch den Raum flogen und am nächsten Morgen von meiner Mutter in Vaters Hosentaschen gefunden werden konnten. In einer Ecke standen die drei Dreiliterflaschen Marc, die jeder Sohn zur Geburt erhalten hatte, und die, immerhin, blieben unangetastet.

Das also, dieser düstere, nur von einer verstaubten Birne beleuchtete Raum mit dem kaltfeuchten Erdboden, auf dem ich barfuß stand, war das Labor, in dem sich die Verwandlung vollzog. Natürlich wusste ich, dass die Verwandlung nicht an einen Ort gebunden war, und auch, dass sie sich Schluck für Schluck vollzog, erst aus einem Menschen zwei machte, um ihn dann wieder in einen einzigen zu halbieren. Doch auch wenn dieser noch wie mein Vater aussah, hatte er mit ihm nicht mehr viel gemeinsam. Und was er noch mit ihm gemeinsam haben mochte, sein Äußeres, machte die Verwandlung in diesen abscheulichen Kerl, der meinem guten Vater so sehr glich, nur noch schlimmer. Weshalb tat er das? Wie konnte mein Vater jemand sein wollen, den jeder mied? Einer, von dem selbst ich, sein jüngster Sohn und Thronfolger, nichts mehr wissen wollte? Konnte jemand wirklich so einer sein wollen? Konnte er nicht mehr anders, wie jener Dr. Jekyll, der so einfallsreich und gut gewesen war wie einst mein Vater, dass er überhaupt erst auf die Idee kam, sich mit einem Gebräu ausgerechnet in einen wie Mr. Hyde zu verwandeln, bis er das Gebräu schließlich nicht mehr brauchte, weil er nur noch Hyde war?

So war es doch auch mit Vater, der schon eine ganze Weile gar nicht mehr hätte trinken müssen, um nicht mehr mein Vater zu sein, es aber – um ganz sicher zu gehen? – dennoch tat. Sah er denn nicht, was für ein Mensch er wurde oder bereits geworden war, oder war er wirklich schon so sehr dieser andere, dass er nicht mehr sehen konnte, wer er auch einmal gewesen war und wer er hätte bleiben können? Wir alle, nicht nur ich, hätten ihn doch so sehr gebraucht. »Merkst du nicht, dass dein geliebter Vater säuft wie ein Loch?« hatte mir mein ältester Bruder zugeflüstert, als wolle er mir durch eine Prüfung helfen. Puck hatte in Bern angefangen, Jura zu studieren, und kam nur noch hin und wieder für ein Wochenende nach Hause.

»Merkst du nicht, dass er mit seinem Saufen alles kaputtmacht? Dass es besser ist, nur einer geht vor die Hunde als alle, zumal er ohnehin nicht zu retten ist? Dass die Mutter nur auf dich, den Kleinsten, wartet, damit sie sich scheiden lassen kann, weil sie dir den Vater nicht nehmen will?« was er mir natürlich alles nicht hätte sagen sollen, da ich es ja eben selber merken sollte. »Begreif doch, du hast keinen Vater mehr.« Mein Bruder hatte gut reden – schon war er wieder in Bern, an der Uni, nur ich war noch in Sankt Gallen – Mix schloss im Internat das Handelsdiplom ab –, allein mit meiner Mutter und was aus unserem Vater geworden war.

Ich zog eine Flasche aus dem Regal, eine, die ich meinen Vater mit schwerem Zungenschlag hatte loben hören, und schmetterte sie zu Boden. Die im spärlichen Licht schwarze Flüssigkeit spritzte an mir hoch. Flasche um Flasche riss ich aus den Weinregalen und warf sie auf die Steinfliesen, bis ich im Wein und den Weinscherben watete und mir vom aufsteigenden Alkoholdampf selber ganz schwindlig wurde –

Schaue ich zu Boden, habe ich Höhenangst. Das bisschen Höhe macht mir Angst? Dass das Balancieren ein Muskelakt ist, weiß ich erst, seit ich ihn nicht mehr leisten kann.

König & Thronfolger auf der Hollywoodschaukel, ca. 1969.

Ich wünschte mir, wünsche mir manchmal noch immer, ich hätte es getan. Hätte wirklich Flasche um Flasche aus den Regalen gezogen und sie zertrümmert. Hätte einen unübersehbaren Schaden angerichtet. Doch verließ ich nur den Weinkeller, schloss die Tür so leise wie möglich hinter mir zu, schlich, ohne im Treppenhaus das Licht anzumachen, die sechsunddreißig Stufen in mein Zimmer im ersten Stockwerk und hörte auf, auf die Schritte über mir zu achten.

Der Wirt eines Altstadtlokals, das ich hin und wieder besuche, erkennt mich im Rollstuhl manchmal nicht wieder. Erst, als ich wieder zu Fuß in sein Restaurant komme – weil ich einen nahen Parkplatz gefunden habe –, weiß er wieder, wer ich bin, und freut sich, dass es mir wieder so viel besser geht.

B. hat für unser Treffen die Topographie abgeschritten: In jenes Lokal können wir nicht, weil die Toilette im ersten Stock ist, ein anderes hat Stufen, das nächste ist zu weit weg von einem Parkplatz. Wir sollten, sage ich zu B., diese Topographie farbig einzeichnen. Ein Projekt, für das sich Peter Greenaway begeistern könnte (siehe dazu Bild Stairs, S. 204). Sankt Gallen. Rote Teppiche für alle begeh-, also auch berollbar; blaue Teppiche für die meisten begehbar (ein, zwei mit Hilfe leicht zu bewältigende Tritte, schmale Korridore, leichter Anstieg), gelbe Teppiche für unwegbar (siehe auch Muskelbuch-Eintragung auf S. 192). Nach einem Monat werden die Teppiche eingerollt. Vielleicht fehlt dann etwas in unseren Köpfen.

Ich frage Mix, ob er sich fit genug fühle, um zu mir zu kommen. Oh ja, es gehe ihm sehr gut. Aber auf meine Barstühle könne er nicht mehr, das schaffe er nicht mehr.

Im Februar 1968 gewann Puck in Flims in den Bündner Alpen ein Skirennen, stoppte mit einem gewagten Schlenker nach der Ziellinie und brach, langsam, elegant, wie in Zeitlupe, zusammen. Er war so erstaunt, »einfach in sich zusammengesackt« zu sein, wie er danach sagte, dass er das Siegergrinsen noch im Gesicht trug, als er schon im Schnee lag. Von dort unten sah er, wie die Verlierer – alle anderen –, die Plätze Zwei, Drei und Nicht-mehr-Erwähnenswerte, an ihm vorbeijagten, bremsten und stehen blieben.

»Es ist nichts«, sagte er zu seiner Mutter, die schon dastand. Der Skilehrer schaute auf ihn herab. Die Skikameraden. Die Mädchen. Scham und Zorn ließen ihn die Kälte nicht spüren, doch er spürte die Blicke. Weshalb stand er nicht einfach auf? Es war, als habe einer in ihm den Schalter auf »Aus« gestellt. Nichts gebrochen. Kein Krampf. Nichts tat weh. Weder Siegerübermut noch ein im Schnee verborgenes Hindernis hatten ihn zu Fall gebracht.

»Nichts passiert«, sagte auch der Skilehrer, der ihm wieder auf die Beine half. Schon stand er wieder, abgestützt auf die Skistöcke. Er spürte, wie die Kraft zurückfloss, doch noch zitterte er. Die Muskeln in seinen Oberschenkeln schienen zu flattern. Sie surrten. Sie fühlten sich an, als krabble etwas in seinen Muskeln. Das war das »Ameisengefühl«, mit dem er sich bald vertraut machen musste: Ameisen, die seine Muskeln als Autobahn benutzten. Seine Finger zuckten. Die Hüfte fühlte sich noch eine Weile taub an. Er stapfte nach Hause. Natürlich ließ er sich die Skier nicht tragen, schon gar nicht von seiner Mutter. Wäre sie nicht dabei gewesen, hätte er ihr nur von dem gewonnenen Rennen erzählt.

Der Dorfarzt, den meine Mutter am nächsten Vormittag mit ihrem Ältesten aufsuchte, diagnostizierte eine Kniezerrung. Er verschrieb eine Heilsalbe, zweimal täglich, und ein paar Tage Schonung, was er, das sah er dem Rabauken an, genauso gut nicht hätte erwähnen können. »Nichts, worüber wir uns Sorgen machen müssten, Frau Keller. Die Kälte packt uns manchmal, ohne dass wir es merken. Schon liegen wir im Schnee und werden noch kälter. Das kann, wie in Pucks Fall, zu Muskelkontraktionen führen. Das Schlimmste, was er zu befürchten hat, ist ein Katarrh. Dennoch empfehle ich Ihnen, zu Hause einen Arzt aufzusuchen, damit die Behandlung fortgesetzt werden kann.«

Puck wusste nicht, was da behandelt werden müsste. Die verschriebene Schonung würde er sich auf der Skipiste verabreichen, zwanzigmal täglich, solange sie noch hier waren. Zum Umfallen müde wollte er werden, damit es einen Grund zum Umfallen gäbe. Was aber konnte eine Mutter mehr beunruhigen, als ein Doktor, der ihr sagte, sie müsse sich wegen ihres Kindes keine Sorgen machen?

»Es tut nicht weh«, sagte Puck ungefragt, als ihn in Sankt Gallen unser Hausarzt untersuchte.

»Natürlich nicht«, sagte dieser. »Vielleicht wäre es besser, es täte weh. Die Diagnose ist korrekt. Der Muskel ist gezerrt. Streich die Salbe zweimal täglich auf, schone dich und komm in vierzehn Tagen wieder vorbei.«

Dann lagen dem Hausarzt die Röntgenbilder vor. »Es liegt im Bereich des Wahrscheinlichen, dass der Sturz ein Hüftproblem verursacht hat. Ich überweise ihn ans Kantonsspital zu einem Neurologen.«

»Muss ich mir Sorgen machen?« wollte meine Mutter wissen.

Der Neurologe schaute sich die Aufnahmen an, dann, skeptisch, den scheinbar kräftigen Jungen. Pucks Knochen strahlten auf der erleuchteten Glasunterlage. »Käpt'n Kirk hat eine Aufnahme meines Skeletts gemacht«, versuchte er mir nach einer weiteren Episode *Raumschiff Enterprise* weiszumachen. Die Bilder wurden per Schneckenpost nach Wien gebeamt, wo sie sich auf dem Schreibtisch des Chefarztes des Orthopädischen Spitals materialisierten.

»Dass der Junge einfach so zusammenbricht, ergibt keinen Sinn. Die Hüfte ist in Ordnung«, sagte dieser Doktor am Telefon und riet, einen Muskelspezialisten aufzusuchen. Darauf machte sich Pucks durch die Einbeziehung Österreichs bereits international gewordene Krankengeschichte auf den Weg nach Bern, wo sich ein weiterer Arzt, unzufrieden mit den Vorarbeiten seiner Ostschweizer Kollegen, ein weiteres Set Käpt'n-Kirk-Bilder anfertigen ließ. Als er diese gesehen hatte, empfahl er, eine Muskelprobe zu entnehmen. Am besten gleich von allen drei Jungs, da es sich möglicherweise um eine Erbkrankheit handle, fügte er hinzu. Hatte die Mutter nicht erwähnt, auch der Mittlere bewege sich manchmal etwas schwerfällig?, ob sie denn selber an Muskelermüdungen leiden würde? nein? ihr Herr Gatte vielleicht? die Großeltern? – na, man werde sehen.

Wir haben amerikanische Gäste, denen ich die Stiftsbibliothek zeigen will. Ich rufe an, um mich zu erkundigen, ob die Bibliothek rollstuhlgängig sei. Ist sie es nicht, muss ich draußen bleiben. Am Telefon wird mir beschieden, dass es einen Fahrstuhl gebe, doch müsse ich jemanden hochschicken, um eine befugte Person zu holen, die für mich den Lift betätigen würde. Zwei Jahre lang bin ich in diesem Gebäude zur Schule gegangen. Zwei Jahre lang bin ich täglich die Treppen hochgestiegen, am Eingang der Bibliothek und den dort liegenden Filzpantoffeln vorbeigekommen. Wie kann ich mir die Frage verkneifen, ob ich auch im Rollstuhl die das Parkett schonenden Filzpantoffeln tragen müsse? Was als auflockernde Bemerkung gedacht war, lässt die Frau am Telefon verstummen. Sie müsse sich erkundigen, sagt sie.

Keiner, nicht einmal ich, fünf Jahre alt und vom Dachstock fürs Leben geschult, hätte hinter den Mauern dieses harmlosen Dreifamilienhauses im Museumsviertel, gestrichen im Pralinenblau der Packungen der Lieblingspralinen meiner Mutter, ein Frankensteinlaboratorium vermutet. Behandschuhte Männer in Grün legten mich auf eine Pritsche, fragten mich nach meinem Namen – »Kasperli«, gab ich preis – und hießen mich, auf drei zu zählen. Sie legten eine Plastiknase auf meine, wodurch ich nicht doppelt so gut, sondern kaum noch atmen konnte. Seltsames Experiment! Was ich einatmete, roch, als habe jemand Noras und mein Rosenparfüm aus Gummi destilliert. Ich zählte bis eins. – Als ich aufwachte, hatten die Außerirdischen in meinen rechten Unter- und Oberschenkel eine zeigefingerlange Wunde geschnitten und in mein Bein einen Mikroempfänger eingenäht. Meiner meldete »negativ«, was positiv war, während jene von Mix und Puck »positiv« sendeten, was nicht gut, also schlecht, bös, pfui,

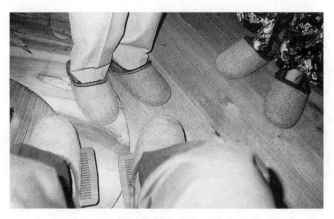

In der Sankt Galler Stiftsbibliothek, anno domini 2000.

Schimpf und Schande, insgesamt also für den, den es erwischt, in keiner Weise positiv, sondern, aber was durfte man schon beim Namen nennen?, na – beschissen war.

Ich rolle aus der Fahrstuhlkabine, doch weit komme ich nicht. Das Kabinenlicht beleuchtet spärlich den Vorraum, in dem ich mich befinde und der kaum größer als ein Schrank ist. Die Frau, die mich begleitet – ist es die Frau, mit der ich am Telefon gesprochen habe? –, findet das Licht, das Licht findet eine Stufe. Sie macht sich mit mir im Rollstuhl an der Stufe zu schaffen. Da sie offensichtlich nicht weiß, was sie tut, muss ich sie stoppen, um einen Unfall zu verhüten. Ich erkläre ihr, dass sie mit dem Fuss auf die hinten am Rollstuhl angebrachte Stange treten muss, damit wir auf diese Weise – mit dem Rollstuhl nach hinten gekippt – die Stufe überwinden können. Darauf entriegelt sie geräuschvoll eine Tür, und ich rolle aus dem, was tatsächlich ein Schrank – ein Sakristeischrank – ist, einer ohne Rückwand, aus dem ich, selber überrascht, den überraschten Blicken der Besucher ausgesetzt, in die Stiftsbibliothek rolle.

Nachdem die Untersuchungen abgeschlossen waren, hörten Mix, zehn, und Puck, zwölf (ich, fünf, war zu Hause), Dr. Louis Feller, als Orthopäde eigentlich im falschen Fach Arzt, doch war er nun einmal ein Freund der Familie, in seiner Praxis zu unserer Mutter sagen, dass bald dieses Etwas mit drei Buchstaben sie zwingen würde, jeglichen Sport, ja, jegliches Herumrennen und schließlich das Gehen selbst aufzugeben, sodass sie den Rest ihres Lebens auf einem Stuhl sitzend verbringen müssten. Dass sie, bevor die Rollstühle nicht mehr zu vermeiden seien, eine Weile auf Krücken angewiesen sein würden. Dass im Verlaufe von SMA möglicherweise ein Atemgerät nötig werden würde, was aber nur einen raschen Schnitt mit dem Skalpell bedinge, eine so genannte Tracheotomie. Dass es, Dr. Feller spielte mit seinem Brieföffner, keine Möglichkeit auf Heilung, Verbesserung oder auch nur Stillstand dieser im Jahre 1968 medizinisch noch wenig erforschten Erkrankung gebe, es sei denn, man wolle sich auf das Zukunftsabenteuer namens Genetik einlassen, wovon er, das sage er offen, nicht viel halte. Nein, er denke nicht, dass es schaden könne, im Dom Kerzen anzuzünden, fügte er geistesabwesend hinzu, als er einige abschließende Notizen über diesen doch recht ungewöhnlichen Fall von gleich zwei in einer Familie von einer statistisch vernachlässigbaren Erbkrankheit befallenen Söhne machte.

Während Louis redete, war Puck damit beschäftigt, die Bänder des Muskelkraftmessers um die Arme des Skeletts, das neben dem Schreibtisch stand, zu binden, um so wissenschaftlich zu erörtern, wie viel Gewicht ein Toter heben kann. Mix, der mit seinen Teppichschlachten in seinem Schlafzimmer in das dritte Jahrzehnt des Hundertjährigen Krieges verwickelt war, saß teilnahmslos in der Praxis, ein geistesabwesendes Lächeln auf den Lippen, das ihm den Ruf eines introvertierten Buben eingebracht hatte, und dachte sich eine besonders grausame Folter für seine Kriegsgefangenen aus. Unterschiedlich wie die beiden waren und sind, teilen meine Brüder einen ausgeprägten Sinn für Selbstschutz; so wird es ihnen keine Schwierigkeiten bereitet haben, diesen feindlichen Bewohner einer anderen Galaxie, der aus dem Himmel gefallen war, um in diesem überdimensionierten Chefsessel Unsinn zu verzapfen, zu ignorieren.

Meine Mutter konnte dem, was Louis zu sagen hatte, nicht ausweichen. Manchmal fand ich sie ohnmächtig auf dem Boden unseres Wohnzimmers, tot für ein paar Minuten, und noch ein paar Minuten später in der Küche damit beschäftigt, das Abendessen für fünf zuzubereiten. Ihr Ohnmächtigwerden mag ein Schulbuchbeispiel für chronischen Bluttiefdruck sein. Doch jene Bücher sollten auch erwähnen, weshalb meine Mutter erstmals im Büro von Dr. Feller bewusstlos wurde, als er ihr mit aller Deutlichkeit zu verstehen gab, was die Zukunft ihren Söhnen zu bieten hatte. »Was soll das heißen, Louis – keine Muskeln?« sagte sie, als sie wieder zu sich kam. Sie stellte fest, dass sie ein Glas Wasser in der Hand hielt. Auch stellte sie fest, dass sie sich schämte, in der Praxis ohnmächtig geworden zu sein. Sie wusste doch, wie beschäftigt dieser Mann war; beschäftigt wie im Grunde alle Männer, zumindest sobald sie auf deren Unterstützung angewiesen war. »Aber das kann doch gar nicht sein? Puck *hat* Muskeln.«

»Du hast natürlich Recht«, sagte Louis ungeduldig. Er war der Acht-Minuten-Zwei-Fragen-Doktor, denn auch beim besten Willen konnte er sich pro Patient nicht mehr als diese Anzahl Minuten und Fragen leisten. »Ich habe mich nicht klar ausgedrückt. Die Biopsie der Muskelproben deiner Buben weist den deutlich pathologisch veränderten Skelettmuskel mit den Zeichen einer primär neurogenen Atrophie und einer deutlichen Begleitmyopathie auf. Das histopathologische Bild ist typisch für die Atrophia musculorum spinales pseudomyopatica Kugelberg-Welander.«

Meine Mutter schaute den Arzt hilflos an.

»Ich werde dir zu erklären versuchen, was es mit dieser Krankheit auf sich hat. Spinale Muskelatrophie oder SMA ist der Sammelbegriff für eine Gruppe vererblicher neuromuskulärer Krankheiten. Sämtliche Formen dieser Krankheit betreffen jene Nervenzellen, die man motorische Neuronen nennt, welche den Bewegungsablauf der willentlich gesteuerten Muskeln kontrollieren. SMA bewirkt, dass sich die unteren motorischen Neuronen in der Hirnbasis und dem Rückenmark desintegrieren. Dadurch wird verhindert, dass die elektrischen und chemischen Signale, von denen die normale Muskelfunktion abhängt, übermittelt werden. Nicht willentlich gesteuerte Muskeln wie etwa jene, welche die Blase und die Darmfunktionen steuern, sind wie auch die Seh- und Hörfunktionen bei SMA nicht betroffen. Untersuchungen haben gezeigt, dass Kinder mit SMA von außerordentlich hoher Intelligenz sein können. Es gibt drei Typen von SMA, wovon die ersten beiden letal sind. Vom Typ I Befallene sterben meist im oder vor dem dritten Lebensjahr, während bei Typ II ein Durchschnittsalter von achtzehn Jahren angegeben werden kann. SMA Typ III, oder Kugelberg-Welander, ist eine mildere Form dieser Kondition und tritt nicht vor dem achtzehnten Monat in Erscheinung, in der Regel zwischen dem fünften und dem fünfzehnten Lebensjahr. Eine Schwäche der Kau- und Schluckmuskulatur ist seltener; auch sind die Atemwege generell nicht so stark betroffen wie in den ersten beiden Formen. Diese Kinder haben in der Regel eine normale Lebenserwartung. Sollten Probleme mit den Atemwegen auftreten, so sind es diese, welche die größte Lebensbedrohung darstellen.«

»Mix hat doch auch Muskeln«, murmelte meine Mutter.

Die Uhr, die Uhr. Lauernd hockte die Uhr vor ihm. Nicht, dass er sie wirklich auf acht Minuten eingestellt hatte, und doch klingelte in seinem Hirn unablässig das Signal, dass diese Sitzung längst vorüber, die nächste längst hätte beginnen sollen. Louis seufzte. »Zugegeben, der Terminus Atrophie ist etwas irreführend. Was er tatsächlich umschreibt, ist ein graduelles Verschwinden der Muskeln, das durch einen fehlenden Mineralstoff hervorgerufen wird. Deine Buben haben Muskeln. Natürlich haben sie Muskeln. Sie sehen muskulös aus. Sie werden immer wie kräftige Jungs aussehen. Nur sind sie es eben nicht.«

Sie versuchte, ihre eigenen Muskeln zu fühlen. Wie spürte man Muskeln, wenn man sie hatte? Wie spürte man sie, wenn man sie nicht hatte, obwohl man sie eigentlich hatte? Wie war das alles zu verstehen? Während Louis von Rollstühlen redete, rutschte Mix auf seinem Stuhl herum und sprang Puck hoch, weil er es nicht mehr erwarten konnte, wieder auf seinem Fahrrad zu sitzen.

»Zu einem gewissen Zeitpunkt wird man sich überlegen müssen, ob es nicht sinnvoll ist, Prothesen einzusetzen, um der Scoliosis entgegenzuwirken.«

»Scoliosis?«

»Wenn die Muskeln an Kraft verlieren, hat das Skelett schwerer zu tragen und beginnt sich zu krümmen. Auch Chirurgie wird zu berücksichtigen sein. Man kann dem mit Metallstützen entgegenwirken. Wegen Bewegungsmangel werden die Knochen brüchiger. Heißt, Kalzium schlucken. Pass auf ihr Gewicht auf, Ruth. Auch Übergewicht führt zur Gehunfähigkeit. Ich verschreibe ihnen Vitaminpillen. Physiotherapie versucht erst gar nicht. Hat keinen Zweck. Atrophierende Muskeln sind nicht trainierbar. Also keine Übungen, klar? Mit dem Turnen müssen sie sofort aufhören, ich gebe dir die Verordnung mit. Jede unnötige Bewegung belastet sie nur. Beschäftige sie mit Lesen oder Fernsehen.«

Louis drückte den Knopf der Sprechanlage, um den nächsten Patienten hereinzurufen. »Stell dir auf deinem Rücken einen Kartoffelsack vor, der immer schwerer wird, während du gleichzeitig immer schwächer wirst. Am besten ist es, sie bleiben im Bett und versuchen, nicht herauszufallen.« Dann – um den Schlag abzuschwächen? – fügte er hinzu: »Aber mach dir keine Sorgen, ob sie eine Frau finden werden. Frauen mögen es, sich um Männer zu kümmern. Ich würde mir ernsthaft Sorgen machen, wenn deine Buben Mädchen wären.«

Das Geschlechterstichwort musste Louis' Aufmerksamkeit auf meine Mutter gelenkt haben. »Und was ist mit dir, Ruth? Hast du daran gedacht, wegen diesen Ohnmachtsanfällen zu einem Spezialisten zu gehen?« Als er sie zur Tür führte, sagte er, »ich frage mich, ob wir den Jüngsten nicht auch gleich . . . na ja, drei von drei Buben in einer Familie, das wäre, als hättest du im Lotto drei Sechser hintereinander gewonnen, doch kann mans wissen? Am besten kommst du auch mit dem Dritten regelmäßig zur Untersuchung. Mein Sekretariat wird dir einen Termin geben.«

Dr. Louis Feller, der betreuende Arzt des nationalen Fußballteams und als solcher zuständig für die besten Muskeln des Landes, war ein guter Mediziner, berühmt für seine Handfertigkeit mit dem Skalpell. Seine unbedachten Worte mögen nicht die unmittelbare Ursache der Ohnmachten meiner Mutter gewesen sein – sie war bereits wegen ihrer mangelnden nervlichen Belastbarkeit in Behandlung –, doch das, was sie ihre Rollstuhlträume nannte, begann nach Fellers Diagnose. Jahrelang träumte sie Nacht für Nacht, wie sie vergeblich versuchte, einen Hügel hochzuklettern. Da sah sie, was der Hügel war, ein Haufen von Rollstühlen, und jedes Mal, wenn sie diese Entdeckung machte, löste sich Rollstuhl um Rollstuhl aus dem Haufen, um ihr entgegenzufallen, und sie schreckte aus dem Schlaf hoch.

Und als sie wach war, ging sie in den Dom, um jene Kerzen anzuzünden, die auch nach dem neuesten Stand der medizinischen Forschung keinen Schaden anrichten konnten. »Herr«, betete meine Mutter auf den Bänken des Doms, an deren Härte sie sich bereits während ihrer Klosterschuljahre gewöhnt hatte, »du hast mir bereits zwei behinderte Söhne geschenkt. Ich will nicht mit meinem Schicksal hadern. Aber das ist genug, meinst du nicht auch? Lass den Jüngsten verschont sein.«

Mein erstes Fahrrad. Weihnachten 1968.

Als Jüngster erhielt ich von meinen Brüdern nicht nur die Kleider, aus denen sie herausgewachsen waren; auch die medizinischen Maßnahmen wurden für mich mitverschrieben, als gelte ihre Erberkrankung, die bei mir noch nicht festgestellt worden war, auch schon mir. Wem schadeten schon Vitaminpillen, wem die isometrischen Übungen, an die Dr. Feller in unserem Fall zwar nicht glaubte, die er uns aber dennoch verordnete, weil er dem Bedürfnis meiner Mutter, »etwas zu tun«, entsprechen wollte? Vielleicht, weil er Orthopäde war, erhielten wir alle Schuheinlagen, die irgendetwas Orthopädisches bewirkten, vor allem aber unbequem waren. Sohn Nr. 1 und

Nr. 3 entfernten sie in unbeaufsichtigtem Zustand aus ihren Schuhen, während Nr. 2 sie vergaß, ob sie schon eingelegt waren oder nicht.

Schwimmen sei gut, denn Muskelschwache würden sich im Wasser wie auf dem Mond bewegen, doch gelte auch hier *ne quid nimis*, wie der Lateiner sage, verkündete Feller, auf dessen Lippen ein weiteres Zitat perlte, das er jedoch noch rechtzeitig schlucken konnte, und übersetzte mit hochgezogener, in zu jungen Jahren buschig gewordener Altmänner-Augenbraue: Von nichts zu viel, er könne meine Mutter nicht genug warnen. Auf der Treppe in das Schwimmbad eines Nachbarn, das wir regelmäßig benutzen durften, fand die erste Prozession der SMA-Brüder statt: Puck und Mix, beide mit der rechten Hand am Geländer, rechtes Bein zuerst, linkes Bein nachgeschwungen, und manchmal, wie Großvater, wenn er eine steile Stufe zu bewältigen hatte, mit einem Schnaufer nachgeholfen, wetteiferten Stufe um Stufe um den zweiten Platz, während ich, der Verschonte, ihnen voraus rannte und mich bei ihrem Eintreffen bereits im Wasser befand.

Ahnte meine Mutter vor meiner Diagnose, dass das Machtwort, das die Medizin über meine Gesundheit ausgesprochen hatte, nicht unumstößlich war? Oft stand sie am großen Fenster in der Halle und sah mir beim Federballspielen im Garten zu. Wie meine Brüder mit vier oder fünf kniete auch ich im Sandkasten, statt in die Hocke zu gehen. Wie sie rannte ich »paniert wie ein Wienerschnitzel« ins Haus und legte eine Sandstraße durch die Halle in die Stube und die Treppe hoch in mein Zimmer. Doch war das für sie ein Haushalts-, kein medizinisches Problem und mit Staubsaugen leicht zu beseitigen. Wie hätte ihr angesichts der Verluste, die ihre beiden älteren Söhne bereits erlitten, in den Sinn kommen können, daraus einen heranwachsenden dritten Fall zu konstruieren?

Was unsere Mutter nicht alles unternommen hat, um Heilung oder wenigstens Linderung für die unheilbare Erkrankung zu finden! Sie schrieb ohne Dr. Fellers Wissen, also hinter dem Rücken der Schulmedizin, einem Dr. med. Albert Josters in Westfalen. Mit der nach ihm benannten »einzigartigen Josters-Diät-kur« behauptete dieser, alles heilen zu können, weshalb also nicht auch, verehrte Frau Keller, schrieb er ihr zurück, eine Muskeler-krankung? Muskeln bräuchten Nahrung. Den Muskeln ihrer Söhne fehlte etwas – ein Protein, ein Mineral –, und auch wenn die Wissenschaft noch nicht wisse, was für eines, so sei doch sei-ner Diät auch diese Heilung vollumfänglich zuzutrauen. Und ob-wohl Dr. Josters selbstbewusst hinzufügte, er habe auch SMA schon geheilt, fand sich der fehlende Mineralstoff in seiner Diät schließlich doch nicht.

Meine Mutter ließ sich nicht entmutigen und schrieb weiter. Auf Empfehlung eines Herrn Wendelin an einen Dr. Helms-Meyer aus Nürnberg, bei dem sie sich nach dem möglichen Er-folg einer Zelltherapie erkundigen solle. Auf diese Weise hörte sie zugleich von einem Dr. Martino Grossi, der ihr »in Eile« aus Rie-hen von einem Prof. Ruckmann berichtete, den er bald die Ehre in Biel zu konsultieren hätte und der vielleicht weiter wissen würde. Das führte zu einem Dr. Wrorbrough aus Oxford, MA, USA, der eine Frau Dr. Kalinkaya vom Kinderspital Boston emp-fahl, von wo aus die Angelegenheit wieder in die Schweiz zurück-empfohlen wurde, da sich ebenda zurzeit ein gewisser Dr. Pre-ston Gschwind aus Brookline, ebenfalls MA, USA, aufhalte, welcher wiederum seinen Landsmann Dr. Joseph M. Frieling-haus, Aufenthalt derzeit unbekannt, lobend erwähnte. Irgendwie erfuhr sie von dem Pariser Akupunkteur Amadou Xuan Wu, der ihr aber eine negative Antwort zukommen lassen musste, wobei hier »negativ« wirklich negativ bedeutete, *je regrette vraiment, chère Madame*, und von dort – wie auch immer: Was für meine Mutter jedes Mal eine Enttäuschung war, erwies sich für mich, immerhin ein angehender Schriftsteller, als unschätzbare Quelle für Namen, mit denen ich meine unbesiegbaren Helden ausstat-ten konnte.

Was die Schulmedizin anerkannte, was also nutzlos war, da SMA eine medizinisch nachweislich unheilbare Erkrankung war, wurde von der Krankenkasse übernommen; was von der Krankenkasse übernommen wurde, verschrieb uns Dr. Feller zwar, doch nie ohne hinzuzufügen, dass man dies im Prinzip auch bleiben lassen könne. Versprach eine Therapie wenigstens Hoffnung, so wurde sie von der Schulmedizin als unorthodox geächtet und von der Kasse nicht übernommen, als sei die Hoffnung etwas Schlechtes. Unheilbar war unheilbar, somit war, wer in unserem Fall Heilung versprach, ein Scharlatan, darin waren sich die Männer mit den Skalpellen einig.

Meine Mutter begann die Behindertengeschichten in den Wartezimmerillustrierten aufmerksamer zu lesen und kaufte sich manchmal eine am Zeitungsstand. Sparsam, höchstens einmal im Monat – auch hier schien des Lateiners *ne quid nimis* zu gelten –, fand sich einer dieser immer hoffnungslos beginnenden und doch immer irgendwie positiv endenden Artikel zwischen die Reportagen über siegreiche Tennisspieler oder märchenhaft reiche Schöne eingebettet. Früher hatte sie diese Berichte angelesen und die Tragik bedauert, mit der das Schicksal einen vorzugsweise jungen Menschen aus dem aktiven Leben in eines im Rollstuhl gerissen hatte. Alte Behinderte gab es in der Schweiz entweder nicht, oder sie kamen in den Illustrierten, die sie las, nicht vor, während die Alten alle vor Kraft und Gesundheit strotzten, ganz im Gegenteil zu jenen, die sie kannte. Früher hatte sie sich darüber gefreut, dass die Betroffenen zuverlässig in der dritten Spalte nach durchschnittlich drei Wochen, was stets mit dem Eintreffen der Illustriertencrew zusammenfiel, anfingen, mit ihrem lebensverändernden Schicksal vorbildlich fertig zu werden. Dann hatte sie weitergeblättert, froh, dass keiner der wirklich glücklichen, siegreich Tennis spielenden und immer märchenhaft schönen Reichen im Rollstuhl saß oder auch nur einen zu großen Busen hatte.

Jetzt las meine Mutter diese Artikel zu Ende. Sie bewahrte sie in einem Mäppchen auf, das sie im Sekretär, an dem sie auch ihre Haushaltskorrespondenz führte, unter dem Mäppchen mit den Rechnungen verbarg. Die Stellen, die sie markierte, versprachen alle Hoffnung. Da waren Kinder, die ein mysteriöser Virus – war das defekte SMA-Gen nicht so etwas wie ein mysteriöser Virus? – in den Rollstuhl setzte. Noch vor wenigen Wochen hatten sie Ball gespielt und waren auf Bäume geklettert, doch schon lächelten sie tapfer, wenn auch mit verzerrtem Gesicht aus dem Stahlgestänge, das von nun an ihre Beine ersetzen würde, in die Kamera, bastelten für die Großmutter und schrieben Gedichte, kleine Telegramme an den lieben Gott, die der Vater für die Nachbarn vervielfältigte und von denen eines in einem Kästchen in der Illustrierten abgedruckt war. Da war der Skirennfahrer, der sich bei einem Sturz das Rückgrat gebrochen hatte und bereits wenige Wochen nach der Operation aus seinem funkelnden Rollstuhl strahlte, als sei ihm nicht eine Lähmung widerfahren, sondern ein Olympiasieg in den Schoß gefallen. Von Hadern nie ein Wort. Vom Bittersein nur, dass man darüber hinweggekommen sei, ein für alle Mal. Viel von Gott. Von anderen Werten, auf die man nur so gestoßen sei und mit welch hohlem Vergnügen man sich vorher – dieses »vorher«! – zufrieden gegeben habe. War vom Schicksal die Rede, dann, wie vorbildlich es der oder die Betroffene meisterte. Meisterte einer sein Schicksal schließlich doch nicht so vorbildlich, was in den Illustrierten im Durchschnitt einmal im Jahr vorkommen durfte, so wurde er ein Held genannt, sein Freitod eine Erlösung, als sei der Verstorbene Jesus Christus und Selbstmord plötzlich doch kein Tabu mehr.

Je hoffnungsloser die Fälle, umso länger waren die Artikel, an deren Ende sich die schon stark erschütterte Hoffnung auf Heilung manchmal in Form einer Adresse doch noch fand. Half das Skalpell nicht mehr, war es eine Bestrahlung, die – wer wollte das begreifen? – für den Gesunden tödlich, für den Todkranken aber heilend sein konnte. Jenseits der Chemotherapien lauerten die Wunder. Das war die Grauzone der Hoffnung, das Land der Lächerlichkeit. Handauflegen in den Alpen, Fernheilung, Zauber, schwarze Magie, Voodoo aus der Südsee. Gab es gute Kräfte, so gab es auch böse, die, richtig eingesetzt – beschworen –, wiederum das absolut Gute verheißen konnten. Sollte sie in die Südsee fahren, an Strohpuppen glauben, denen man Nadeln in den

Kopf steckte? Nach Russland, wo das Zipperlein des Staatschefs – was für eines, war ein Staatsgeheimnis – über Hunderte von Kilometern und über den Ural hinweg geheilt werden konnte?

Selbst der Tod war heilbar. Meine Mutter begann die Bücher Murphys und der Kübler-Ross über Todeserfahrungen zu lesen. War vielleicht der Tod die größte Hoffnung? Gab es wirklich so etwas wie eine Entschädigung im Jenseits für das Leid, das einen auf der Erde traf? Ein Nachbar hatte sie einmal auf der Straße zu ihren behinderten Söhnen beglückwünscht. »Was für eine Chance! Was für ein Glück!«, hatte er begeistert ausgerufen. Das schwere Los, das ihre Söhne im Diesseits schon so jung treffe, werde diese, aber auch sie, die Mutter, die ja mitleide, im Jenseits um ein beneidenswertes Stück weiterbringen. Der Mann, der sich seine Villa mit Börsengeld leistete, drei gesunde Kinder, eine hübsche Frau und eine noch hübschere Geliebte hatte, schien sich keine Sorgen darüber zu machen, dass er bei so viel Glück im nächsten Leben absteigen könnte.

Erst einmal, vielleicht als Konzession an die Kirche, der meine Mutter um diese Zeit noch angehörte, bat sie ein *Healing Sanctuary* in England darum, sie, wie im Prospekt angeboten, in ihre Gebete einzuschließen. Das war ein kostenloser Dienst, so wie die englischen Heiler insgesamt selbstlos klangen, also war es wohl kein Schwindel. Da war es ein kurzer Weg zu den warmherzigen Appenzeller Handauflegern, die immer, wenn sie die bescheidene Spende auf die Kommode legte, beschämt wegschauten. Außerdem war Appenzell nur eine halbe Autostunde entfernt, und erzählen musste man es keinem. Die Wunderheiler lachten sie wenigstens nicht aus, nahmen sich Zeit und hörten ihr zu, wenn sie ihnen über das Schicksal ihrer Söhne erzählte. Wer wegen Warzen kam, der hatte, weil die Warzen weg mussten, bei abnehmendem Mond zu erscheinen, wer sich die Muskeln stärken wollte, musste also bei zunehmendem Mond kommen. Die Warze, die der Hund gehabt hatte, verschwand nach nur einer Sitzung, während die Söhne immerhin sagten, dass sich die Hände auf ihrer Haut gut anfühlen und dass sie sich auch danach besser fühlen würden, etwas, das sie nach einem Besuch bei Dr. Feller noch nie hatten sagen können.

Auf einmal gingen Leute im Haus an der Alpsteinstraße ein und aus, die mit Wünschelruten schädliche Wasserströme ausfindig machten, worauf Aluminiumfolien vergraben werden mussten, um das Haus und dessen Bewohner vor den schädlichen Strömungen zu schützen. Andere pendelten die Zimmer auf gute und schlechte Einflüsse aus, was zur Folge hatte, dass die Betten von einer Ecke in die andere und, trat ein neuer Pendler auf, wieder zurückgeschoben werden mussten. Jemand empfahl, gesegnete, südwärts gerichtete Spanplatten unter die Matratzen zu legen, damit es mit dem Bettenverrücken ein Ende habe. Mit einigen Kabeln, die man sich wie eine Batterie mit Klammern an Ärmeln und Hosenbünden ansteckte, konnte man sich die Zufuhr kosmischer Energie vom Wohnzimmersofa aus sichern. Jemand stellte mit einem Gedankenexperiment über eine Entfernung von Hunderten von Kilometern fest, dass alle drei Söhne, auch der noch verschonte, in ihren Körpern Sender hätten, die man chirurgisch entfernen müsse, damit die Außerirdischen ihre Macht über sie verlieren würden.

In den frühen siebziger Jahren machte sich meine Mutter mit Puck und Mix nach Manila auf, wo ihnen ein Heiler mit bloßen Fingern und ohne Narkose ins Fleisch griff. Auch wenn sich die Flecken an ihren Unterhosen zu Hause als Schweineblut entpuppten, ging es Mix und Puck für ein halbes Jahr besser und selbst die Schulleistungen stiegen sprunghaft an. Hoffnung half also doch, selbst wenn sie von einem Scharlatan verabreicht wurde. Aus demselben Grund fuhren wir alle, jetzt auch ich, vorbeugend und weil mich meine Mutter nicht allein zu Hause lassen wollte, insgesamt siebzehn Mal drei Wochen, zweimal im Jahr, zu einer Hochfrequenzbestrahlungsbehandlung in das Institut Dr. Runikoff im Oberösterreichischen, wo wir unsere Ferien unter alten Kranken verbringen mussten, denen allen, ob sie die Gicht, SMA oder Rheuma hatten, in einem verdunkelten Saal ein elektrischer Zauberstab über den halb nackten Körper gefahren wurde, auf dass die Muskelzellen reaktiviert würden. Doch alles, was aktiviert wurde, waren blaue Funken, die durch den mysteriös verdunkelten Saal stoben.

Ich, der noch nicht Diagnostizierte, wehrte mich dagegen, jede Ferien in einem Kurort zu verbringen. Ich kündigte als Therapie für die Erkrankung, die ich noch nicht hatte, das Reisen an, möglichst rund um die Welt, wenn nicht weiter. Jetzt war es doch so weit, oder etwa nicht? Das Schwimmbad als Mond hatte mir den Dachstock, für den ich nun zu groß geworden war, nicht ersetzen können. Meine Mutter sah das ein, ließ mich ziehen, und darauf fuhr keiner mehr in die Kur. Zum ersten Mal setzte ich eine meiner Dachstockreisen in die Wirklichkeit um, fuhr nach Venedig, von dort auf dem Schiff von Insel zu Insel bis nach Athen, wo ich den steilen Hügel zur Akropolis mit schon spürbarer Anstrengung erklomm.

Meine Mutter schaut zum dritten Mal zu, wie einer ihrer Söhne zum Stock greift, keine Tasse Tee mehr zum Schreibtisch tragen kann und trotz Stock an den Wänden entlangschleicht, an denen er sich zusätzlich abstützen kann. Sie sieht, wie es jetzt der Dritte verbergen will, sie sieht, dass ich weiß, dass ich den Stock natürlich nicht verbergen kann. Ich scherze, wie elegant dieser doch sei, schwarz und aus schlagfestem Aluminium. Doch sie ist zu lange Hausfrau, zu lange schon und für immer Mutter, um die schwarzen Flecken auf den weißen Wänden nicht als die Spuren meiner Hände auf der Suche nach Halt deuten zu können. Aber sie sieht nicht, wie ich sehe, wie ihr zum dritten Mal ein drittes Bein wächst, weil sie nun auch für den dritten Sohn gehen muss. Ich weiß nicht, ob sie weiß, dass ich weiß, wie sie sich in Gedanken vornimmt, weitere zehn Jahre fit zu bleiben, um allen Dreien helfen zu können.

Als Dr. Louis Feller zum ersten Mal den Versuch unternahm, auch an mir die Muskelerkrankung zu diagnostizieren, die er bereits bei meinen Brüdern festgestellt hatte, war ich fünf; als ich ihn das elfte Mal aufsuchte, war ich vierzehn, und es war ihm noch immer nicht gelungen, mich auf dieses Etwas mit drei Buchstaben einzuschränken. Weshalb streckte er nicht endlich die Waffen hinter seinem pompösen Schreibtisch? Würde ich nun Jahr für Jahr, meist im Frühling, zur Untersuchung antreten müssen, bis dem Arzt das Resultat gefiel?

Mai 1978, Frühjahr, also SMA-Saison. Was für eine Schande, wieder einen ganzen Nachmittag mit Dr. Louis Feller zu verplempern! Wieder würde ich mir sein Geschwätz anhören, ihn mit seinem medizinischen Spielzeug hantieren sehen müssen. Seine Zwicker und Zwacker, Kratzer und Stecher. Wie ein durchgeknallter Schneider würde er mir auch in diesem Jahr die Schlaufe seines lächerlichsten Gerätes, des Muskelkraftmessers, um meine Arme binden, um zu messen, wie viele Pfunde ich noch heben konnte.

Mir war dies seit Jahren zu kindisch, im Grunde, seit ich mit einem Primarschulfreund auf dem Garagenplatz mein zweites, ebenfalls in einem Exemplar veröffentlichtes Werk, das Stück *Die grässlichen Verbrechen des Dr. Morton* (1976, Uraufführung für die Bühne frei), auf Kassette aufgenommen hatte. Darin: eine Schöne, die sich bei Wind und Wetter in ein Schloss verirrt; im Schloss ein verrückter Wissenschaftler, der mit allerlei albernem medizinischen Spielzeug herumfuchtelt; und natürlich der Held, beseelt von Kasperlis Mut und Axels Feinfühligkeit, der dem Bösewicht nach sechzig Minuten das Handwerk legen musste, weil dann die Kassette zu Ende war. Jetzt war ich alt genug, um zu wissen, dass ich Vorbilder wie diese zu verschweigen und stattdessen vorzugeben hatte, *Ulysses* im Original zu lesen und heimlich an einem zwölfbändigen Opus zu arbeiten, das eines greisen Dichterfürsten würdig war.

Louis – oder war es Dr. Morton? – befolgte DIE REGEL, die sein Ritual vorschrieb. Er ließ mich in seinem Vorzimmer unter den Tafeln warten, auf denen eine gezeichnete Frau vorführte, wie man Gewichte hob, ohne sich einen Rückenschaden zuzuziehen.

Sobald sich meine Mutter, die mich nicht allein zu Dr. Feller gehen lassen wollte, ihm gegenüber hingesetzt hatte, sagte er sein »So«, um damit zum Ausdruck zu bringen, dass er wissen wollte, wie es mir so gehe. Nach einem halben Satz unterbrach er meine Ausführungen mit einem »Aha«, worauf sein »So, jetzt wollen wir einmal« folgte. Das hieß, Hemd auszuziehen. Ich hüpfte auf die Pritsche. Hatte er beachtet, wie mühelos ich das tat, so ganz anders als meine Brüder, die sich mit beiden Händen an der Pritsche halten mussten, um sich setzen zu können? Dr. Feller fühlte meinen Puls, legte den kühlen Zylinder seines Stethoskops auf meine Brust und drückte ein paar Knöpfe auf meinem Rücken, die nur ein Arzt sehen konnte.

»Das Atmungssystem ist in Ordnung«, brummte er auch diesmal. Dann piekste er mich mit einer Art Krawattennadel, welche die Farbe von angelaufenem Silber aufwies.

»Gut«, sagte er.

»Gut«, sagte er wieder, als er sein Gummihämmerchen hervorkramte, und damit meine Knie und meine Ellbogen auf Reflexe abklopfte. Auch in diesem Jahr keine. Womit in einem mittlerweile ein Jahrzehnt währenden Feldexperiment erwiesen wäre, dass ich keine brauchte. Doch er ließ nicht locker und schlug erneut zu. Wieder keine Reaktion. Locker sprang ich von der Pritsche hoch, von der meine Brüder nur mit Mühe aufstehen konnten.

Darauf wollte mich der Doktor gehen sehen, also ging ich für ihn, je schneller, desto eher würde ich von hier wegkommen. Als Belohnung würde ich gleich seine Donnerstimme hören, die mir sagte, was ich schon wusste, nämlich, dass mit mir alles in Ordnung sei. Wenn er mich gleich entließ, könnte ich vor dem Abendessen noch eine Stunde lesen, auf der Wiese, das kühle Gras unter dem entblößten Bauch. Mit erhobenem Kinn stolzierte ich auf das Skelett zu, das beim Fenster baumelte. Es grinste zurück. Der Wind wehte durch das Fenster herein, und das Skelett klapperte wie ein Windspiel. Wie ich vor dem armen Kerl, der es nie mehr aus dieser Praxis schaffen würde, stand, bellte

Louis: »Auf die Zehenspitzen, Junge!«, als wolle er auch mein Gehör testen. Ich ließ die Gelegenheit nicht verstreichen, meinen Arm gekonnt über meinen Kopf zu schwingen, um vorzuführen, wie ich beim letzten Handballmatch den entscheidenden Punkt erzielt hatte. Noch immer war der Doktor nicht beeindruckt.

Als Finale seiner Untersuchung befahl mir Louis, auf einen Stuhl zu steigen, den er in die Mitte des Raumes rückte. Ich zögerte, schaute erst ihn, dann meine Mutter an. Sie schwieg, doch sie nickte. Ich hob meinen linken Fuß auf den Stuhl, griff nach der Lehne und schwang mein rechtes Bein empor. Ich stand aufrecht und ließ den Stuhlrücken los. Alle meine Bewegungen waren korrekt ausgeführt, doch ich musste mir eingestehen, dass sie etwas langsam waren, auf einmal etwas langsamer, so wie ich manchmal – wenn wir lange trainiert hatten – etwas, nur etwas langsamer von der Judomatte aufstand. Es hatte mich nur eine zusätzliche Anstrengung gekostet, den zweiten Fuß auf die Stuhlplatte zu heben, als könne ich es nur dann tun, wenn ich mich darauf konzentrierte. Ich spürte, dass mir diese Anstrengung anzumerken war, aber ich wusste auch, dass man mich an einem guten Tag wie diesem genau beobachten musste. Mit etwas Glück hatte Louis nicht einmal hingeschaut, sondern lediglich seine Notizen gemacht. Auch für ihn war es jedes Jahr dasselbe.

»Du kannst dich anziehen«, sagte er. »Wir werden eine neue Biopsie machen lassen. Doch ich bin mir sicher, dass Christoph –«

Er verstummte.

Was?

Meine Mutter schaute mich an, ich wich ihrem Blick aus, blickte, noch immer auf dem Stuhl stehend, auf Louis' weißen Kopf unter mir. Wieder notierte er etwas in meine Akte. Dann, als wollte er uns – mir? ihr? – eines der Diplome verleihen, die so großzügig die Wand hinter ihm bevölkerten, blinzelte er bedeutungsvoll über die Ränder seiner Brille. In einer geschäftsmäßigen Stimme, die andeutete, dass er das Folgende auch schon ein Jahr früher hätte sagen können, verkündete er: »Christoph hat es auch.«

SMA schreitet schubweise fort, doch den Rhythmus, dem meine Schübe gehorchen, kenne ich nicht. Ein Schub verursacht keine Schmerzen. Ein Schub kündigt sich nicht an. Keine Krämpfe. Ich weiß nicht einmal, was ein Schub genau tut. Er nimmt mir nicht die Muskeln, er raubt mir die Muskelkraft. Zuerst fehlt mir Kraft, dann fehlt mir die Erinnerung an diese Kraft. Fehlt mir beides, ist der Schub vorbei.

»Meine Söhne haben was? Meine Buben sollen was sein? Ruth, bleib vernünftig!« sagte Föns, nachdem 1968 die ersten beiden seiner drei Söhne diagnostiziert worden waren und seine Frau mit dem Befund nach Hause kam.

»Der Sturz, Föns –«

»Puck hat das Rennen gewonnen, oder etwa nicht?«

»Sein Lehrer sagt, er sei in der Schule immer der Langsamste.«

Auch das war zum Lachen. »Rat mal, wer ich beim Rennen war? Einer ist immer der Langsamste.«

Pucks Lehrer war auch der Meinung, er solle das Seilspringen üben.

»Machst du Witze? Seilspringen? Dieser minderbemittelte Trottel kann das nicht ernst meinen. Das ist Mädchenkram. Ich bin stolz, dass mein Sohn nicht Seilspringen kann!«

Und was war mit der ärztlichen Diagnose? Was mit der Muskelprobe, deren histologischer Befund vom renommierten Inselspital in Bern verfasst war?

»Spinal? Genetisch? Histo...? Gleich alle beide? Das sind doch nur Umschreibungen für Ich-habe-keine-Ahnung! Und du fällst auch noch darauf herein!«

»Louis hat sehr wohl eine Ahnung. Er ist...«

»... ein Halunke!...

... ein ... ein ... ein...«

Hunde...

Der Vater stotterte.

... Hunnen!

114

In den Himmel ragende Felsen, Sand so weit das Auge reicht, das Sattelleder kracht. Eben noch haben sie die kühle Dunkelheit des Saloons von Hadleyville genossen, noch immer wärmt der Whisky ihre Kehlen. Sie wissen nicht, wann sie das nächste Mal ein Stück Brot beißen werden. Die Sonne brennt gnadenlos, ihre Buckskinhemden sind von staubigem Schweiß durchweicht und riechen abgestanden. Doch schon spüren sie wieder die rohe Energie der Pferde ihre eigenen Körper durchdringen. Sie haben Hadleyville hinter sich gelassen, um die Bösewichter wie wahre Männer zu jagen. Sie werden sie zur Strecke bringen, koste es, was es wolle –

…und jemand wollte ihm weismachen, dass seine Söhne bald nicht mehr in der Lage sein werden, ein Pferd zu besteigen?

»Capito! Meine Söhne sind okay. Hörst du, Ruth? Denen geht es gut.«

Sein Körper widersprach seinen Worten – oder versuchte er, seinen Geist an die Zügel zu nehmen? Sein Gesicht hatte sich verfärbt, Schweiß presste aus seiner Haut, als brenne die Wüstensonne über Hadleyville wirklich auf ihn herab. Will Kane, nein, John T. zitterte vor Wut, brüllte vor Enttäuschung. Brüllte seine Frau an. Brüllte lauter und lauter.

»Ärzte! Die erfinden die verrücktesten Krankheiten, damit du wieder in ihre Praxis musst. Was die wollen, ist mein Geld. Ich kann Louis hören, wie er sagt, nun, noch kann man nicht viel sehen. Natürlich kann man nichts sehen, weil da nichts ist! Krücken! Rollstühle! Tracheo…? Auch so eine Ärzteerfindung! Was wissen die Ärzte von meinen Söhnen, sag mir das! Was? Nichts! Aber du lässt dich einseifen. Ich kann dir ein paar Akademiker kaufen, und schon hörst du, was du hören willst! Ich werde dir sagen, was aus meinen Söhnen wird! Meine Söhne werden in meine Fußstapfen treten, der Älteste wird die Firma leiten, der Mittlere wird sein Buchhalter, und der Jüngste, na, der Jüngste kann sich um die Sammlung kümmern, er wird der Kurator der ›Sammlung K‹ und kann mit seinem Geschreibsel, das sowieso keiner liest, die Vorworte und die Bildlegenden schreiben und mir am Ende ein Denkmal in Buchform setzen. Ich bin der Vater, ich habe das letzte Wort, und das hier ist es: Meine Buben sind keine Krüppel! Niemals! Das ist *meine* Diagnose! Hörst du mich, Ruth? Und jetzt kein Wort mehr darüber. Schluss! Aus!«

Bald wurde er deutlicher: »Dir ist klar, woher meine Buben diese Krankheit haben. Es können gar nicht meine Gene sein. Schau dir an, wie ich gebaut bin. Ich bin stämmig wie ein Ochs. Nichts haut mich um, und dich? Jedes Lüftchen! Dauernd diese Ohnmachten. Rat mal, woher deine Söhne diese ... dieses Zeug haben.«

An SMA III stirbt man nicht, wegen SMA III wird man lebenslänglich langsamer. Man kann mit fünf herumtollen wie alle anderen Kinder auch, man kann mit zehn Ski fahren, mit zwölf noch ein bisschen Handball spielen, mit fünfzehn immerhin noch den steilen Hügel zur Akropolis hochsteigen, mit achtzehn noch halbe Städte durchwandern, mit zweiundzwanzig noch von fast jedem Stuhl aufstehen, mit siebenundzwanzig noch fast jede Stufe überwinden, mit siebenunddreißig noch immer recht viele Schritte in der Wohnung gehen, mit zweiundvierzig immerhin noch selber einen Pullover überstreifen, mit vierundvierzig noch eine Gabel zum Mund führen.

Hier, Vater, gerate ich ins Stocken. Was mit zweiundvierzig, was mit vierundvierzig sein wird, das führen mir meine Brüder vor, das sehe ich jedes Mal, wenn ich meine Brüder sehe. So weit wage ich zu denken, so weit muss ich denken und will ich es, auch wenn ich mir trotz gegenteiliger Erfahrung immer ein bisschen einrede, das alles gelte für mich nicht. Doch darüber hinaus?

Aber er sagte auch: »Was glaubst du, weshalb ich mit dem Trinken angefangen habe? Weshalb ich trinken muss? Wie soll ein Vater das verkraften – zwei behinderte Söhne, das haut den stärksten Ochs um.«

Oder er sagte, er habe zu trinken angefangen, weil er zu viel Glück gehabt hätte; meist aber sagte er, er trinke gar nicht.

Er sagte, dass ihm der Fahrausweis nicht wegen Trunkenheit am Steuer entzogen worden sei, weil er betrunken gewesen sei, sondern weil ihn so eine feige Ratte verpfiffen habe.

Für die Fasnacht verkleidet, ca. 1969.

Der Kerl fragt und fragt. Gehts denn schlechter? Wie ist das so, wenn du mit dem Rollstuhl durch Sankt Gallen gestoßen wirst, wo du früher gehen konntest? Ist dir das unangenehm? Fragt und fragt. Das tut gut. Ich rede und rede. Ich will gefragt werden. Wer fragt schon? Alle haben sich längst an meine Behinderung gewöhnt, nur ich nicht. Daran, dass es unaufhaltsam schlechter wird. Da kommt dieser freche Kerl, den ich nicht einmal gut kenne, gerade recht. Endlich einer, der die Gralsfrage stellt.

»Hey!« ruft einer, den ich noch weniger gut kenne, und steuert im Kino auf mich zu. »Das ist mein Platz«, womit er meinen Rollstuhl meint. Wir reden über alles andere, bis der Film anläuft. Endlich einer, der sich normal verhält.

Als sich nicht mehr, auch nicht mit noch mehr Alkohol, verleugnen ließ, dass seine Söhne eben doch Krüppel waren, sagte er, er habe keine Söhne mehr, und beschränkte sich auf das Trinken.

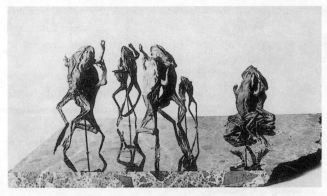

»Man tut solche Dinge ja nicht ohne Grund, diese Übungen waren auch ein eigenes Wundenlecken, denn vielleicht war es um diese Zeit, dass ich aus einem bösen Traum aufwachte: Ich entdeckte erst jetzt, dass ich kein Jüngling mehr war.« Daniel Spoerri über Werke wie den hier abgebildeten *Danse macabre de grenouilles* von 1989, für den er Froschkadaver verwendet hat.

1968, nach der ersten und zweiten Diagnose, sagte Föns nur, er müsse wieder ins Geschäft, und stapfte die sieben Stufen zur Vorhalle hinab, während ihm seine Frau nachblickte und dachte, dass ihre Söhne zu dieser alltäglichen Verrichtung bald nicht mehr fähig sein würden: eine Treppe hinabzusteigen.

Manchmal träume ich von einer Heilung, die ich einem Feuer, einem Brand, der in meinem Haus ausgebrochen ist, zu verdanken habe. Ich wache in meinem Bett auf, sehe die Flammen, die mich bereits umzingeln, und springe aus dem Bett, obwohl ich das gar nicht kann, renne aus der Wohnung, die Treppe hoch ... (In der galanteren Version meines Heilungstraumes trage ich Jan auf meinen traumhaft starken Armen die Treppe hoch, ins Freie, wo die Feuerwehr, umringt von Nachbarn in Pyjamas, dabei ist, den Brand zu löschen.) Würde das im Wachen auch funktionieren? Soll ich Feuer an mein Bett legen oder hoffen, da ich ja vom Feuer überrascht wer-

118

den muss, dass einmal ein Brand in meinem Haus ausbricht? Doch
halt! Denn ich träume nie von mir im Rollstuhl, bin also, wenn ich
träume, immer schon geheilt…

1978, zehn Jahre später, als auch ich meine Diagnose erhielt, sagte
er überhaupt nichts. Dieses Jahr nämlich war, wie er von nun an
immer wieder sagen sollte, sein Schicksalsjahr, in dem man ihm
alles, Geschäft, Sammlung und Familie, genommen habe.

Habe endlich den Gummi meines Stockes ersetzt. Jetzt klappere ich
nicht mehr beim Gehen und kann mich wieder anschleichen wie
eine Katze.

Mit jedem langsamer werdenden Schritt emigriere ich weiter ins SMA-Land, in mein Exil; schreibe im Grunde Emigranten-, Exilliteratur in meiner Muskeldiaspora …

Der Volksmund bezeichnet SMA als Muskelschwund, und wie ein Schwinden fühlt sich dieses anhaltende Muskelverlieren auch an. Obwohl genau das falsch ist: Es sind nicht die Muskeln, die schwinden – die Muskeln sind vorhanden –, es ist die Kraft, die sie kommunizieren sollten. Wohin verschwindet Kraft? Kraft, sagt man, verpufft. Ich spüre das Verpuffen als Surren. Dieses »Ameisengefühl« ist das Einzige, was ich spüre: Ich habe keine Schmerzen. Das Muskelsurren ist angenehm, ein wohliges Gefühl der stets gegenwärtigen Schwäche.

Kraft ist Information. Meine Muskeln erhalten diese Information nur lückenhaft, teilen mir also mit ihrem Surren mit, dass sie für ihren Einsatz bereit sind und auf das Kommando warten. Ich gebe das Kommando, doch es – die Information – geht unterwegs verloren. Wo geht sie verloren? Auf der Strecke von meinem Hirn über die Nervenstränge zu den Muskeln.

Mein Körper ist ein Raum, in dem das Licht nur flackert: Der Schalter funktioniert, die Birne ist intakt, die Sicherung eingeschaltet,

*und doch kommt der elektrische Impuls nur unvollständig an sein
Ziel, weil das Kabel in der Wand durchgerostet ist. Die Information
sagt: Licht!, sie sagt: Kraft! Wieder surrt es in meinem Körper, vor
allem in den Beinen, die auf und davon wollen. Es krabbelt und
kribbelt. Wie viel Kraft da brachliegt!*

Licht!

Vater fluchte und aß und trank und war bald so in Fahrt, dass
seine Flüche und Verwünschungen Gestalt annahmen und als
Erbsen und halb zerkaute Fleischbrocken aus seinem Mund flogen. Hätte er tatsächlich erschossen, wen er alles lauthals und un-
barmherzig am Esstisch abzuknallen angekündigt hatte, so wäre
Sankt Gallen längst eine Geisterstadt; dass er keine – oder, wie
sich herausstellen sollte, nur eine – seiner Drohungen in die Tat
umgesetzt hat, enttäuschte mich erst: Mein Vater war nicht nur
kein König mehr, wie ich im mittlerweile fast leeren Weinkeller
hatte begreifen müssen, er war auch keiner jener Westernhelden,
die wir so lange gemeinsam bewundert hatten.

»Ich verdiene dreimal so viel wie die!« tobte er Abend für
Abend an seinem Platz im Esszimmer unter einer frühen Flusslandschaft eines Appenzeller Malers, der mit diesem Sujet wegen
der anhaltenden Nachfrage in Serie gegangen war. » ... und das
einzig mit ein paar Jahren Primarschule! Jetzt, da ich ihr ver-
dammtes Geld für einmal wirklich brauche, drehen die mir den
Hahn ab. Mir! Dabei haben die mit *meinem* Geld ihre Bonzenvil-
len gebaut. Ohne mich gäbe es den Goldenen Rank nicht!«

Der »Goldene Rank« war Sankt Gallens Goldküste, eine Küste
ohne Wasser allerdings, denn der Bodensee befindet sich fünfzehn Kilometer entfernt und kann nur durch das eine oder andere Dachzimmerfenster gesehen werden. Dort siedelten sich die
Anwälte, Architekten und Ärzte und auch eine Hand voll Politiker in überraschender Dichte an, als wollten sie sich in ihrem Reservat aus weißen Einfamilienhäusern mit eternitbraunen

Dächern in Sicherheit bringen: Verstieg sich mein Vater am Esstisch zu verbalem Völkermord, so rottete er immer erst die Akademikerkaste aus.

»Die«, die er so wortgewaltig verfluchte, waren die Banker. Als sich die siebziger Jahre auch zur Verblüffung jener, die ihr Geld mit Geld verdienten, doch nicht als Steigerung der sechziger Jahre entpuppten, verweigerten sie ihm ihre Unterstützung, sein Geschäft vor dem Konkurs zu bewahren. Der Auftragsbestand war auf ein Maß zurückgegangen, dem die alte Fabrik hätte entsprechen können, doch der Neubau stand, das Firmenlogo hing, die Korridore waren mit Bildern vollgehängt und jede Ecke überraschte mit einer Skulptur. Nur die Maschinen warteten auf Futter.

Was war geschehen? Weil das Öl ein bisschen teurer geworden war? Kein Nachkredit mehr, um den Nachkredit des Nachkredites zu decken. Gerade eben, in den sechziger Jahren, war doch noch alles möglich gewesen, und jetzt ging auf einmal nichts mehr? »Wer hat die Notbremse gezogen? Die Banker! Die Akademiker natürlich, diese feigen Hunde, die sich jetzt auf ihrem krisensicheren Salär auf die faule Haut legen!« Bislang war das Geld auf Abruf für ihn dagewesen, »ihr guter Name genügt, Herr Keller«, jetzt bereitete sein Buchhalter tagelang Papierkram vor und bekam doch keinen Rappen. Der Inhaber musste persönlich »in miefigen Vorzimmern mit deren Schalterhallenkunst warten, damit die ihr bisschen Macht genießen können«, und um zu erfahren, dass sein guter Name nur noch ein abschreckender war. Dann war da nicht einmal mehr der Name, da »die« seine Forderungen nicht einmal mehr ablehnten. Der Hahn war zu, daran konnte kein Finanzklempner drehen, und schon gar kein Klempnersohn, der mein Vater ja war.

War er auch rechtzeitig gewarnt worden? Ja: von seinem Buchhalter, den er daraufhin auswechselte, um ein halbes Dutzend Jahre später mit dessen Nachfolger wegen betrügerischen Konkurses vor Gericht zu stehen, von seiner Frau, von besorgten Angestellten. Doch auf die Mahner hört nur ein Weichei. Dem Feind muss man entgegentreten, das Duell will gefochten sein. Dritte Flasche, vierte Flasche, fünfte Flasche. Die Straßen von Hadleyville: leergefegt. Da war nicht einmal einer, mit dem Will Kane sich duellieren, den John T. aus dem Hinterhalt erschießen konnte. *Es ist der Verrat, der die Stadt leer gefegt hat. Do not forsake me, oh my darling.* Der Zug fuhr los, der Konkurs war eröffnet.

»Darf es noch etwas mehr sein, Ihro Majestät?« schrie Vater, der sich im Haus an der Alpsteinstraße noch fest im Sattel wähnte, einem Sattel, von dem er noch immer glaubte, er würde ihm gehören. Selbst die Flusslandschaft hinter ihm würde bald abgehängt und von »jenen, die sich Konkursbeamte nennen, um ihren Raub vor dem Gesetz zu vertuschen«, aus dem Haus geschleppt werden.

»So kamen sie angekrochen, die Herren Banker, ihr hättet sie sehen sollen. Dürfen wir es Ihnen auch hinten hineinstopfen? Aber nicht doch, nein, wir denken keineswegs, dass der Neubau Ihrer Fabrik zu groß werden könnte – es kann gar nicht groß genug werden, und gibt es einen Grund, weshalb Sie kein Büro haben sollten, in dem sich ein Bundesrat verlaufen würde? Wir glauben an Ihre Visionen, und wissen Sie, weshalb? Weil wir an Sie glauben! Darf es noch eine Million sein, Ihro Majestät? Wir alle, die Direktion der Bank und der Verwaltungsrat der Bank und der gesamte Scheißkader unserer verfluchten Scheißbank, denken nämlich, dass Ihr Fabrikpalast unbedingt auch noch einen Turm aus solidem Gold braucht, der höher ist als beide Domtürme aufeinander gestellt und mindestens so hoch wie der Eiffelturm, aber natürlich nicht so rostig, von dem Sie, Ihro Majestät, auf ganz Sankt Gallen, die ganze Schweiz und am besten gleich auf die ganze Welt brunzen können wie Gargantua vom Dach von Notre-Dame auf Paris gebrunzt hat! Das, genau das, und nichts anderes haben diese vermaledeiten –«

Doch halt, Kasperli-Ehrenwort: Ich habe versprochen, ehrlich zu sein. Sagte Vater das wirklich? Die ehrliche Antwort lautet: Ja. Aber sagte er es so? Nun, geflucht hat er, mein Vater, das kann man mir glauben, und dafür gibt es noch immer genug, die es bezeugen können, auch wenn sie wieder die Straßenseite wechseln mögen, bevor ich sie danach fragen kann. Aber hatte er Gargantua, ausgerechnet den brunzenden Riesensohn Gargantua, in seine Rede eingebaut? Sollte er ausgerechnet Rabelais' Buch gelesen haben, von dem ich doch behauptet habe, er habe es nicht einmal aus dem Wachsschutzpapier genommen?

»Danach besah er sich die großen Glocken, die in den erwähnten Türmen hingen, und ließ sie gar wohllautend klingen. Während er das tat, kam ihm in den Sinn, sie könnten eigentlich als Schellen am Hals seiner Stute Verwendung finden, denn die wollte er vollbeladen mit Brie-Käse und frischen Heringen seinem Vater wieder heimschicken. Also nahm er sie mit sich nach Hause.«

Es spielt keine Rolle. Was ist »sich erinnern« anderes als der undankbare Vorgang, die eigene Vergangenheit neu zu erfinden; undankbar, weil man etwas neu erfinden muss, das es schon einmal gegeben hat?

Als habe er mich bei meinem Gedanken ertappt, schaute er mich prüfend an, um dann zu triumphieren: »So und nicht anders haben die mit mir geredet! Und jetzt?«

Ich zuckte mit den Achseln. Wenn Vater – *mein* Vater, *der* Vater, *dieser* Vater, der *Exkönig*, der – bald wirklich schießende? – *John T.* (kann ich ihn mir wirklich vom Leib halten, wenn ich ihn so nenne?) –, wenn *der, der da saß*, nicht wusste, was jetzt war, wie sollte ich es wissen?

Ich könnte mich mit einem Handgriff außer Gefecht setzen. Betätige ich den Höhenregler meines Bürostuhls, sinke ich in die

Tiefe. Vom Nicht-mehr-aufstehen-Können von diesem Stuhl tren-
nen mich ein bis zwei Zentimeter, je nachdem wie fit ich mich fühle.
Seit einer Weile liegt ein Kissen auf der Sitzfläche. Ich rede mir ein,
es sei bequemer so. Das ist es auch, doch in erster Linie dient das Kis-
sen dazu, die Sitzfläche zu erhöhen. Ich kann so besser aufstehen.
Ich kann so überhaupt noch aufstehen. An weniger muskulären Ta-
gen geht es ohne das Kissen nicht. Ich berühre den Höhenregler.
Drücke ich ihn, sacke ich um zwölf, fünfzehn Zentimeter in die
Tiefe. Will ich das? Dort unten muss ich das Aufstehen nicht mehr
versuchen, denn ich weiß, dass ich es nicht kann, und diese Gewiss-
heit stelle ich mir als Erleichterung vor. Mein Bungeejump in die
Tiefe. Was für ein Adrenalinstoß! Mein kleines Abenteuer, dort un-
ten stecken zu bleiben. Meine Survivalepisode in der Sicherheit mei-
nes Bürostuhls. Wie groß ist das Risiko jener, die, umgeben von
Fernsehkameras, das Überleben in einer gut erschlossenen Wildnis
erproben? Die halbe Welt ernährt sich von Käfern, was ist schon da-
bei. Vielleicht fühlen die sich wie ich mich jetzt. Auch mein Einsatz
ist klein. Ich habe mein Telefon. Doch für eine Weile, stelle ich mir
vor, wäre ich wie geheilt. Ich lasse den Höhenregler los. Der Gedanke
genügt mir. Erfrischt schreibe ich weiter.

»Und jetzt? Was ist jetzt?«

John T., der stets das größte Steak erhielt, säbelte ein Stück davon ab, nahm es so in den Mund, dass noch ein Zipfel heraus-
schaute, und pfiff den Hund herbei, während er weiter tobte.
»Jetzt reden sie schon gar nicht mehr mit mir. Jetzt ist ihr Gold
plötzlich verschimmelt...« Rott trottete herbei, setzte sich auf die
Hinterpfoten und bellte ungeduldig. Meine Mutter, die mit dem
Kaffee zurückkam, hatte ihr Bitte-nicht-vom-Tisch längst aufgegeben. Der Vater beugte sich vor und schnippte mit den Fingern,
worauf Rott das Stück Fleisch aus seinem Mund schnappte.

»Habt ihr gesehen, wie sanft er das macht?« Er wischte sich mit
dem Ärmel den Hundespeichel von den Lippen. »Mein Hund!
Gleich gehen wir spazieren, Rott, lass mich fertig essen. Braver

Hund, guter Hund. Alle verraten mich. Keinem außer dir kann ich trauen. Vielleicht kommt ja der Kleine mit. Der hält ja auch noch ein bisschen zu mir. Was meinst du, Rott?«

Das nächste Stück Fleisch, das Rott nicht aus den Augen ließ, schnitt er für sich ab. Der Speicheltropfen, der an Rotts Lefzen hing, zog sich in die Länge, bis er abriss und zu Boden fiel. Vater spülte mit Wein nach. Mein Teller war jetzt leer, doch ich getraute mich nicht, aufzustehen. Natürlich wollte ich mit, natürlich wollte ich es nicht. Ich habe diese abendlichen Spaziergänge geliebt, nach dem Essen, vor dem Abendfilm, auch wenn sie für mich immer kürzer wurden. Ich liebte meinen Hund. Ich hatte einst meinen Vater geliebt. Ich bildete mir ein, er habe einst mich geliebt. Natürlich würde ich mitgehen. Vielleicht würde der König doch noch zur Vernunft kommen. Dass es unser letzter Spaziergang werden würde, konnte ich nicht ahnen.

»Und was tun die Herren Anwälte, die mich überhaupt erst in diese Lage gebracht haben? Schicken mir Mahnungen, und wenn ich anrufe, heißt es, der Herr Doktor Anwalt sei außer Haus oder in einer Besprechung, dabei steht er neben der Sekretärin und kneift ihr in den Arsch. Los, Rott!« Er rülpste. Stand auf. Die Serviette klemmte zwischen Bauch und Tischkante und fiel dann zu Boden. »Nicht mit mir! Werdet schon sehen! Jetzt werde ich böse! Werdet schon sehen, wenn ich wieder im Sattel sitze, kaufe ich die Kerle, einen nach dem anderen. Besser noch, ich erschieße sie alle, diese, diese...«

»Heute abend gibt es *Rio Bravo* im Fernsehen«, sagte Mix und schaute von seiner Zeitung auf, die er während des Abendessens gelesen hatte.

»Schon wieder«, sagte ich.

»Vielleicht solltest du heute nicht mit dem Hund gehen«, sagte meine Mutter und fügte etwas leiser hinzu, »in deinem Zustand.«

»Wer geht wohin?« wollte Mix, der in die Fernsehzeitung vertieft war, wissen. War mein mittlerer Bruder in etwas vertieft, so muss man sich das wörtlich vorstellen – als wolle sein Oberkörper die Zeitung oder das Buch, das er las, absorbieren, sank er tiefer und tiefer in seine Lektüre. Manchmal brüllte Vater seinen Zweitgeborenen an, um seine Aufmerksamkeit zu erregen, worauf ihn dieser ehrlich erstaunt anschaute. Das hieß, Mix war auf hoher See. Diesen Ausdruck verdankte er einem Aufsatz, den er vor einigen Jahren, als er noch in die Primarschule ging, geschrieben hatte. Wann immer er sich in der Schule in seine Gedanken versenkte oder unter der Bank tatsächlich Forester las, sagte sein Lehrer: »Unser Träumer ist wieder als Kapitän Hornblower auf hoher See.« Was nicht lediglich eine Rüge dafür war, dass Michael nicht aufpasste, sondern ein nach Schweizer Art in den Subtext versenktes Lob für einen brillanten Aufsatz – über Hornblower auf hoher See. Wo er sich, und vielleicht war das ja der Grund für seine mentale Abwesenheit, vor Vater in relativer Sicherheit befand.

»Ich kann ja gehen«, sagte meine Mutter. »Nach dem Abwasch.«

»Ich gehe. Jetzt!« sagte mein Vater. »*Das* ist jetzt. Kommst du, Kleiner? Rott!«

Meine Mutter schaute mich an, auffordernd und resigniert zugleich.

»Weshalb sagt mir eigentlich nie jemand etwas«, murmelte Mix und las weiter.

Gehe ich ins Bad, lege ich den Hörer neben das Telefon. Ich will keinen Anruf verpassen. Aber das ist nicht der wahre Grund. Ich fürchte, ein Anruf könnte mich im falschen Augenblick treffen. Treffen ist der richtige Ausdruck. Meine Kniekehlen sind die Stellen, die der Klingelton »treffen« würde. Dort, wo die Muskelnervenverknüpfungen sitzen. Geschehen ist das noch nie, doch an einem schwachen Muskeltag könnte der Klingelton, ein Klangblitz, meine Kniekehlenmuskeln treffen, sie erstarren, sie versteifen sich, ich knicke ein, sacke zu Boden, bleibe liegen.

Selbst unseren gutmütigen Rottweiler wollte mein Vater auf die Leute hetzen, und nicht einmal das tat er. Weil ihm der Hund nicht aggressiv genug war, ließ er ihm von einem Polizisten Privatunterricht in Sachen Leutezerfleischen geben; mir erteilte er bei dieser Gelegenheit die Lektion, dass die Polizei auch Dienste dieser Art anbot, wenn auch anscheinend nur in der Freizeit ihrer Beamten. *In den Himmel ragende Felsen, Sand, so weit das Auge reicht, das Sattelleder kracht. John T. Chance reitet wieder. Peng-Peng!* Zeit für den Spaziergang.

Die Alpsteinstraße entlang, über die Kreuzung zur Wiese mit der Hundeverbottafel und wieder zurück. Auf halber Strecke kamen wir an einem Labrador vorbei, der jeden anbellte und so lange im Garten hinter dem Lattenzaun hin und her rannte, bis der Spaziergänger sein Territorium abgeschritten hatte. Es war, wenn ich mich recht erinnere, das Haus und der Hund eines Arztes oder Anwaltes, in jedem Fall der Hund einer in der Ostschweiz bedrohten Spezies. Er blieb stehen, um die Quelle seines abendlichen Ärgers zum Versiegen zu bringen. Ruhig, doch laut genug, um das Gekläff zu übertönen, erläuterte er dem Akademikerköter, was seine polizeilich scharfgemachte Kampfsau auf sein Kommando, das Kommando immerhin eines Hauptmanns der siegreichen Schweizer Armee, alles mit ihm und den Diplomen seines Herrchens anstellen würde.

»Fass!« rief der Kommandant, doch Rott, ein bereits in die mittleren Jahre gekommener, auf seine Ruhe bedachter Hund, von stattlicher Leibesfülle wie sein Herrchen und ein ebenso sturer Bock, bellte den Nachbarhund zwar an, doch ans Fassen dachte er nicht einmal. Wie auch? Der Lattenzaun trennte den einen Hund von dem anderen. Dazu war er da. Und welcher Hund war schon so verrückt, seine Schnauze einem Labrador durch einen Zaun ins Maul zu schieben?

Einmal hat mein tapferer Hund allein die Schweizer Armee besiegt, die in unserem Garten den Ernstfall probte. Abzuwehren galt es die Russen, die damals noch stark im Kommen waren. Und abgewehrt wurde »der Russ«, der in der Einzahl noch bedrohlicher klang, von einem halben Dutzend Enddreißigern und Mittvierzigern, mittleren Kaderangestellten mit mittleren Bierbäuchen, die sich zum Zweck der Landesverteidigung verkleidet, bemalt und unter unsere Rhododendronbüsche verkrochen hatten. Zwar war die Schweiz schon lange nicht mehr angegriffen worden, doch die Bedrohung während des Zweiten Weltkrieges hatte zur so genannten Réduit-Strategie geführt, eine Schweizer Form der Konfliktlösung, auf die auch mein Vater zurückgreifen sollte. Sie bestand darin, kampflos das Flachland mitsamt Frauen und Kindern, den Alten und den Krüppeln dem Feind zu überlassen, damit sich die Armee unversehrt in die Bunker im ausgehöhlten Alpenmassiv zurückziehen konnte, um sich selbst zu verteidigen. Als Rott auf die Soldaten lospreschte, trat die angegriffene Armee vorschriftsmäßig den ungeordneten Rückzug aus unserem Garten an. Wer es nicht auf die Straße schaffte, saß schon in den Bäumen. Für einen Teil der Truppe aber war der Rückzug abgeschnitten, sodass sich der Feldwebel gezwungen sah, mit dem Feind zu verhandeln. Er klingelte an unserer Haustür. Meine Mutter hatte den Soldaten am Vorabend noch Kraftbrühe für die Nacht gewärmt, doch von einem Manöver in ihrem Réduit hatte sie nichts gewusst. Natürlich hatte sie den Hund bellen hören, doch Rott jage, sagte sie dem Feldwebel, meist nur dem Chihuahua mit dem rosa Schleifchen von gegenüber nach, der im Übrigen deswegen noch nie die Flucht ergriffen habe. Sie pfiff Rott von der Rhododendronfront zurück und entschuldigte sich bei den Soldaten, die darauf bestanden, erst von den Bäumen herunterzusteigen, als der Angreifer im Haus in Gewahrsam genommen worden war. Dort wurde Rott für seinen Einsatz vom Kommandanten der Truppe mit Hundekeksen und besonders fetter Mortadella belohnt. Tote oder Verletzte gab es keine zu beklagen.

»Lass doch«, sagte ich zu Vater, der noch immer am Gartentor rüttelte. Es waren nur etwa zweihundert Schritte nach Hause. Ich wollte mir den Abendfilm ansehen – *Taxi Driver* zum ersten, nicht *Rio Bravo* zum fünften Mal –, vor allem aber wollte ich nicht länger mit meinem Vater auf der Straße gesehen werden. Der Labrador sprang zähnefletschend am Zaun hoch.

»Vater, lass!« rief ich wieder, was in Vaters Ohr möglicherweise wie »Vater, fass!« klang, denn jetzt zwängte er seine Hand durch den Lattenzaun. Rott, nur durch das Holz vom Labrador entfernt, fletschte die Zähne. Ich zerrte an Vaters Ärmel, doch seine Hand steckte jetzt zwischen den Latten. Ließ sich das Tor so öffnen? Er fand es nie heraus. Als er seine Hand dem Fang des Nachbarhundes wieder entrungen hatte, war sie ein pulsierendes Stück roten Fleisches.

Verdutzt und doch stolz die Hand als Kriegstrophäe vor sich her tragend, wankte er nach Hause. Auf dem Gehsteig hinter ihm eine Spur aus Blut und Flüchen. Ich rannte voraus, um die Mutter zu alarmieren. Rott trottete brav neben ihm her, wartete dann aber mit mir bei der Kreuzung, wie es ihm beigebracht worden war, während sein Meister seine Unverwundbarkeit auch jetzt nicht in Frage stellte und in die dunkle Straße schritt.

Meine Mutter fuhr ihn ins Spital. Wie sie gehofft hatte, war der behandelnde Arzt Dr. Farmer, der Puck nach seinem Skiunfall behandelt und mein Knie nach einem Fahrradunfall genäht hatte. Dass Föns so stockbesoffen sei, habe auch sein Gutes, da er jetzt die Schmerzen kaum spüre, meinte er. Doch solle sich meine Mutter keine Sorgen machen, morgen früh würden sie sich mit seinem Kater in Erinnerung rufen. Der Patient hatte sich auf das Bett gelegt und war eingeschlafen.

»Nicht so schlimm...«, sagte er, nachdem er sich Vaters Hand angeschaut hatte.

Die Notfallschwester wusch die Wunde aus. Farmer wies auf den Besucherstuhl hin, auf den sich meine Mutter setzte. Ich stellte mich hinter sie, die Hundeleine noch in der Hand. Durch die Scheibe sah ich die wartenden Patienten.

»Und wie schlimm ist es wirklich? Ich meine, bei euch zu Hause. Man hört ja so einiges.«

Meine Mutter seufzte. Sie hatte Vaters Spuren, wo sie sich vertuschen ließen, vertuscht, hatte zu lange geschwiegen, wo sie hätte reden müssen. Er war ein heimlicher Trinker, und wer ihn über den Durst hatte trinken sehen, sah das nur als Beweis, dass er der lustige Kerl war, der er ja auch sein konnte, und ein echter Kerl war nun einmal auch ein hin und wieder besoffener Kerl.

»Er fährt in diesem Zustand Auto«, klagte meine Mutter zum ersten Mal einem Außenstehenden gegenüber. »Er sagt, wer nicht mehr gehen kann, soll fahren, und findet das witzig. Einmal hat ihn die Polizei heimgebracht, und ich habe ihn geschützt. Das war zehn Jahre vor dem Konkurs und bevor der Präsident des Chaine-des-Rôtisseurs-Club ihm nahe gelegt hatte, dass es nun an der Zeit sei, aus dem Club auszutreten. Aber weil er eben immer noch eine Respektsperson war, drückten die Polizisten ein Auge zu. Ich sagte, dies sei wirklich eine Ausnahme. Ich log die Polizei an, log, um das aufrechtzuerhalten, was mich seit Jahren zerstört. Dabei hätte ich mich am liebsten einem der Polizisten um den Hals geworfen, ihn angefleht: Nehmt ihn mit, schafft mir bitte den versoffenen Kerl vom Hals! Nehmt ihm den Führerschein weg, damit nichts geschieht und er endlich zur Vernunft kommt und nüchtern wird. Nehmt ihm wenigstens die Waffe weg, die im Handschuhfach liegt. Wenn ihr das auch nicht tut, dann nehmt mich mit, bitte...«

»Ich gebe dir am besten auch etwas«, sagte der Arzt.

»Was, wenn er jemanden anfährt? Was, wenn er jemanden tötet? *Ich* würde mir Vorwürfe machen. Mich würde er anbrüllen, weshalb ich ihm die Schlüssel nicht weggenommen hätte. Als ich es einmal getan habe, hat er mich so lange angeschrien, bis ich sie ihm wieder gegeben habe. Seit dem Konkurs ist es noch schlimmer geworden. Er hält sich an nichts mehr. Trinkt und trinkt und setzt sich ins Auto. Er vernachlässigt sich. Was heißt vernachlässigt sich – Stefan, du solltest seine Wäsche sehen! Ich, entschuldige ... Das ganze Haus riecht nach ihm, es riecht nach Alkohol. Er bestreitet es, das Trinken, alles. Sobald er aufwacht, wird er dir sagen, das sei ein Ausrutscher gewesen, und übermorgen, er habe überhaupt nicht getrunken, und in drei Tagen wird er wieder beim Nachbar vor dem Zaun stehen und ihm drohen, wenn er noch einmal seinen Labrador auf ihn hetze, werde er ihn ab-knallen, und er wird eine Waffe dabei haben, er hat immer eine dabei … Die Kinder, Stefan, meine Söhne, der Jüngste ist mir um den Hals gefallen, er hält es nicht mehr aus … meine Söhne … Selbst ihre Krankheit … kräftig wie er sei, sei es ja wohl klar, aus welchem Stall diese defekten Gene kämen.«

»Das ist nun wirklich Unsinn«, sagte der Arzt.

»Ich weiß nicht mehr, was ich tun soll. Er hat das Geschäft mit Alkohol ruiniert, er ruiniert seinen Körper. Jetzt ist seine Familie an der Reihe. Ich halte es nicht mehr aus, Stefan. Oft, wenn er sich am Abend noch ins Auto setzt, um ins Atelier zu fahren, nehme ich den Hörer in die Hand, wähle die Nummer der Polizei und … und lege auf.«

Dr. Farmer behielt Vater für einige Tage »zur Beobachtung« in der Klinik, obwohl die Wunde hätte ambulant behandelt werden können und obwohl »zur Ausnüchterung« die angemessenere Bezeichnung gewesen wäre. Er verschrieb ihm eine Kur; hier sorgten die »zerrütteten Nerven« dafür, dass die Versicherung für die Kosten aufkam. Sonst wäre Vater nicht gegangen, er trank ja nicht. Doch »zerrüttete Nerven«, die »der Erholung bedurften«, das war etwas, das ihm zugefügt wurde, woran also wiederum nicht er, sondern alle anderen schuld waren. Ja, es konnte nicht einmal als feige eingestuft werden, sich ausgerechnet jetzt zurückzuziehen und den Konkurs, das finanzielle, nicht zu reden vom psychologischen, Überleben und jetzt auch noch den drit-ten erkrankten Sohn der Ehefrau zu überlassen. Selbst ein Held wie Will Kane und sogar ein altes Schlachtross wie John T. Chance brauchte hin und wieder eine Erholungsphase, damit er bald wieder in alter Kraft und Größe die Familie beschützen konnte.

Vom Bett aufstehen kann ich nur, weil ich ein Athlet bin. Ich spanne die Muskeln an, sechs Sekunden lang, immer wieder, was mir mit geschlossenen Augen besser zu gelingen scheint. Ich spüre die Mus-

kelenergie durch meinen aufwachenden Körper fließen. Um die Gedanken aber von dem Stuhl, an dem ich mich hochhangeln werde, abzulenken, lese ich zurzeit Dante. Das ist meine Zeit für Poesie. Wenn Dante durch einen Kreis der Hölle kommt, werde ich es doch aus dem Bett schaffen. Ich werfe die Bettdecke zurück. Liegt die Decke zu schwer auf meinem Bein, schiebe ich sie mit der Hand zur Seite. Ich ziehe das rechte Bein über die Bettkante, dann das linke. Mit genügend Schwung zieht das linke Bein meinen Oberkörper mit hoch, wenn nicht, helfe ich mit dem Arm nach. Ich sitze da, lauernd, der Stuhl mir gegenüber. Meine Handflächen werden feucht. Ich stelle fest, dass die Fußverstrebungen staubig sind. Ich werfe die Kleider vom Stuhl, weil ich so Zeit gewinne. Auch der Teppich muss glatt gestrichen werden. Die Bücher stehen nicht Rücken an Rücken. Jetzt. Das Telefon. Falls es klingelt, während ich aufstehe. Jetzt.

Noch nicht. Ich setze die Brille auf, das ist wichtig. Ist der Stock dort, wo er sein muss? Ich strecke beide Arme aus, spüre ihre Schwere, halte es zehn, zwanzig Sekunden aus, die Schwere tut gut, erinnert mich daran, dass ich Muskeln habe, auch wenn sie nicht sehr kräftig sein mögen. Diesen Moment nutze ich aus. Die Finger fassen die Bettkante, die Muskeln spannen sich an, hoch der Po, die Knie

schnappen ein, die Hände berühren den Boden, ich bin das mensch-
liche Klappmesser, linke Hand greift linke Armlehne, Kopf auf Arm-
lehne, rechte Hand stemmt Oberkörper von der Sitzfläche hoch –,
ich stehe, na also, geht doch, ging doch auch heute wieder! Der Stock
ist, wo er sein muss: in meiner Hand. Ich verlasse mich auf ihn,
während ich die Füße zusammenrücke, dann gehen wir, mein Stock
und ich, was kann uns jetzt noch geschehen, in Richtung Küche, wo
ich den Kaffee, den ich noch gar nicht gemacht habe, schon riechen
kann.

Im Badezimmerspiegel sehe ich die drei roten Druckstellen am
Kinn, die kommen von der Stuhllehne, auf der ich mich mit dem
Kinn abgestützt habe.

Und unterwegs zum Kaffee sehe ich mich, eitel wie ich bin, auf der
Bühne, sehe, wie eine Schauspielerin aufsteht, wie ich es tue, nach
der Stanislavski-Methode. Ja, eine Frau soll es sein, mit der erfor-
derlichen Grazie, eine Schauspielerin, Vorhang! Da sehe ich die
Schauspielerin, wie sie mich spielt, sehe, was für ein fragiler, grazi-
ler, würdevoller Vorgang das ist, wie anmutig sie ist, was für ein
prächtiger Stuhl, geradezu ein Thron, im Fundus entdeckt wurde.
Sie lässt ihren Körper aufstehen, und es sieht aus, als fliege ihr Geist
davon.

   Sie hat es verstanden, die Schauspielerin, die, um mich spielen zu
können, auch Tänzerin sein muss, die beste, die es gibt, sie versteht
mich, sie steht jetzt, steht für mich, dreht sich für mich, und ich ver-
neige mich leicht im Korridorspiegel, und die Ballerina – tanzt.

Mein Schritt war schwerer geworden, als ich 1979 von der katholischen in die kantonale Schule übertrat. Als habe jemand damit begonnen, meinen Körper mit Gewichten zu behängen, als vertreibe sich einer die Zeit damit, meine Zellen so lange mit einer Flüssigkeit anzufüllen, bis ich nicht mehr würde gehen können. Erst als meine Kraft zum Tennisspielen nicht mehr ausreichte, vermochte ich mir vorzustellen, einmal nicht mehr Tennis spielen zu können; doch nun vermochte ich mir nicht mehr in Erinnerung zu rufen, wie es einmal, vor nur wenigen Monaten, gewesen sein mochte, Tennis gespielt zu haben.

Wie hatte ich das nur gemacht, begann ich mich zu fragen, als zweifelte ich an mir selbst. Ich versetzte mich in Gedanken auf den Tennisplatz zurück, sah den rötlichen, körnigen Boden, sah meine Tennispartnerin auf der anderen Seite des Platzes, sah, wie sie den Ball aufschlug. Ich sah, wie der Ball in der Luft an Geschwindigkeit zunahm, wie er über das Netz auf mich zuflog, sah mich, dem Ball entgegenlaufen, den Schläger heben, doch als ich zum Schlag ausholte, setzte die Erinnerung aus. Denn obwohl ich diese Bewegungen in den vergangenen Jahren so oft gemacht hatte, dass sie mein Körper, mein Muskel- und Nervensystem, verinnerlicht haben musste, sah ich nicht, was danach kam. Weil ich mich nicht daran zu erinnern vermochte, dass ich diese Bewegung vor kurzem noch zu leisten im Stande gewesen war?

Natürlich wusste ich, was danach kam. Ohne Zweifel hatte ich den Schläger dem Ball entgegengeworfen und den Schlag gekonnt gekontert – oder, was in letzter Zeit häufiger der Fall gewesen war, den Ball verschlagen. Doch das war nicht die Erinnerung daran, wie ich Tennis gespielt hatte, sondern mein Wissen, wie man Tennis spielte, das ich notfalls bei jedem beliebigen Tennisspiel am Fernsehen hätte auffrischen können.

Was hatte mein Gedächtnis mit meiner Muskelkraft zu tun? War es Vorstellungskraft, welche die Muskeln letztlich dazu brachte, sich zu bewegen; löschte also SMA diese Erinnerung aus? Musste ich mir nur intensiv genug vorstellen, mich an jede meiner Bewegungen möglichst genau zu erinnern, um wieder Tennis spielen zu können? Gab es Gedächtnisstränge, die Muskelsträngen entsprachen? Waren Muskeln erinnerte Bewegungen, der Ursprung von Muskeln Erinnerungen? Gab es so etwas wie ein Muskelgedächtnis?

Bevor ich den Schläger im Schrank unter der Tasche mit meinen Pfadfindersachen, meinen Primarschulheften und den Steinheften, in die ich meine ersten Geschichten geschrieben und gemalt hatte, vergrub, versuchte ich in meinem Zimmer die Bewegungen nachzuahmen, die ich vor kurzem noch so gut beherrscht hatte. Ich holte aus, um einen fiktiven Ball zu schlagen, doch etwas ließ mich kurz vor dem fiktiven Aufprall des Balles auf meinen allzu realen Schläger innehalten. Es war dasselbe Zögern – ein Mangel an Muskelmut? –, das ich auch in meiner Vorstellung gespürt hatte. Es gelang mir nicht, mit meinem Vorstellungsvermögen gegen meinen Verlust an Kraft anzukommen, und daraufhin – seither – setzte auch die Erinnerung an diese Bewegungen aus.

So wenig, wie ich mir nicht mehr vorstellen konnte, was einmal gewesen war, konnte ich mir vorstellen, was einmal sein würde. Ich sah, dass Mix mittlerweile zehn Minuten für die zwanzig Stufen, die in den oberen Stock führten, benötigte und während der Pausen, die er auf den beiden Treppenabsätzen machen musste, in einem Buch las, das er deshalb bei sich trug.

Mir war nicht entgangen, dass Puck, der um diese Zeit mit seiner Freundin zusammenwohnte – es war nicht leicht gewesen, ein Gebäude zu finden, dessen Fahrstuhl ebenerdig von der Tiefgarage zu erreichen war –, die Eingangsstufen nur noch mit Mühe schaffte und den oberen Stock vermied. Ich griff selbst immer häufiger nach dem Geländer, um mit noch unverminderter Geschwindigkeit die Treppe hochsteigen zu können. Auch über mich hatte Louis Feller unmissverständlich deutlich sein Urteil ausgesprochen. Und doch vermochte ich mir nicht vorzustellen, dass ich eines Tages Treppen so langsam und umständlich wie meine Brüder hochgehen würde, geschweige denn, dass ich eines Tages überhaupt nicht mehr in der Lage sein würde, auf meinen eigenen Beinen in mein Zimmer im oberen Stock gehen zu können.

Schon seit einigen Monaten hatte ich Mühe, aus dem niedrigen Loungechair im Wohnzimmer aufzustehen. Ich hatte bereits vor meiner Diagnose angefangen, diesen Stuhl zu meiden; da ich nun einen Fernseher in meinem Schlafzimmer hatte und ich meinen Vater noch mehr als den Stuhl meiden wollte, zog ich mich dorthin zurück. Und doch wollte ich das, was ich an meinen Brüdern beobachtete – wie sie von den Stühlen aufstanden, von denen sie überhaupt noch hochkamen –, nicht für mich, nicht für meine Zukunft in fünf, nicht in sieben Jahren gelten lassen.

Puck drehte den Stuhl, auf dem er saß, vom Tisch weg und rückte einen zweiten Stuhl vor sich hin. Er stemmte sich mit seinem rechten Arm von dem Stuhl, auf dem er saß, hoch, sodass sein Oberkörper nach vorne kippte. Weil er so die Beine durchstrecken konnte – etwas, das seine Muskeln nicht mehr leisteten –, löste sich sein Gesäß von der Sitzfläche und ragte buchstäblich in die Höhe. Sein Bauch legte sich flach auf seine Oberschenkel, sein Kinn berührte den Boden. Mit seinem linken Arm stützte er seinen Oberkörper auf dem Knie ab, sodass er den rechten Arm, der sein Gewicht abstützte, freimachen konnte, um sich vom zweiten Stuhl hochzustemmen. War sein Oberkörper einmal aufgerichtet, konnte er seinen linken Arm von seinem Knie nehmen, um sich an der Lehne des zweiten Stuhles abzusichern, bis er fest auf seinen beiden Füßen stand.

Für Mix erwies sich der zweite Stuhl beim Aufstehen als nicht hilfreich. Ihm fehlte die Kraft in den Armen, um sich auf diese Weise hochzustemmen. Er musste den Tisch benutzen, den unsere Mutter zu diesem Zweck freiräumte. Er beugte sich auf seinem Stuhl so weit nach vorne, bis sich sein Gewicht vom Stuhl auf den Tisch zu verlagern begann. Um nicht von seinem Stuhl zu rutschen, griff er nach der ihm gegenüberliegenden Tischkante und begann sich so langsam auf die Tischplatte zu ziehen. So lag er kurz mit dem Oberkörper auf dem Tisch, um sich auszuruhen, bevor er damit begann, sich Zentimeter für Zentimeter »auf die Beine zu robben«, wie er es nannte. Seine Methode, aufzustehen, dauerte länger als die »Klappmessermethode« Pucks, wie ich sie nannte und die auch ich mir aneignen sollte.

Natürlich spürte ich, dass das, was ich sah, in ungewisser und doch vorbestimmter Weise auch für mich gelten würde, und ebenso natürlich wollte ich dies nicht wahrhaben. Wie leben mit dieser Aussicht? Wie weitergehen, wenn es mit dem Gehen eines Tages ohnehin vorbei sein wird? Wie Abstand nehmen, wenn der Abstand, nicht an Jahren, so doch an Muskelkraft ohnehin stets geringer werden würde? Und war ich nun wirklich wie *die*, meine Brüder, nicht mehr nur wie *ich*? Wie war ich denn gewesen, wie *anders* als *die* und wie *gleich* war ich jetzt plötzlich wie *die*? Es war nicht mehr nur *deren* Erkrankung, jene meiner Brüder, es war jetzt *unsere* Erkrankung, und *die* und *ich* waren auf einmal *wir*, die SMA-Brüder.

Als habe der Countdown meiner Muskelschwäche erst zu diesem Zeitpunkt begonnen, als Dr. Feller auch mir mein SMA-Zertifikat in die schon leicht zitternde Hand drückte – aber auch etwas aufgeregt, als sei es das verschmutzte isländische Pergament, das eine Reise voller wundersamer Abenteuer wie jene zum Mittelpunkt der Erde versprach –, vereinte uns unsere Erkrankung auf eine Art und Weise, die keinem lieb sein kann, schon gar nicht Brüdern.

Die SMA-Brüder vor der Kellertreppe, ca. 1968.

Trotz der fünf und sieben Jahre Altersunterschied – ich war vierzehn, Mix und Puck, neunzehn und einundzwanzig, konnten mit ihrem Nachzügler wenig anfangen – rückten sie mir auf den Leib. Eben weil sie meine Zukunft deutlicher verkörperten, als mir lieb sein konnte und als es auch unter Brüdern üblich ist, habe ich sie während dieser Zeit, der Zeit des größeren körperlichen Unterschiedes, unbewusst von mir fern halten müssen, so wie sie sich vielleicht ebenso unbewusst von mir fern hielten, der ich in ihren Augen das verlorene Muskelparadies verkörpert haben mochte. Vielleicht war es gut, dass meine Brüder während dieser Zeit nur selten zu Hause waren. Mix war dabei, in der Innerschweiz (in einem fahrstuhllosen Institut) das Handelsdiplom zu machen, Puck studierte in Bern (an der nur teilweise für alle zugänglichen Universität) Recht. Vielleicht hielt ich es deshalb aus: Weil ich nach meiner Diagnose als Einzelkind aufwuchs. Und vielleicht konnte ich mir diese schrittweise Verschlechterung deshalb nicht vorstellen, weil sie mir so deutlich vor Augen gehalten wurde.

Wohin ging meine Reise nun? Zum ersten Mal hörte ich das Wort »Muskelfasern«. Teppichfasern – ja, doch Muskelfasern? Musste ich mir meine Muskeln als Teppich vorstellen? Der ausfranste? Auf diese Weise an Kraft verlor? Weshalb tat nichts weh? Verlust tut doch weh, muss doch wehtun? Die Muskeln – oder deren Fasern? – surrten. Es fühlte sich ein bisschen wie Muskelkater an, doch war da nichts Greifbares, nichts mit Worten Fassbares, nichts, das ich wirklich verstehen konnte. Fassbar – messbar – und auch das nur ungenau, war (und ist) nur das Langsamerwerden. Und manchmal, und das schien und scheint mir noch schwerer zu verstehen, war da nur der Eindruck, langsamer zu werden, der das Langsamerwerden ankündigte oder es vorbereitete: War da also doch ein Gefühl, das Gefühl der Langsamkeit?

Etwas, das seit meiner Geburt in mir gewesen war, hatte begonnen, meinen Körper zu verändern; erst jetzt, da ich wusste, dass auch ich SMA hatte, schien die Erkrankung wirklich auszubrechen. Natürlich hatte da etwas angefangen: Mein Körper war dabei, vom Jungenkörper in einen Erwachsenenkörper hineinzuwachsen. Mein Körper aber verwandelte sich zweifach, und er verwandelte sich in entgegengesetzte Richtungen. So wie meine Mitschülerinnen und Mitschüler dabei waren, ständig an Kraft zu gewinnen, war ich mit derselben Selbstverständlichkeit dabei, ständig an Kraft zu verlieren.

Auch ich wuchs, wurde größer, nahm an Gewicht zu, entwickelte jedoch nicht die Kraft, meinen schwerer werdenden Körper entsprechend in Bewegung zu halten. Auch ich stellte mich jeden Abend vor den Spiegel, klebte eine Haarsträhne mit Scotchbändern hoch, damit sich mein Haar über Nacht endlich an die Stelle gewöhnte, die ich ihm zugeschrieben hatte. Gegen Dr. Fellers Rat trainierte ich mit Hanteln, um wenigstens den Versuch zu unternehmen, mit den gestählten Oberarmen und Oberschenkeln meiner Mitschüler ein bisschen mitzuhalten. Obwohl ich nicht übergewichtig war, begann mein Körper um die Taille Fett abzulagern, während meine Schultern knochig und spitz wurden, weil die Muskeln allmählich erschlafften.

Hatte man als Bürger nicht auf eigenen Beinen zu stehen – und war es nicht eben das, was ich immer weniger würde leisten können? Ich fand einen Ferienjob als Aussortierer bei der Post, wo ich sitzend Tausende von Briefen in ihre Fächer warf. Diskotheken mied ich, zu laut, zu demütigend: Wer würde sich nicht über einen grotesken Tänzer wie mich lustig machen? Keine Wanderungen mit Freunden, kein Auskundschaften der Welt jenseits der flachgetrampelten Pfade mehr. Vom Sportplatz hatten mich meine Muskeln schon disqualifiziert. Die Sportwoche im letzten Jahr an der Domschule hatte ich noch auf der Ersatzbank verbracht. Es war gut, dass ich mitfuhr, weil ich so die Reise und die Abende mit meinen Kameraden verbringen konnte; es mag mir gut getan haben, dass ich die Strecke von unserem Skilager zur Talstation des Skiliftes zu Fuß mitging, doch in der Talstation warten zu müssen, statt in das geheizte Skilager zurückkehren zu dürfen, empfand ich als Strafe für meinen Unterschied. Frierend las ich einen Roman nach dem anderen, um zu vergessen, dass ich vor einem Jahr noch selbst einer der jetzt an mir vorbeilärmenden Skifahrer gewesen war.

An der Kantonsschule wurde ich vom Turnen dispensiert; der Turnlehrer glaubte ebenso sehr an die Trainierfähigkeit eines Muskels wie an die nicht zu überbietende Faulheit eines Gymnasiasten. Ich rebellierte mit den Kraftmaschinen, die mir letztlich die Kraft nahmen, die sie mir geben sollten; ich stürmte gleichzeitig gegen die Soldatenmentalität meines Turnlehrers wie auch gegen den Pessimismus meines Arztes an. SMA fällte eine erste Entscheidung für mich: Wer gut genug zu Fuß war, konnte zwischen Zeichnen und Musik wählen, wer es nicht war, musste sich zum Zeichenunterricht entschließen, da sich dieser Raum im Erdgeschoss befand, während der Musikunterricht im obersten Stockwerk stattfand.

Ich wurde nicht aktiv ausgeschlossen, doch sehr wohl passiv, da keiner es für notwendig erachtete, auch nur ein Hindernis, das sich mir in den Weg stellte, zu beseitigen. Ich fing an, andere Wege zu gehen. Meine Wege wurden länger und dennoch beschwerlicher. Noch sah ich die Wegweiser nicht – die damals noch spärlichen Rollstuhlzeichen, die mittlerweile überall anzutreffen sind –, und doch begann ich ihnen bereits notgedrungen, in Ermangelung einer für mich zugänglicheren Welt, gehorsam zu folgen. Die Stufen wurden mir höher, und auch das schränkte die Möglichkeiten ein. Als ich mit einem Zeugnis von Dr. Feller auch vom Kraftraum dispensiert wurde, gewann ich zwar drei Wochenstunden, die ich in einem Café oder im Park mit Lesen verbringen konnte. Nur – ich war allein; spielten die anderen Fußball, las ich; duschten die anderen, las ich; fuhren sie in die Sportwoche – las ich zu Hause.

Die Mädchen: Da saßen sie endlich, nach der mädchenlosen katholischen Schule im Dombezirk, in der ich mir vorgestellt hatte, dass ich die Postermädchen an den Wänden meines Zimmers endlich durch wirkliche ersetzen könnte, links von mir, vor mir, hinter mir, überall. Ich saß in deren Mitte, neben Zack, der mit mir die Schule gewechselt hatte. Doch setzte ich nicht die wagemutigen Vorhaben, die ich mir schon detailliert ausgemalt hatte, in die Tat um, sondern dachte mir immer neue stichhaltige Gründe aus, weshalb sich ein Mädchen für einen wie mich nicht begeistern konnte. Ich schämte mich. Mein Körper hatte angefangen, für das normale Leben nicht mehr zu taugen. Ich sprach mit niemandem über das, was mit mir geschah, und niemand sprach mich darauf an. Ich saß da, schon etwas in mich zusammengesunken, während mein Bauch sich wölbte, meine Schultern sich zuspitzten, und wartete darauf, angesprochen zu werden, während ich auf diese Weise zugleich signalisierte, mich in Ruhe zu lassen.

Wie hoch meine Lebenserwartung sei, werde ich manchmal gefragt. Normal, sage ich. Was man vom Leben eben so erwarten könne.

Ich hatte die Bedürfnisse eines Jungen und die Möglichkeiten eines Alten. War ich dabei, eine unmögliche Figur zu werden, eine, die es doch nur in der Literatur geben sollte? Da war der Alte im Jungenkörper, der nicht wachsende Zwerg, der die Natur verneinende Mensch. »Man kann dagegen nichts tun, wenn einer etwas härter liegt als der andere«, las ich bei Günter Eich, und das musste man mir nicht zweimal sagen. Hätte Peter Weiss' bitterer *Abschied von den Eltern* auf fruchtbareren Boden fallen können? Sein Diktum, weshalb er schreibe – weil er zu nichts anderem tauge –, traf auf keinen besser zu als auf mich. Sein Schicksalsort Auschwitz, auf dessen Todesliste sein Name gestanden hatte, störte mich auf und ließ mich mitfühlen, was für einen in der Schweiz Herangewachsenen weder anmaßend und noch nicht einmal lächerlich ist, sondern mir, dem Teenager, meine Schwäche, die ich mit anderen teilte, mein Anders-, mein Ausgestoßen- und mein negatives Ausgewähltsein bestätigte.

Ich entdeckte Wolfgang Hildesheimers Weltrückzugsbuch *Tynset*, genoss aber auch als Gegengift gegen schon so früh einsetzenden Weltschmerz seine frühen Satiren. Ich schrieb Hildesheimer einen langen Brief, den ich mit meinen Sorgen derart überfrachtete, dass er auch einem Optimisten einen Schrecken eingejagt hätte. Mein Bedürfnis, ihn kennen zu lernen, versagte er mir auf einer Postkarte mit dem Satz, er kenne schon zu viele. Es folgten Dürrenmatts Labyrinthe, in denen ich mich erschreckend mühelos zurechtfand. Im Irrenhaus der *Physiker*, in dem ein einmal gedachter Satz nicht mehr zurückgenommen werden kann; in einer Welt, in der sich, wie ich etwa später in der *Mondfinsternis* las, ein Priester nichts dabei denkt, den leeren Bänken zu predigen; und einer vergeistigten in den Gedankenfugen der *Stoffe*, wo einer Reisen unternimmt, ohne sich von seinem Schreibtisch zu erheben, und die mir eine Möglichkeit jenseits aller physischen Reisen aufzeigte.

Was war ich schon, wer würde ich werden? Vielleicht doch kein *Reiser*, sondern eine noch unbeschriebene – eine von mir zu lebende? – Variation von Dürrenmatts Prothesenweib aus dem *Besuch der alten Dame*: der Teenagergreis?

Wie ich mir SMA vorstelle? Immer nackt. Immer von hinten.

144

SMA, meine SMA, benimmt sich wie eine unwillkommene Unter-
mieterin, die man im Dachstock rumpeln hört, von der man aber
nicht weiß, was sie dort treibt. Man weiß nur, dass sie etwas treibt,
und auch, dass ihre Schritte im Dachstock bestimmt nichts Gutes
verheißen. Wird sie Feuer legen, vielleicht heute Nacht noch? Doch
das Einzige, was man tun kann, ist, sich im Bett auf die andere Seite
zu drehen und zu versuchen, sich an das Geräusch und vielleicht so-
gar an die Aussicht zu gewöhnen, dass eines Tages, jederzeit, das
Haus abbrennen könnte. Was man natürlich auch tun kann, ist,
sich einzureden, dass das, was man hört und was einem einen sol-
chen Schrecken einjagt, nur gerade das Arbeiten des Holzes ist,
schließlich wohnt man ja in einem alten Haus.

Ja, sie, SMA: Ist sie schon so gefährlich, ist sie schon so unfassbar, so
will der Teenagergreis *das andere Geschlecht wenigstens auf*
diese abstrakte Art mit seinem Körper verbunden wissen. Jetzt aber
– nach der Diagnose – ist alles anders, jetzt ist all das, was man
schon geahnt, sich aber nicht hat eingestehen wollen, wahr gewor-
den. Und wahr geworden ist es dadurch, dass es einen Namen er-
halten hat. Die Untermieterin *hat einen Namen, sie heißt jetzt*
SMA. Sie spielt in seinem Haus, das sein Körper ist, die Rolle der
Hausbesetzerin, und das macht sie zur Squatterin seines Körpers,
weil sie illegal in ihm haust, ohne sein Einverständnis und ohne
Miete zu bezahlen, denn die bezahlt er, der Teenagergreis.

Jetzt ist es nicht mehr das Holz, das arbeitet; jetzt ist es sein Körper,
der ächzt und knarrt und rumpelt. Jetzt ist SMA, die Squatterin, die
man sich in der Filmversion seines Lebens in den prächtigsten Kli-
schees vorstellen darf, hübsch, blond natürlich, zärtlich und liebe-
voll – nicht so hinterlistig und grausam, wie sie wirklich ist, wie sich
dann herausstellt, als es zu spät ist, weil er sich schon unsterblich in
sie verliebt hat –, und sexy und mütterlich soll sie sein, mit einem
Wort: der Traum eines Teenagers.

Die Eingangsstufen, über die ich von 1979 bis 1983 in die Kantonsschule Sankt Gallen gelangt bin. Ein Fahrstuhl wurde erst in den neunziger Jahren eingebaut.

Im Gymnasium gab es keine Fahrstühle, keine Rampen, keinen ebenerdigen Eingang, und auch keinen, der sich daran störte. Damals wollte man noch nichts von an die Menschen angepassten Gebäuden wissen, nicht einmal an einem humanistischen Gymnasium, sodass sich jene Menschen, die es wie ich gerade noch konnten, an die Gebäude anpassen mussten, während jene, die es nicht konnten – nun, es gab einfach entsprechend wenige in Rollstühlen an dieser und zahllosen anderen Schulen in der Schweiz. Es hingen keine Schilder an den Eingängen, die Schülern oder Lehrern, die auf Rollstühle angewiesen waren, den Eintritt verwehrten, und auch in der Schulordnung gab es kein solches Gesetz. Aber das war auch nicht nötig, denn die Treppen genügten.

»Ach, Stufen, ach, Steine, was kann man dagegen tun, wenn einer etwas härter liegt als der andere«, so wiederholte DAS GEBÄUDE die Lektion für mich jeden Tag, als sei ich nicht nur schlecht zu Fuß, sondern auch schwer von Begriff. Fragte ich, weshalb nicht einmal beim Hintereingang, wo die Mülltonnen stehen, eine Rampe installiert werden könne, wurde mir gesagt, das dürfe man nicht, da solche Umbauten DAS GEBÄUDE verunstalteten, »stell dir das doch einmal vor, der schöne Sandstein verschandelt von einer Rampe! Geradezu kriminell würde das aussehen, und wegen des Denkmalschutzes ist es tatsächlich illegal, weißt du, es gibt ein Gesetz, das schöne Gebäude wie dieses

146

schützt, nimm das übrigens nicht persönlich. Das Gebäude darf in keiner Weise verändert werden, das ist nicht nur wegen einem wie dir so, du musst das ganz allgemein begreifen.«

Ich nickte und versuchte das von nun an ganz allgemein zu begreifen, ging ich doch jeden Tag in diesem Gebäude zur Schule, um zu lernen, wie meine Stadt, mein Land, die Gesellschaft und die Welt, in der wir alle lebten, funktionierten und zum Beispiel mit einem wie mir umgingen. Es gab also ein unumgängliches Gesetz, das alte Häuser, keines aber, das Menschen schützte, die nicht in allem der Norm entsprachen. Das war ja nicht selbstverständlich, das musste einem doch erst einmal beigebracht werden, und dies war wohl auch der Grund, weshalb ich in die Schule ging. Natürlich wollte ich jetzt auch nicht mehr, dass ein so prächtiges Gebäude wie die Kantonsschule Sankt Gallen meinetwegen verunstaltet würde. Aber wie hatte ich das denn wissen können, wusste ich doch nicht einmal, dass zum Beispiel Mülltonnen, die überall herumstanden, nicht als kriminelle Verunstaltung eines historischen Gebäudes galten, Rampen, die mir leichteren und ungezählten anderen Schülerinnen und Schülern überhaupt erst Zugang verschafft hätten, hingegen schon. Um dies wirklich zu begreifen, lernte ich, mich noch mehr zu schämen. Wie hatte ich überhaupt auf diese Idee kommen können! »Rampen! Fahrstühle! Flachbettaufzüge! Und was noch? Gleich auch noch ein für alle zugängliches Schülerhaus?«, wo sich, wer Treppen steigen konnte, in der Mittagspause traf. Nein, nein, ich war das Problem, nicht DAS GEBÄUDE, das leuchtete mir Stufe für Stufe besser ein. Wäre nicht ich DAS PROBLEM, wäre doch längst einer gekommen und hätte das alles geändert. Und da es Gesetze gab, welche die Gebäude unter Schutz stellten, musste ich froh sein, dass mich keiner entfernte, der ich das Gebäude ja im Grunde verunstaltete wie eine Rampe oder ein Treppenlift.

Wirklich, das war doch kein Anblick, wie ich mich täglich treppauf, treppab durch dieses Gebäude quälte! Hieß das nicht, dass ich, da ich den Denkmalschutz verletzte, mich illegal benahm, also ein Krimineller war? »Hast du dir einmal überlegt«, fragte mich DAS GEBÄUDE, »ob es vielleicht deshalb keine Rollstühle an dieser Schule gibt? Hast du einmal darüber nachgedacht, ob vielleicht deshalb keiner kommt und die Treppen schleift?«

»Nein, ich…«, machte DAS PROBLEM.

»Und«, fuhr DAS GEBÄUDE fort, »wird es laut deinem Dr. Feller nicht ohnehin nicht mehr lange dauern, bis auch du auf einen Rollstuhl angewiesen bist? Ist dir nicht klar, dass dir deine Muskeln nur eine Galgenfrist gegeben haben, sodass du besser schaust, wie du dich auf deinen wackligen Beinen bis zur Matura durchmogeln wirst, und wenn deine Muskeln vorher«, und hier schnalzte DAS GEBÄUDE genießerisch mit der Zunge, »den Geist aufgeben, dann kommst du eben –«

»Schweig! Halt die Klappe!« rief DAS PROBLEM laut, und laut hallte es von den Wänden DES GEBÄUDES, worauf ein Mädchen, und kein hässliches, das kann man mir glauben, sich nach mir umschaute, stehen blieb und mich fragend anstarrte. Trotz der Anstregung, vom Deutschzimmer im Keller rechtzeitig zum Mathematikunterricht im ersten Stockwerk zu gelangen – ich hatte sieben Minuten Zeit, wie jeder andere auch –, versuchte ich ein Lächeln. DIE SCHÖNHEIT aber sprach kein Wort, hob lediglich die Stirn, hob die Nase, hob das Kinn, und dann den ohnehin schon kurzen Rock, um mich möglichst schnell, zwei Stufen auf einmal nehmend, hinter sich zu lassen.

»Schweig«, flüsterte ich mir zu, und mein Flüstern brachte mich auf die Idee, dies nur noch zu denken: Schweig still, du willst doch nur die Matura hinter dich bringen und dann nichts wie weg aus diesem Gebäude, am besten in eine andere Stadt. Du willst doch studieren, am besten Architektur, weil du so am besten die Welt verändern kannst, aber mit diesen Muskeln reicht es dir ja wohl nur für Literatur – egal, denn dort, wo immer »dort« sein wird, wird bestimmt alles anders sein. Sei also dankbar, verlange nichts, was man dir nicht freiwillig gibt, vor allem aber halte die Klappe und spar dir deine Kräfte für die Stufen, bis zur Matura sind es ja immerhin noch 263 356 –

Schade, dass Gregor einfach an Kraft verliert und stirbt. Die Samsas sind ihn zu einfach losgeworden. Kafka hat sich aus der Verantwortung gestohlen. Ich hätte gern gewusst, was mit dem Käfer außerhalb der geschützten Welt seines Zimmers geschehen wäre. Hätte gerne gewusst, was die Welt mit ihm anstellt, aber das konnte oder wollte sich Kafka nicht mehr vorstellen.

Hätte gerne gelesen, wie der Käfer die Treppe hinunter krabbelt, wie er dem »Fleischergesellen mit der Trage auf dem Kopf in stolzer Haltung« begegnete, wie ihm vielleicht die Bedienerin mit der »fast aufrechten kleinen Straußfeder auf ihrem Hut« trotz ihrer Abscheu – kann man es denn wissen? – die Haustür aufhält, wie Gregor über die Straße eilt – und wo endet? Bei einem Insektenliebhaber? In einem Versuchslabor? Im Zoo? In einem Wanderzirkus, im Käfig gleich neben dem Hungerkünstler? Was, wenn er sich verliebt und kleine Samsas gezeugt hätte? Ach, pervers würden wir allein schon den Gedanken finden! Welchen Gedanken? Dass eine nicht mehr der Norm entsprechende Kreatur Glück finden könnte? Kafka war

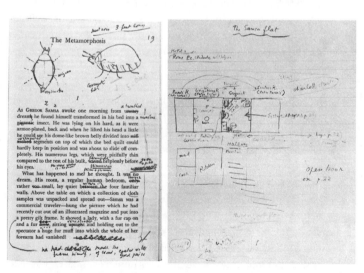

Gregor Samsa als Käfer. Die Wohnung der Samsas.

kein Optimist: Mit dem Besen lässt er die Bedienerin Gregor von sich stoßen. Als könne man einen so großen Käfer einfach wegwischen! Und während sich die Bedienerin, um das »Zeug von nebenan« kümmert, und dann, wenn es aus der Welt geschafft ist, entlassen werden soll, gönnen sich die Samsas einen Frühlingsspaziergang. Das Letzte, woran Kafka in der Verwandlung noch denken kann, ist Gregors Schwester und deren sich dehnender junger Körper.

Beim Wiederlesen der Verwandlung fallen mir die vielen Hinweise auf, dass Gregor meine Behinderung haben könnte, und schon sehe ich die Schlagzeile: SAMSA HAT SMA! Seine Muskeln werden schwächer, Kafka beschreibt das genau, sie atrophieren, jede Bewegung ist ein unerhörter Kraftaufwand, der Gregor für Stunden lebensmüde auf seinem Bett zurücklässt. Bald kann er nicht mehr durch die Wohnung, dann nicht einmal mehr aus dem Bett. Nicht einmal seine Familie will ihm mehr helfen. Wäre es nicht für alle das Beste, wenn er von selber stürbe, und schon tut der Gregorkäfer allen den Gefallen. Stirbt am Muskelverlust, verhungert, weil ihn keiner mehr ernährt, erstickt schließlich wegen der geschwächten Muskeln unter der Last seines Körpers.

Je mehr Stufen ich hinter mich brachte, umso schwerer wurden sie mir, als seien sie das Gewicht, das mir einer an meinen Körper hängte. Im ersten Jahr, mit fünfzehn, konnte ich sie noch gut bewältigen. Das Geländer befand sich auf der rechten Seite, sodass ich erst mein linkes Bein – wurde es deshalb das stärkere? – hochschwang, dann das rechte auf die Stufe nachzog. In der linken Hand hielt ich die Schulmappe. Noch war nicht entscheidend, was wir lernten, ob ich für zwei oder für fünf Lektionen in die Schule kam, und welche Lektionen das waren. Mathematik war das leichteste Fach, weil wir auf lose Blätter schrieben. Französisch fiel mir schwerer, auch war es unberechenbarer. Für jede Stunde die Grammatik mitbringen, ob wir sie brauchten oder nicht, machte 450 Gramm Grundgewicht. Immer auch *la lecture* dabei haben, falls *le professeur* Lust auf diese haben sollte, was für mich einen täglichen Unterschied von 85 Gramm (*Le Grand Meaulnes*) bis zu einem Kilogramm (*Les misérables*, drei Bände) bedeuten konnte, dazu das Chemie-, das Physikbuch, die Poetik, der Weltatlas. Im ersten Jahr meisterte ich den Stoff für bis zu acht Lektionen, (a) bis (h), plus 250 Gramm für das Sandwich für die Mittagspause, über eine Korridorlänge von durchschnittlich fünfzig Meter unter Berücksichtung des Zeitfaktors sieben Minuten von Lektion (a) zu Lektion (b) bis (h), multipliziert mit der Anzahl Stufen (40st; h 32 cm). Aufgabe: Angenommen, Schüler K. hat sechs Lektionen, wie viel Kraft braucht K. für diesen Tag? Lösung: K. kommt immer häufiger zu spät zum Unterricht.

Später sagten mir ehemalige Schüler, die mir nicht aufgefallen sind, sie würden sich an mich erinnern. Natürlich erinnerten auch sie sich nicht wirklich an mich, sondern an das eigenartige Treppenwesen, diesen Krabbelkäfer, der sich, so muss es ihnen vorgekommen sein, unermüdlich seinen Weg durch das Höhlensystem der Schweizer Erziehung gegraben hat, diesen Stufenfreak, den ihnen die Kantonsschule kostenlos dargeboten hat.

Damals sprach mich deswegen keiner an. Viereinhalb Jahre lang stiegen alle an mir vorbei, viereinhalb lange Jahre ließ mich jeder hinter sich, nicht ein Lehrer (eine Lehrerin hatten wir nur ein einziges Mal, als der Französischlehrer krank war und seine Tochter ihn vertreten durfte) sprach mich an. Nicht der Biologe, der sich mit Mutationen doch auskannte; nicht der Physiker, der ausrechnen konnte, wie viel Kraftaufwand ich per Stufe (SMA als Funktion meines Alters minus Stufenhöhe) aufwenden musste; nicht der Englischlehrer, mit dem wir ein ganzes Jahr lang *Hamlet* bis in den methodischen Wahnsinn lasen und doch nur bis »Words, words, words!« im zweiten Akt kamen; nicht der Geschichtslehrer, mit dem wir lernten, was zum Beispiel die Nazis mit den Juden, nicht aber mit den Krüppeln gemacht hatten; nicht der Lateinlehrer, der mir geholfen hatte, *mens sana in cor-*

pore sano in lupenreines Deutsch zu übertragen; und nicht einmal der Germanist, der uns anvertraut hatte, er möge am liebsten Blondinen, von denen er eine geheiratet habe, mit der er seither am allerliebsten Brecht/Weill hörend im Wagen in die Toskana brause, und mit dem wir Kafka lasen, erst *Die Verwandlung*, dann *Vor dem Gesetz* und schließlich *In der Strafkolonie*.

Bitter heute? Ja, heute nehme ich mir frei und gönne mir einen gemütlichen bitteren Tag vor dem Kaminfeuer, mit einem Glas Rotwein und Beethovens letzter Sonate.

Schwerer wurde mir auch, in Zacks Fall im unmittelbaren Zusammenhang mit den Treppen, manche Freundschaft. Ich hatte Zack noch zu Fuß kennen gelernt, an einem verschneiten Tag auf dem Schulweg. Wir teilten das Interesse für Musik und Literatur, für endlose Gespräche sowie die Unmöglichkeit, auf das andere Geschlecht zuzugehen, Zack wegen seiner Pickel, ich wegen meines Watschelgangs, wir beide wegen unserer Väter, über die wir seit Beginn unserer Freundschaft vier Jahre lang so viel geschwiegen hatten. Wir waren unser eigener Privatclub mit nur zwei Mitgliedern, der täglich tagte, wo er sich gerade befand, im Pausenhof, in den Plattenläden, den Buchantiquariaten und auf den Flohmärkten, um stundenlang unsere Zukunft als Verleger und Autor zu schmieden, wobei noch nicht klar war, wer was werden sollte. Zack porträtierte erst einmal Billy Joel für eine Popzeitschrift, ich den Tod für das *Sankt Galler Tagblatt*.

Auch in Sachen Mädchen waren wir Rivalen. Jeder schien sich entschlossen zu haben, sich unabhängig vom anderen eine auszusuchen, in die er sich aus der Ferne verlieben konnte. Eine vermochte ich immerhin für einen kurzen, von mir illusionslos als romantisch empfundenen Abend zum Kastanienbraten im Kaminraum im Keller zu locken, während mich eine andere dazu brachte, die Füße auf das Fenstersims zu legen, mir die Sommerabendbrise ins Gesicht wehen zu lassen und zu den kürzlich erschienenen *Songs from the Attic* den Mond anzuheulen. Auch hier war den Rivalen jedes Mittel Recht, den Sieg im nicht erklärten Krieg davonzutragen, von alarmierender Taschengeldveruntreuung bis zu Schadenfreude, wenn dem einen etwas verlustig ging, das der andere auch noch nicht hatte.

Kann es jemanden erstaunen, dass wir einen ganzen Winter lang demselben Mädchen – einem von siebenhundert an der Kantonsschule und nicht aus unserer Klasse – nachstellten? Nie, nie, nie ein Wort zum anderen über diese eine, die so hübsch, so blond, so zärtlich, so sexy, so mütterlich und letztlich doch so hinterlistig war. Nach wochenlanger Belagerung ging sie als *l'inconnue de Saint-Gall* in unsere eben begonnenen *journaux intimes* ein, da es keinem der Rivalen gelungen war, auch nur den Namen der widerspenstigen Schönen in Erfahrung zu bringen.

Jeden Morgen holte ich Zack ab, was er mir zu danken begann, indem er mich warten ließ, erst nur, weil er ein bisschen chaotisch veranlagt war, dann, um mir zu zeigen, dass mich der Besitz eines siebenjährigen Toyotas, den ich wegen meiner SMA bereits mit sechzehn fahren konnte, nicht zum Übermenschen, sondern zu seinem Fahrer machte. Ich wohnte im größeren Haus, hatte mehr Taschengeld, und jetzt auch noch ein Auto. Wartete ich nach der Schule auf ihn, sagte er mir manchmal, der Tag sei zu schön, um nicht zu Fuß nach Hause zu gehen; regnete es, ließ er sich von mir kommentarlos bis vor seine Haustür bringen.

Zuverlässig am Morgen stand ich da, musste aber Zack stets fragen, ob er mir meine Mappe die Treppen hochtragen würde. Fragte ich ihn nicht, war er schon aus dem Wagen gesprungen, fragte ich ihn nicht schnell genug, war er in der Schule verschwunden. Fragte ich ihn schnell genug – bevor ich den Wagen zum Stillstand gebracht hatte –, schnappte er meine Mappe mit einer Selbstverständlichkeit, als könne er sich über meine Bitte nur wundern. Darauf eilte er mir mit derselben hastigen Selbstverständlichkeit davon. Mir blieb nur, die Beifahrertür zu verriegeln, mich aus dem Wagen zu stemmen und die Treppen hochzuklettern. Zack, der mich hatte warten lassen, kam, im Gegensatz zu mir, nicht zu spät zum Unterricht. Mit Geschwindigkeit konnte er mich schlagen, mich demütigen, mit Geschwindigkeit konnte er als Sieger aus unserem Wettkampf hervorgehen.

Meine Mappe fand ich oben an der Treppe. Ich stützte mich an der Wand ab – graue Farbe, die sich etwas schmierig anfühlte, mir aber den nötigen Halt gab, mich weit genug nach vorne bücken zu können –, um meine Mappe vom Boden hochzuheben. Jetzt, da tatsächlich ein Gewicht an mir hing, lief ich noch langsamer den Korridor entlang.

SMA nimmt mir mein Fahrrad und gibt mir – dafür? – ein Motorrad, dann nimmt es mir mein Motorrad, aber dafür erhalte ich ein Auto. Es ersetzt mir den Neider durch einen Freund.

Lehrer und Mitschüler helfen mir bei Viareggio über die Steine, damit auch ich sehen kann, wo Shelley ertrunken ist.

Das Leben aber scheint über so etwas wie eine treppenausgleichende Gerechtigkeit zu verfügen. Die Mappe, die Zack liegen ließ, nahm bald ein anderer Mitschüler mit. Ralph legte sie auf die Bank, die ich mit Zack teilte. Bald bot mir Ralph an, mich die Treppe hochzutragen, im Feuerwehrmannstil. Ich stellte mich hinter ihn, und er ging in die Hocke; ich legte meine Arme um seinen Hals, er ergriff sie; er stand aus der Hocke auf, ich hing ihm vom Hals. Manchmal rannte er so mit mir auf dem Rücken schneller als alle anderen die Treppen hoch; oben kamen wir lachend und außer Atem an.

Seither hat mich Ralph die halbe Welt hoch getragen: so weit hinauf in die Sagrada Familia in Barcelona es ging, so weit man in den Uffizien in Florenz, dem Katharinenpalast bei Petersburg und dem Moskauer Kreml auf zwei Beinen eben kommt. Am Eindrücklichsten in Erinnerung ist mir der Ab- und vor allem der Aufstieg auf seinem Rücken über die steile Wendeltreppe der Pariser Katakomben, auf der er mit dem Tempo der anderen Touristen mithalten musste. Er trug mich unzählige private Treppen hoch, an deren Ende sich manchmal die Tür öffnete und einer uns mit einem entrüsteten »Schon so besoffen?« empfing. Einmal, als wir die Kathedrale in Lausanne besuchten, stieg Ralph, vertieft in die lateinischen Inschriften des Gotteshauses, eine kleine Treppe hoch, ohne auf mich zu warten. Ich zögerte, ob ich ihn rufen sollte, doch er kam gleich wieder zurück, entschuldigte sich und sagte, er denke nicht an Stufen, wenn er mit mir unterwegs sei.

Das Gehen geht besser – oder freue ich mich nur über einen »muskulösen Tag«, weil ich mich schon wieder an viel weniger gewöhnt habe? SMA schreitet in Schüben fort und trägt mich in Schichten ab, in Stufen und Schwellen. An manchen Tagen fühle ich mich »muskulöser«, auch wenn auf lange Sicht nichts gewonnen ist. Doch was zählt, ist heute. Und heute ist gut. Und gut ist gut. Nur wird allmählich mein Muskelbuch *zur Obsession. Freue mich schon auf die nächste Eintragung ... Kann es heute schon nicht erwarten, was mich morgen beschäftigen wird ...*

Statt den Haupteingang des Kunstmuseums Zürich zu benutzen,
muss ich mich mit dem Lieferanteneingang begnügen, obwohl le-
diglich zweimal zwei Stufen mit einer Rampe zu überwinden
wären. Deshalb muss mich Jan vom Eingang für normale Schwei-
zerinnen und Schweizer wegrollen und mich, inkl. Rollstuhl, Man-
tel und Einkaufstasche auf dem Schoß mehr als hundert Kilogramm
schwer, über unwegsame Pflastersteine um das Kunstmuseum
herum, vorbei an der Schweizer Kulturstiftung (öffentliches Ge-
bäude, zwei Stufen, keine Rampe), zum Eingang für nicht normale
Schweizerinnen und Schweizer stoßen.

Erst bleiben wir auf dem Gehsteig stehen, denn die Anlieferung
des Kunstmuseums Zürich ist nur über eine ungewöhnlich steile
Einfahrt zu erreichen. Was, wenn Jan der Rollstuhl entgleitet? Was,
wenn niemand öffnet? Was, wenn mich Jan nicht mehr hochstoßen
kann? Wir wagen es dennoch, Kunst will schließlich ein Wagnis sein.

Das Schild neben der Klingel über der Mülltonne beim Liefer-
anteneingang weist uns darauf hin, dass es während der Arbeitspau-
sen länger dauern kann, bis ein übellauniger (das steht nicht auf
dem Schild) Assistent kommt, um auch die spezielleren Gäste im
Museum willkommen zu heißen. Ich weise diesen, der nach einigen
Minuten mit einem Sandwich in der Hand erscheint, darauf hin,
wie einfach der Haupteingang behindertengerecht gestaltet werden
könne, doch er winkt ungeduldig ab. Das könne er nun wirklich

nicht mehr hören, da ihm das buchstäblich jeder sage, den er hier hereinlasse, zumal dafür nicht er, sondern die Direktion zuständig sei.

Der Lift, der mich nach oben bringt, ist mit dem Schild »Warenlift« versehen und mit Sperrmüll und in Plastik eingeschweißten Kunstwerken angefüllt. Durch eine in die Wand eingelassene Tür platze ich mitten in die Ausstellung »Freie Sicht aufs Mittelmeer« und ziehe, selbst zum Ausstellungsstück geworden, zu einer – Wheelchair is beautiful! – rollenden Installation, die Blicke der Betrachter auf mich.

Nachdem wir die freie Sicht auf das Mittelmeer zumindest teilweise gesehen haben – manche der begehbaren Installationen waren mir mit Treppen oder zu schmalen Türen versperrt –, stellen wir fest, dass nicht einmal alle Ausstellungsräume zugänglich, heißt: stufenlos berollbar sind. Überall Treppen, und fast überall ausreichend Platz für eingebildete Rampen. Besucher bieten uns ihre Hilfe an, doch so leicht ist es nicht (und es ist gefährlich), einen Rollstuhl mit Inhalt eine Treppe hochzutragen. Jan, die noch nie im Kunstmuseum Zürich war, aber die Kunstszene New Yorks gut kennt, meint, es lohne sich meist ohnehin nicht.

Jetzt mit einer Mission unter den Rädern nicht mehr zu stoppen (aber auch eine zweite Begegnung mit dem kauenden Asssistenten scheuend), versuchen wir es mit dem Lift. Wenn ich die Füße abnehme (heißt: die Fußstützen des Rollstuhls), passe ich knapp hinein. Die Tür drückt gegen meine Knie, die Rollstuhlfüße liegen auf meinen Oberschenkeln. Jan rennt die Treppe hinab und nimmt mich, der ich mich in der engen Kabine ein Stockwerk lang Lebendig-begraben-Visionen hingegeben habe, unten wieder in Empfang. Eine Besucherin, die uns zugeschaut hat, sagt, sie könne nicht glauben, dass in diesem reichen Land Menschen im Rollstuhl so verächtlich behandelt würden. Eine andere Besucherin hält die schwere Eingangstür auf, und ein deutscher Tourist hilft Jan, mich in nach hinten gekippter Stellung vorwärts aus dem Museum zu manövrieren.

Das Haus – es ist das Guggenheim-Museum in New York – als Rampe: Der Fahrstuhl bringt die Besucher in ein beliebiges Stockwerk, von wo aus jeder und jede, ob zu Fuß oder im Rollstuhl, die Ausstellung besichtigen kann.

Eigentlich müsste man diese Aktion auf Video festhalten (Pippilotti, hilf!) oder noch besser mehrfach täglich veranstalten. Daher, Rollstuhlfahrer, kommt angerollt! Überrollt das Kunstmuseum Zürich! Überrollt die Häuser, die uns den Zutritt verwehren! Verstopft die Straßen der reichen Schweiz, die keine Kosten scheut, unser Land für Autos einzuebnen, aber Rappen spaltet, wenn es darum geht, unser Land für Menschen einzurichten! Stürzt die Regierung, die es zulässt, dass drei viertel aller öffentlichen Gebäude für einen großen Teil der Bevölkerung unzugänglich bleibt, und es nicht einmal für nötig hält, unser Bundeshaus wirklich für alle erreichbar zu machen!

Ach, Amerika, du hast es besser, deine Häuser sind zugänglich, denn du kannst klagen ...

Jan reiste zurück nach New York, wo wir einen guten Teil des Jahres verbringen, um sich für die Universität vorzubereiten, an der sie als Lyrikerin »Kreatives Schreiben« unterrichtet. Ich werde ihr in sechs Wochen mit meinem Manuskript im Gepäck folgen. So lange muss ich wieder jeden Schritt selber machen.

Eine Frau um die fünfzig liegt am Boden. Sie ist gestürzt und kann nicht mehr aufstehen. Hilflos streckt sie einen Arm aus. Auf dem Bildschirm erscheint der Grundriss ihrer Wohnung mit drei Telefonapparaten, die zu blinken beginnen. Wieder erscheint die Frau im Bild, noch immer mit dem rechten Arm rudernd, und der Zuschauer versteht: Besäße die Frau doch nur, was die Firma gleich anbieten wird! Ohne dieses Produkt aber wird sie wohl verhungern müssen. Hört sie nicht auf diese Warnung, wird sie schon verwest sein, bis sie von den Nachbarn, die dem sonderbaren Geruch gefolgt sind, gefunden wird, denn Behinderte leben in der Wunderwelt der Werbung ja immer allein ... Als ich diesen Spot in Amerika das erste Mal gesehen habe, beschäftigte mich erst, ob die Frau wirklich behindert war oder ob sie von einer Schauspielerin dargestellt wird, und konnte nicht entscheiden, was ich als zynischer empfunden hätte. Dann erst setzte der von den Marketingstrategen gewünschte Schock, der mich zum Kauf zwingen soll, ein, denn jetzt war ich es, der hilflos am Boden lag.

Weiter!

Die Antisammler begannen ihr Werk im Keller, wo es im Kaminraum Hellebarden, Wappengläser, Mörser, Stabellen und Max Falks Trilogie des heiligen Andreas (zu Pucks), des heiligen Michaels (zu Mix' Geburt) und des damals noch nicht exkanonisierten heiligen Christophorus mit dem Christuskind auf den muskulösen Schultern wegzuräumen gab. Ihre Wegmarken durch unser Labyrinth waren die roten, mit einer Zahl versehenen Kleber, die ihnen signalisierten, dass die Gegenstände abzutransportieren seien.

Vom Keller gruben sie sich durch unser Haus, nagten sich von Zimmer zu Zimmer, Stockwerk um Stockwerk höher. Sie wühlten sich durch die Küche und fanden Silber und Kristall. Sie öffneten Schränke, wo ihnen der Staubsauger, aber auch Sammlungen alten Spielzeugs, sprechender böhmischer Puppen oder neapolitanischer Weihnachtskrippen entgegenfielen. Sie hängten im Treppenhaus Bilder ab, da einen Liner, dort einen Spahni, hier einen Eggler, einen Brignoni, einen Roth, einen Tinguely oder einen Poliakoff. Sie gelangten über Skulpturen von Luginbühl, Spoerri, Adler und Thalmann in den Dachstock, meinen Dachstock, wo weder Nana noch KopfFuß sie einschüchtern konnten.

Sie ließen der Hüterin des Dachstockreiches die Luft ab und machten mein Briefmarkenzimmermonster unschädlich, indem sie das Licht anknipsten, ohne von meiner REGEL zu wissen. Sie sorgten dafür, dass keine einzige Lithographie in den Schubladen zurückblieb. Sie plünderten die Labyrinthbibliothek, marodierten das Kinocenter und blätterten durch die Leitz-Ordner, die Vaters Sammlung sammelten. Selbst Fuß, meine treppensteigende Feder, die ich im zweiten Stock des Dachstockes vergessen hatte, nahmen sie mit. Sie hoben die Braut- und Bräutigamtüren aus den Scharnieren, um in meinen Geheimkorridor zu schlüpfen, steckten die Grubenlampe an und arbeiteten sich erst gebückt, dann auf allen Vieren bis zu meiner Geheimkammer vor, dem Dachstock des Dachstockes, wo ich mir alle möglichen Geschichten ausgedacht hatte, doch niemals diese.

Natürlich mache ich meine Schritte auch selber, wenn ich allein bin. Doch wieder überrascht mich, wie sehr eine Behinderung delegiert werden kann. Ist es so banal? Wenn Jan da ist, fühle ich mich sicherer, obwohl ich es nicht wirklich bin. Würde ich stürzen, sie könnte mich auch dann nicht auffangen, wenn sie schnell genug zur Stelle wäre. Immerhin könnte sie jemanden holen, der mir aufhelfen würde. Deshalb stecke ich das Funktelefon in meine Tasche, wenn ich allein in der Wohnung unterwegs bin. Es ist mein Gefühl der Unsicherheit, das ich an Jan delegiere, das sie für mich absorbiert und sie etwas unsicherer macht. Jetzt aber, für die Wochen, bis ich ihr nach New York nachreise, allein, bin ich wieder meine eigene Unsicherheit, gehe ich wieder für mich, denke ich wieder für mich. Eine gute Lektion.

Seit einigen Tagen – fünf sollten es werden – war ein halbes Dutzend Arbeiter unter der Leitung von Treuhändern und Konkursbeamten dabei, während der Abwesenheit des Verursachers der ganzen Tragödie unser Haus zu leeren. Da es sich herumgesprochen hatte, dass der Herr Keller jeden abknallen würde, der sich ihm in den Weg stellte (nicht aber, dass er es noch nie getan hatte), ergriffen die Beamten die Gelegenheit, als sie erfuhren, dass sich der frisch gebackene Konkursit und potenzielle Berserker zur Erholung in die Bündner Alpen zurückgezogen hatte. Bevor sie jedoch in unser Haus eindrangen, rief eine Sekretärin an, um sich zu vergewissern, ob der Hausherr auch wirklich das Feld geräumt hatte und ob meine Mutter ihre Söhne, die doch zweifelsohne mit ihrem Vater in Kontakt stünden – was nicht der Fall war –, instruiert habe, die bevorstehende Transaktion vertraulich zu behandeln.

Es war nicht schwierig, Vater von dem Chaos, das er angerichtet hatte, fern zu halten. Er genoss sein Exil in den Alpen. Er brauchte sich um nichts zu kümmern, weder um die Abwicklung des Konkurses noch darum, wie sich seine Familie, die plötzlich ohne Einkommen war, durchbringen würde. Jetzt war er, der Konkursit, krank, kränker vielleicht sogar als seine Söhne, die sich nicht monatelang in eine Klinik zurückziehen mussten. Vielleicht sah mein Vater selbst seinen Konkurs als eine Krankheit, als etwas, das einen ohne eigenes Zutun befällt. An einer solchen Sichtweise hätte auch der Umstand nichts geändert, dass er wegen Fahrlässigkeit zu vierzehn Monaten auf Bewährung verurteilt worden war. Im Gegenteil, dies verstärkte seine Überzeugung, dass sich alle gegen ihn verschworen hatten, weil er nie etwas, alle anderen immer alles falsch gemacht hatten.

Also war es an unserer Mutter, jetzt auch finanziell für die Familie zu sorgen. Einfach war das nach einem Vierteljahrhundert als Hausfrau nicht. Um die sich bereits anhäufenden Rechnungen bezahlen zu können, nahm sie eine Hypothek auf ihr Haus auf. Dass sie das überhaupt konnte, war ihrer Standfestigkeit zu verdanken, denn als Vater sie nur wenige Monate vor dem nicht mehr abzuwendenden Konkurs überreden wollte, das Haus an der Alpsteinstraße der Bank als Bürgschaft zu überlassen, hatte sie abgelehnt: Wir hätten auch das Haus verloren.

Doch da sich alle ihre Söhne noch in der Ausbildung befanden – Puck studierte, Mix war dabei, sein Handelsdiplom abzuschließen, und ich würde noch für einige Jahre das Gymnasium besuchen –, und sie das Haus nicht beliebig belehnen konnte, musste sie sich nach einer weiteren Einnahmequelle umsehen. Diese bot sich ausgerechnet in der Form der sanitären Anlagen, mit denen Vater sein Berufsleben angefangen hatte und die zu diesem Zeitpunkt nur noch ein kleiner Teil des zeitweilig bis auf achtzig Mitarbeiter angewachsenen Unternehmens waren. Meine Mutter konnte diese Abteilung aus der Konkursmasse lösen, und als Puck erfuhr, dass darüber hinaus die Möglichkeit bestand, die noch kleinere Abteilung, die Spiegelschränke für Badezimmer herstellte, zu übernehmen, entschloss er sich, sein Studium abzubrechen, um das finanzielle Überleben unserer Familie zusätzlich abzusichern. So wurde aus dem angehenden Rechtsanwalt ein Kleinunternehmer, und aus der Hausfrau und Mutter, die deswegen weder den Haushalt noch das Muttersein aufgeben konnte oder wollte, eine Kleinunternehmerin.

Als die Konkursbeamten unser Haus durchkämmten, standen bereits einige Tage fest, an denen die Sammlung im Kunstmuseum Sankt Gallen ausgestellt werden würde, worauf ihr die Interessenten nach Zürich nachreisen konnten, um die gewünschten Gegenstände dort im Auktionshaus zu ersteigern. Für mich schloss sich der Kreis, als ich Jahre später im Rahmen einer Ausstellung Ostschweizer Kunst im Kunstmuseum Sankt Gallen Bildern wiederbegegnete, denen ich einst beim Frühstück gegenüber gesessen hatte.

Ich hatte den Schlüssel zu meiner Wohnung schon in der Hand und war auf meinem Treppenlift beinah vor der Tür eingetroffen, als ich bemerkte, dass ich auf meiner Liftplattform über Wasser schwebte. Es gelang mir, vom Lift ins Wasser zu treten und die Wohnungstür zu öffnen, doch weiter kam ich nicht.

Die Klinik in den Bündner Bergen erwies sich als idyllischer Ort, wo Vater zwar nicht dauerhaft nüchtern, aber doch immerhin Künstler wurde: Es wurde freigesetzt, was die jahrzehntelange Sammlertätigkeit in ihm aufgestaut hatte. Während der sieben Monate, die er dort verbrachte, entstanden Hunderte von Aquarellen, Collagen, Fundsacheninstallationen und Skulpturen, die er am Ende einer Arbeitswoche zum Dorfschreiner brachte, um sie rahmen oder sockeln zu lassen. Sein Zimmer war angefüllt mit Hunderten von Objekten, die er innerhalb von sieben Monaten geschaffen hatte, und er tat mit seinen Objekten, was er immer mit Objekten, tot oder lebend, tat: Er sammelte sie. Wieder beugte er sich, seine Buchhalterblende um den Kopf gespannt, die Lupe an die Hornbrille gedrückt, in den Qualm der Zigarre, die zu rauchen in der Klinik verboten war, was für ihn natürlich nicht galt, schob die Fotografie in ihre Fotoecken, klebte sie auf

Nana auf meinem Fahrradsimulator. Es ist nicht die Original-Nana des Dachstockes, sondern eine, die ich in einem Niki-de-Saint-Phalle-Souvenir-Laden auf der Ile de la Cité in Paris gefunden habe (eine Stufe).

das Blatt und beschriftete es: *o. T.*, 1978, 40 x 40 x 7 cm, Fundmaterial, teilweise bemalt, oder *Vegetation*, 1978, 29,5 x 21 cm, Collage, bemalt. Was ihn angespornt haben mag, war der Spruch Werner Bergengruens, den er vor sich an die Wand geheftet hatte: UND IMMERDAR ENTHÜLLT DAS ENDE SICH ALS STRAHLENDER BEGINN. Die eine »Sammlung K« war noch nicht einmal aufgelöst, als bereits die nächste entstand. Er wusste nicht einmal, dass er entsammelt wurde, während er in den Bündner Alpen weitersammelte. Dennoch muss er etwas geahnt haben, denn diesmal ging er umsichtiger vor. Diesmal war er sein eigener Kunstbetrieb, ein Kunsttotalbetrieb, denn er war Künstler, Archivar, Kurator, Kritiker, Stiftungsrat, Mäzen und einziger Käufer in Personalunion. Diese Sammlung würde ihm keiner nehmen, weil niemand erfahren würde, dass es sie gab. Er würde sie geheim halten, sie nur für sich schaffen. Sie sollte keinen beziehungsweise einzig den Wert der Kunst haben. Wo immer diese Sammlung lagern würde, dieser Lagerraum würde sein Museum sein, ein Museum, das keinem Zutritt gewährt.

Vaters Rückkehr nach Sankt Gallen kündigten zahllose Kisten und Schachteln an, die per Eisenbahn und per Post eintrafen. Ihnen folgte der Künstler, schlanker geworden, nüchtern und mit erholten Nerven. Und dem Künstler folgte die zweite Mahnung des Dorfschreiners, seine Rechnung endlich zu begleichen.

Auf dem Grundriss unserer Wohnung, der in meinem Kopf erscheint, blinkt ein Telefon im Wohnzimmer, eins in meinem Büro und das dritte im Schlafzimmer. Das Wasser steht einige Zentimeter hoch. Ich bin unvorsichtig. Was, wenn ich mit dem Treppenlift stecken bleibe? Ich bin fahrlässig. Was nun? Zurück zum Auto, doch da höre ich die Haustür, und da steht meine Mutter, die mit ihrem Hund unterwegs war. Da ist sie, wie immer, wenn einer ihrer Söhne sie braucht. Ich umgehe an ihrem Arm die aufgeweichten Teppiche, wate durch die Wohnung, das Wasser dringt in meine Schuhe. Ich bin überrascht, dass ich im Wasser gehen kann. Ich setze mich auf den Barhocker, eine Insel, von der aus ich die Feuerwehr alarmiere, der ich, als sie da ist, bei der Arbeit zuschaue. Mein Beitrag zu den Aufräumarbeiten wird sein, sie in meinem Muskelbuch zu beschreiben.

Und da steht er wieder, der König, und findet sein Reich geplündert vor. Zepter weg, Krone weg, wie die Hunnen sind sie über ihn hergefallen. Er muss – das erfährt er erst jetzt – wie ein Sträfling im Kellerverlies hausen. Weil seine Frau es mit ihm nicht mehr aushält. Hat es problemlos mit ihm ausgehalten, als das Geld floss. Auch von den Söhnen hört er nichts mehr, seit der Rubel nicht mehr rollt. Keiner kam ihn in der Klinik besuchen, als es ihm auch einmal dreckig ging, kein Anruf, keine Postkarte. Abgeschoben hat man ihn. Ausgetrickst. Zugeschaut, wie seine

Sammlung in Stücke zerrissen wurde. Er flucht, wie er wieder da steht, flucht und tobt und droht. Schmettert die Verließtür zu. Fehlt nur noch, dass sie seine Tür über Nacht verriegelten. Am Morgen findet er die frische Wäsche vor seinem Zimmer, aber das ist auch das Wenigste, was die Königin für ihn tun kann, diese –

Die Feuerwehrleute saugen das Wasser ab. Ich erkläre jedem, ich könne leider nicht mithelfen, die Muskeln. Jan, die ich später in New York anrufe, hat ein schlechtes Gewissen, weil sie nicht da ist. Weil sie nicht tun kann, was meine Mutter tut, was, wie ich denke, eigentlich ich tun müsste.

Er ist Konkursit, und als solcher darf er nichts besitzen. Jetzt ist er mal dran, verwöhnt zu werden. Hat er sich nicht lange genug für die Familie abgerackert? Kann seine Frau mal sehen, wie es ist, eine undankbare Brut zu ernähren. Hatte keine Ahnung, was es heißt, eine Familie zu ernähren. Jeden Tag Rechnungen, das hört nie auf. Man staunt, was so zusammenkommt, nicht wahr? Dazu auch noch der aufreibende Ärger im Geschäft. Damit sie ihre Lektion auch wirklich lernt, überlässt er ihr die Schreinerrechnung für seine Kunst. Abzubuchen vom Posten »Besonderes« in den Geschäftsausgaben. Die Kunst selber kommt in einen neu angemieteten Luftschutzkeller, wo sie wirklich sicher ist und dessen Miete er – nun, das ist seine Sache, wie er die Miete bezahlt.

Im Atelierhaus, wo er immer öfter schläft – nach Hause kommt er nur noch, um sich die frische Wäsche und das eine oder andere Sammlungsstück zu holen, das ihm die Hunnen großzügigerweise als »Frauengut« überlassen haben –, ist er damit beschäftigt, sein neues Leben aufzubauen: eine Galerie, mit der er junge Künstler fördern will, einen Antiquitätenhandel und eine

Reparaturwerkstatt, die sich auf alte Uhren spezialisiert. Die Hunnen haben in seiner Abwesenheit auch das Atelierhaus geplündert. Nicht ganz, grinst der Galerist, als der er sich schon sieht, den Keller haben sie übersehen, und das zugemauerte Zimmer sowieso.

Er schiebt das auffällige Tuch weg, hängt das Selbstbildnis von Max Falk ab – wo ist der eigentlich, wenn es einem dreckig geht? – und holt mit dem Vorschlaghammer aus: *Wamm!* für die Banker ... *Wamm!* für die Architekten, ohne die er nie so groß gebaut hätte ... *Wamm!* für die Ärzte ... *Wamm!* für die Hunnen, für seine Brut, für Max Falk, diesen – Werdet schon sehen! *Wamm! Wamm!* Die Ziegelmauer bricht ein, er wirft den Hammer weg, reißt die Ziegel, ahh!, vor ihm liegt ein Schatz, würdig eines Ramses oder wie auch immer der Kerl in *Das Tal der Pharaonen* heißt, den er kürzlich wieder im Fernsehen gesehen hat, und hier, er sieht sich schon umringt von jungen Künstlern und vor allem Künstlerinnen, die ihn, den Förderer, bewundern, hier wird er seine Ausstellungen abhalten, ahh! *Wamm!* Strahlend wird sein Beginn sein, den das Ende enthüllt, werdet schon sehen! Und wessen Ende, werden wir erst noch sehen! *Wamm! Wamm!*

Die Wohnung ist wieder trocken, doch noch immer stehen die Möbel »falsch«. Sie stehen in meinem Weg, wörtlich. Misstrauisch wie eine Katze registriere ich jede Veränderung in der Wohnung. Wie meine eigene Katze verinnerliche ich die Veränderung, doch während sich meine Katze von nun an nicht mehr für die Veränderungen interessiert, muss ich sie in meinen Bewegungsablauf einbauen: Woran kann ich mich festhalten, welche Stolperfalle muss ich vermeiden, wo bleibe ich stecken? Nach kurzer Zeit schon steht mein neuer Katzenpfad fest.

Manchmal muss er im Geschäft oder dem, was davon übrig geblieben ist, auftauchen, um seiner Brut, die ohnehin alles falsch macht, zu zeigen, wie ein Geschäftsmann »geschäftet«. Das geht so: Jedem, der zur Tür hereinkommt, teilt er mit, er sei der Chef, und ob dabei sein Hosenladen offen steht oder nicht, tut verdammt noch mal nichts zur Sache. Auch nichts zur Sache tut, dass es ein Laufbursche war, mit dem er einen Deal vereinbaren wollte. Ganz übel ist Arroganz, Arroganz ist das Ende jeder Firma. Klingelt das Telefon, nimmt auch mal der Chef den Anruf entgegen, muss aber meist den Hörer wieder auf den Schreibtisch knallen, weil sich der Anrufer als ein Arschloch entpuppt hat. Respekt, das ist das A und O eines erfolgreichen Geschäftsmannes, und keiner weiß besser als er, wie man sich ihn beschafft, diesen verkackten Respekt. Seiner Frau, die sich mit irgendeinem Unsinn beschäftigt, erklärt er, dass das Aufhängen eines Chefgesprächs Sache der Chefsekretärin sei, worauf die Chefsekretärin den Hörer wieder auflegt und den Chef fragt, ob er nicht im Atelier zu tun habe. Hat er, das kann man ihm glauben, denn ein Chef kämpft an allen Fronten, doch erst muss er noch einen Zehnjahresbedarf an Briefpapier bestellen, weil man so bessere Konditionen erhält.

Ich sage L., dass das Bild, das er mir geliehen hat, leicht Schaden genommen habe. Es sei heruntergefallen, als ich mich auf der Suche nach einem neuen Katzenpfad daran festgehalten hätte. Weil das Gehen nicht mehr so gut gehe, bräuchte ich die Wände. Macht nichts, sagt L.

Mit Rott geht er jetzt allein spazieren, da sich auch der Jüngste von ihm abgewandt hat, weil man auch ihn systematisch gegen den eigenen Vater aufgehetzt hat. Dass er sich nie um Schulangelegenheiten gekümmert hat und, wie man ihm jetzt aus heiterem Himmel vorwirft, auch nie um diese Erkrankung, wie heißt sie gleich noch mal, ist ganz einfach eine gottverdammte Lüge und liegt daran, dass man ihn auch von diesen Angelegenheiten, wie eben von allem, systematisch ausgeschlossen hat!

Einmal kümmert er sich doch um die Erkrankung seiner Söhne. Er schaut seinem Jüngsten zu, wie er mit Mühe und erst nach mehreren Versuchen aus dem Loungechair hochkommt. Er sagt aufmunternd, »dir ging es auch schon besser«, doch erntet er nur einen unverschämten Blick, worauf sich der Jüngste daran macht, die Treppe hochzukriechen, um von ihm wegzukommen. Soll er doch! Nur wird er nicht schnell genug sein, denn wenn hier einer jemanden stehen lässt, dann ist er das!

Wieder hat sich ein Sammlungsstück (Nr. 4) als irreparabel erwiesen. Jeder weiß, wenn *er* ein Sammlungsstück wegwirft, dann war es wirklich nicht mehr zu retten. War eben doch keine Trouvaille. Nun, auch er darf sich mal täuschen, oder etwa nicht?

Daran, dass er nach drei Monaten Orangensaft, von dem er Juckreiz bekommt, und Schwarztee, der ihn nicht einschlafen lässt, wieder mit dem Saufen anfängt, ist der Älteste schuld. Der findet, dass sich sein Vater am Weihnachtsabend ein Gläschen Wein zum Anstoßen verdient habe. Na dann, Fröhliche Weihnachten. Drei Stunden später sind drei Flaschen leer und er liegt bewusstlos auf dem Wohnzimmerboden. Auf die Füße, die er unter den Weihnachtsbaum gestreckt hat, tropft Kerzenwachs.

Ich warte. Ich kann nichts tun. Ich warte darauf, dass das Wasser aus dem Boden und aus den Wänden verdunstet. Das Funktelefon liegt vor mir auf der Küchenbar.

Hat er richtig gehört? Hat sich Sammlungsstück Nr. 1 wirklich vor den Sammler gestellt und gesagt: »Ich gehöre dir nicht mehr«? Das kann nicht sein. Das hat es noch nicht gegeben. Ein Sammlungsstück kann sich nicht vor den Sammler hinstellen und so etwas sagen. Es ist Ostern. Frohe Ostern.

Auch die Scheidungsklage, die er im Sommer erhält, kann nicht sein. Dennoch brüllt er: »Ich mach dich total fertig, geschäftlich, moralisch, finanziell und überhaupt in jeder Beziehung, und deine verkrüppelten Söhne ebenfalls!«

Ich ziehe ins trockene Arbeitszimmer um, frühstücke jetzt auch hier, lese die Zeitung, meide, wie sich herausstellt, für Wochen das Wohnzimmer und die Küche.

Die Polizei teilt der Restfamilie mit, sie könne zu deren physischem Schutz erst dann etwas unternehmen, wenn physisch etwas geschehen ist. Auf die Frage, was, weiß die Polizei nur, dass Herr Keller noch immer der rechtmäßige Gatte von Frau Keller und somit das Oberhaupt der Familie ist. Dass er noch immer im Hause wohnt, untermauert diese Tatsache. Die Revolver, die überall geladen herumliegen, kann man nicht als unmittelbare Bedrohung bezeichnen, es muss schon ... es *ist* ein Schuss losgegangen, verrät seine Frau (wie er über seine Quellen erfährt), im Dachstock, vor zwei Jahren, als er ihr die Angst vor den Waffen nehmen wollte. Die Kugel pfiff an ihrem Ohr vorbei und drang in einen Buchrücken ein. Seither hört sie schlechter. Ihr Mann hat sich nicht entschuldigt, sondern den Waffenhersteller verflucht. Sie könnte tot sein, sagt meine Mutter, doch die Polizei muss wissen, ob es Zeugen gegeben hat. Da es keine gegeben hat, kann die Polizei ihr nur raten, vorsichtig zu sein und sich beim nächsten Mal rechtzeitig zu melden.

Dem Ältesten wirft er zweimal ein Steakmesser nach, trifft aber nicht. Dem Mittleren sagt er, wäre er nicht schon ein Krüppel, würde er ihn zum Krüppel schlagen. Der Jüngste, das hat er schon gemerkt, geht ihm aus dem Weg, doch weiß der Jüngste, wie recht dem Vater das ist? Fahrt doch alle zur Hölle. Frohe Auffahrt.

Die Sätze, die ich schreiben will – zum Beispiel jener, dass mich die »falsche« Anordnung der Möbel verstört –, führen mich wie an einem Geländer durch die Wohnung. Habe ich einen Satz im Kopf, »geht« das Gehen besser, weil ich so davon abgelenkt bin. Sollte ich über einen Satz stolpern – buchstäblich –, würde ich ihn mir merken können.

Die Mutter schließt sich von nun an mit ihrem jüngsten Sohn im Schlafzimmer ein. Der Älteste hat sich in einer eigenen Wohnung in Sicherheit gebracht, und den mittleren, der immer schwerer wird, trägt er schon nicht weg. Dennoch sagt sie Mix, er solle die Schlafzimmertür verriegeln, was Mix manchmal vergisst. Doch der Vater hat nicht die Absicht, einen seiner Söhne zu stehlen.

Bis zum letzten Tag wäscht die Mutter die Wäsche ihres Ehemannes und legt sie vor die Tür der Tobzelle.

Laufe die Südroute von Bad zu Bett an der rechten Wand entlang. Der Abgrund einer offenen Tür.

Einmal, nach Flasche 4, entscheidet der Bewohner der Tobzelle, seine Frau habe ihre ehelichen Pflichten zu erfüllen. Dieser gelingt es, sich zu befreien und sich in ihrem Schlafzimmer einzuschließen. Es ist nichts passiert, weil es keinen Zeugen gibt.

Die gerichtliche Verfügung trifft ein. Das Wesen, das in der Tobzelle haust, muss das Haus per Monatsletzten verlassen, doch es zerreißt den Brief nur und stapft davon. Spät nachts ist ein tiefes Röhren aus den Kellergewölben des Hauses an der Alpsteinstraße zu hören.

Ich stehe vor dem zerlegten Schrank und kann nicht mit anpacken. Überall Gegenstände in meiner Reichweite. Es war doch nur Regen. Regen, der für einige Stunden die Kanalisation überfordert und so durch die Rohre in unsere Kellerwohnung eindringen konnte. Ich will Holz hacken, Rasen mähen, harken, jäten. Ich will toben.

Ich will ans Ende meiner Kräfte gelangen, nicht nur mit meinen Kräften ans Ende des Korridors.

Ich will Erschöpfung, gesunde Erschöpfung, nicht nach ein paar Schritten erschöpft sein. Was ist wirkliche Müdigkeit, gesunde Müdigkeit nach körperlicher Arbeit, Müdigkeit, für die sich der Aufwand lohnt? Was ist gesunde Verzweiflung, Wut, was ist Zorn? Ich könnte meine Kaffeetasse zertrümmern, ich könnte meine heutige Arbeit aus dem Computer löschen. Ich könnte schreien vor Wut. Ich öffne den Mund und bin still. Dieses ständige Nicht-Können. Dieses ewige Auf-Hilfe-angewiesen-Sein. Immer warten, immer zusehen müssen. Dieses bisschen Wasser.

Als Vater am Vormittag des gerichtlich festgesetzten Auszugstages nach Hause kam, stellte er fest, dass sein Schlüssel nicht mehr passte. Vor der verschlossenen Tür (stelle ich mir vor, ich war in der Schule) schwor er sich, seine Drohungen wenigstens dieses eine Mal in die Tat umzusetzen. In einigen Metern Abstand wartete ein Sicherheitsbeamter. Vater fuhr in das Atelierhaus und rief meine Mutter im Geschäft an, schrie, er werde dafür sorgen, dass sie und ihre Brut für den Rest ihres Lebens keinen guten Tag mehr haben würden, und unterbrach die Verbindung.

Da meine beiden älteren Brüder zum Zeitpunkt der Scheidung bereits volljährig waren, blieb es ihnen überlassen, ob und wie oft sie ihren Vater sehen wollten. Für mich gab es ein gerichtlich geregeltes Besuchsrecht, so wie es auch eine »Regelung für Rott« gab. Diese, von meinem Vater verfasst, gestempelt und seiner Meinung nach rechtskräftig unterschrieben, verfügte, der Hund werde von Herrn Keller täglich zu einer von diesem zu bestimmenden Zeit abgeholt, weswegen Herrn Keller ein Schlüssel für das Haus an der Alpsteinstraße auszuhändigen sei. Sollte er verhindert sein, würde sich ein entsprechender Zettel auf der Treppe finden. Das Futter war auf Fleisch, Knochen und sechs Eier festgesetzt und jeden Freitag durch ihn im Kühlschrank zu hinterlegen. Auch zu den Pflichten des Hundeausläufers gehörte es, für den Hundenachtisch besorgt zu sein, nämlich in Mortadellascheiben gerollte Hundekekse.

Dass er nicht für seine Söhne aufkam, begründete er damit, dass er als Konkursit ein auf das Existenzminimum gesetzter armer Schlucker sei. Das hinderte ihn nicht daran, seine beiden Wohnungen, das Atelierhaus und eine unbekannte Anzahl von Lagerräumen und deren Inhalt aufrechtzuerhalten. Uns warf er einen luxuriösen Lebenswandel vor. Als Beweis führte er an, dass wir uns unnötige Ausgaben wie die Fr. 734,30.– für das Auswechseln der Türschlösser leisten würden. Statt für mich Alimente zu zahlen, schickte er mir zwei oder drei Mal einen Hundertfrankenschein. Was mir einen beachtlichen Auftritt auf dem Flohmarkt verschafft hätte, schickte ich an den Adressaten zurück. Das erste Mal ersetzte es meine Mutter; das zweite Mal verzichtete ich, moralisch gereift, auf den Ersatz des erlittenen Verlustes. Mein Vater antwortete postwendend, dies sei ungezogen. Er verüble es mir jedoch nicht, da er ja wisse, wer dahinter stecke. Im Scheidungseinvernahmeprotokoll führte er an, seinem jüngsten Sohn als freiwilliges Entgegenkommen und Zeichen seines guten Willens (und als Taschengeld) eine Summe von Fr. 30.– wöchentlich zu überweisen, also jährlich Fr. 1440.–, eine Summe, die er mit den Alimenten verrechnen werde. Dieses Taschengeld werde bezeichnenderweise nicht retourniert. Im Übrigen, fügte er hinzu, mache es ihm keinen Eindruck, wegen der Alimente (die er nicht bezahlte) betrieben zu werden.

Auch um seinen Hund hat er über seine »Regelung« hinaus nicht gekämpft; gestritten hat er nur um Gegenstände; alles Lebendige hat meinen Vater verunsichert. Was Beine hatte, selbst geschwächte, würde ihm davonlaufen. Hat er sich eingebildet, meine Mutter habe auch den Hund gegen ihn aufgehetzt? Wer nicht für ihn war, war gegen ihn. Rott war gegen ihn. Jetzt führten meine Mutter und ich den Hund nach dem Essen spazieren und redeten meist über Vater. In Sachen Rott hörten wir erst wieder von ihm, als der Hund starb. Innerhalb eines Tages ließen Metastasen seinen Körper anschwellen. Ich hielt meinen Hund, als ihm der Tierarzt die Spritze gab. Von meinem Vater erfuhr ich über seinen Anwalt, er wisse »über seine Kanäle« sehr wohl, dass wir Rott getötet hätten, weil er uns im Weg gewesen sei.

Bereits während der Scheidung drohte er damit, uns zu verklagen. Wir erhielten eine erste, noch inoffizielle Liste aller Gegenstände, die oder deren Gegenwert er haben wollte, geschrieben mit der großpunktigen, Raum und Besitz beanspruchenden Schrift seiner mechanischen Schreibmaschine. Im Gerichtsordner finde ich mit Staunen Hinweise auf Rechnungen eines Gartenbaugeschäfts vom August 1958 – ein Jahr, nachdem meine Familie in das Haus einzogen ist – über einen Betrag von Fr. 53.– und den einer Baumschule vom 13. November 1959 über Fr. 45,40. Ich finde einen Posten »Kristallleuchter«, ich finde einen Betrag »Umwälzpumpe«; hätte er sie am liebsten mitgenommen? Er wollte das Geld für »Heizungsnacharbeiten«, »Malerarbeiten« oder »Dachreparaturen«, als seien diese Arbeiten nach zwanzig Jahren nicht längst erneut fällig geworden und als habe er nicht selbst zwei Jahrzehnte lang in diesem Haus gewohnt, von dem er mehr als die Hälfte für sich allein beansprucht hatte. Unsere alten Vorhänge waren aufgeführt. Da er für diesen Posten keine Rechnung als »Beweis« besaß, listete er den Vorhangverkäufer als »Zeugen« auf. Ich finde den Anbau des Eingangsbereiches, des Geräteschuppens und der Doppelgarage, und als »Beweis« den Namen des Architekten – als Zeuge wofür? Dass er sie gebaut hatte? Ich finde alles, was im Garten unter

Kunstverdacht stand, und hier zeugten die Künstler, mit Name und Adresse. Er forderte die Kosten der Arbeiten zurück, die sein eigenes Geschäft vor zwei Jahrzehnten am Haus ausgeführt und die er vermutlich selbst nie bezahlt hatte. Ich finde eine Rechnung über Fr. 79.–, eine Spende für die Blindenheime Sankt Gallen. Auch dieses Geld wollte er wiederhaben, wie auch die Fr. 16.– Stempelgebühr für den Eintrag des Hauses im Grundbuchamt.

Wie ich dies schreibe, sehe ich meinen Vater in seiner Ecke im Atelier, wo er sein Büro eingerichtet hat. Er scheint vor dem Hintergrund der mit weißen Leintüchern verhängten Fensterfront, umgeben von seinen Ordnern, auf dem Kopf, wie einst im Dachstock, seine Buchhaltermütze, im Rauch seiner Zigarre zu schweben. Ich stelle mir vor, dass auf dem Schreibtisch neben ihm, der ja nie etwas weggeworfen hat, sauber geordnet und bereit, nummeriert und eingeordnet zu werden, die vielen Briefe seiner Söhne liegen, in denen sie ihn anflehen, doch der Familie wenn er sie schon nicht unterstützen mag, so doch wenigstens nicht noch zusätzlich mit Gerichtsprozessen zu schaden, zumal er selber am besten weiß, wie ungerechtfertigt sie sind. Doch er hustet nur, wischt unsere Bitten (und mit ihnen die unserer Mutter), als wären sie lediglich der Rauch seiner Zigarre, weg, worauf ich ihn sein Mantra murmeln höre: *Das alles gehört mir!*

Fieberhaft hämmert er Posten um Posten in seine Rechenmaschine, auch sie eine der Konkursmasse entwendete Antiquität. Erst als sie die Endsumme ausspuckt, zu der er die grob geschätzten und zu seinen Gunsten aufgerundeten Zinsen und Zinseszinsen zählt, hält er noch einmal inne. Besinnt er sich jetzt? Denkt er an Puck, seinen ältesten Sohn, der ihn besuchen will, um mit ihm »etwas zu besprechen«? Zögert er, um sich einmal Gedanken darüber zu machen, was er hier eigentlich tut? Vielleicht, vielleicht auch nicht. Ich weiß es nicht. Dann blickt er wieder auf die Summe, die seine antike Rechenmaschine ausgespuckt hat, und teilt sie durch drei: zwei Teile für ihn, einen für seine zukünftige Exfrau und deren Söhne. Weil er sein Angebot für großzügig hält, unterstreicht er es doppelt, versieht er es mit drei Ausrufezeichen und schreibt darunter: *Ich kann auch anders!*

Zum ersten Mal in diesem Jahr gehe ich in den Garten. Weil Jan nicht da ist, warte ich, bis meine Mutter in der Nähe ist. Die Stufen hinauf komme ich noch gut, ohne Hilfe. Aber die Stufen hinunter – da habe ich Angst. Ich wage es, es geht, aber nicht gut. Jede Stufe braucht neuen Mut, jede versetzt meinem rechten Knie einen harten Schlag. Meine Mutter steht daneben. Sie ist ruhig. Sie sagt nur, dass wir hier eine Lösung bräuchten, ich müsse doch allein in den Garten können.

Es ist der erste schöne Frühlingstag in diesem Jahr, und er macht mich traurig. Ich will in den Garten, habe aber keinen Schnee mehr, von dem ich mir sagen könnte, er halte mich davon ab. Jetzt sind es die Beine, meine Muskeln, jetzt bin ich es. Ich sitze in meiner Wohnung fest. Ist die Natur für mich nur noch zum Betrachten da? Ich ziehe die Vorhänge und träume von Schnee.

Kurt Adler, *Chromosomen III (Erbanlagen-Serie)*, Collage, unter Verwendung einer Erstausgabe von *Patrimony*, der englischen Ausgabe von *Mein Leben als Sohn* von Philip Roth, 1994, Privatbesitz.

Am Abend treffe ich U. zum Essen. Während er mich vom Park-
platz ins Restaurant schiebt, erzähle ich ihm, dass es mir an Tagen
wie diesen schwer falle, meine Wohnung nicht einfach verlassen zu
können, zumal auch noch die Arbeit ins Stocken geraten sei. U.
schweigt, nickt, ist betroffen, doch betrifft es ihn nicht genug, mir
den Satz anzubieten: »*Ruf mich doch beim nächsten Mal an, und*
dann gehen wir zusammen hinaus.« *Fragen mag ich ihn nicht; fra-*
gen würde ich nur jene, die es mir anbieten.

Später erwähne ich einen Film, den ich mir gerne ansehen würde
und der in einem der wenigen für mich zugänglichen Kinos in Sankt
Gallen läuft. Der Film interessiert uns beide. Ich erzähle ihm, dass
ich dem Kinobesitzer einen Brief geschrieben hätte, um ihn zu fra-
gen, weshalb acht seiner zwölf Kinosäle Rollstuhlbenutzern unzu-
gänglich seien. Das findet U. stark.

Am nächsten Morgen rufe ich ihn an, um den Kinoabend zu ver-
einbaren, doch U. hat keine Zeit mehr. Er sagt nicht, er habe im Au-
genblick zu viel zu tun, was er gestern nicht realisiert habe; er sagt,
sein Bedarf an Kino sei im Augenblick gedeckt. Ich frage mich, ob er
es sagt, weil er weiß, dass es meiner nicht ist. Habe ich ihm einen
Grund gegeben, mir dort wehzutun, wo es wirklich wehtut, und was
für ein Grund könnte das sein? Vermutlich ist es keine Absicht; doch
auch das mag ich ihn nicht fragen.

Vom Kinobesitzer erhalte ich einen Brief, in dem er mir etwas be-
leidigt mitteilt, dass er eines der von mir aufgelisteten Kinos sehr
wohl mit einer Rampe versehen habe. Die anderen sieben Kinos, die
unzugänglich bleiben, erwähnt er nicht. Ich nehme mir vor, beim
nächsten Mal meine Hausaufgaben sorgfältiger zu machen.

Herbstnachmittag, 1980

Stufen: Das ist alles, woran er denken kann. Bevor er die acht sieht, die zum Hauseingang führen, tauchen sie, wie auch die vier, die hinter der verschlossenen Haustür liegen, in seinem Kopf auf. Als Ohnmacht. Scham. Erniedrigung. Wut. Als Prüfung: Schafft er sie noch? Dass er eine Treppe bereits einmal überwunden hat, heißt nur, dass er sie dieses eine Mal geschafft hat, auch, dass er sie noch für Monate, wenn nicht Jahre, schaffen wird, nicht aber, dass er sie, als habe er den Test ein für alle Mal bestanden, von nun an immer wird überwinden können. Seine Muskeln sind schwach, und sie werden schwächer.

Treppen steigen – Stufen nehmen – ist nichts, das er lernen kann und dann für immer beherrscht. Und doch ist es ein bisschen wie etwas Gelerntes: Es ist das, was man wieder vergisst. Das weiß er seit der Matura, die bereits vier Jahre zurückliegt. Bei allem, wofür man Muskelkraft braucht, schwingt dieses Noch mit: Noch kann er von seinem Sofa aufstehen; von einem niedrigen Mäuerchen zum Beispiel kann er es nicht mehr. Noch kann er aus seinem mit Hilfe eines Freundes selbst restaurierten Triumph Spitfire aussteigen; doch er kann nicht mehr unter den Wagen kriechen: Dies tut sein zu günstigen Konditionen arbeitender Mechaniker-Freund für ihn. Noch kann er kraftvoll das Gaspedal durchdrücken und beim Vorbeifahren an den Straßencafés die Reifen aufheulen lassen. Noch kann er allein duschen. Noch kann er sich selbst anziehen. Noch kann er von der Toilette aufstehen. Noch kann er seinen Arm über den Kopf heben, um sich zu kämmen. Noch kann er ein volles Glas zum Mund führen. Noch kann er atmen.

Noch, noch, noch.

Er greift nach dem Geländer. Es ist kühl, unnachgiebig und fest mit der Mauer verankert, welche die Treppe abschirmt. So fühlt er sich kräftig. So kann er die erste Stufe in Angriff nehmen.

Er ist vierundzwanzig; die meisten seiner Freunde segeln, reiten, und einer ist dabei, die Helikopterprüfung abzulegen, während er – er schwingt das linke Bein auf die erste Stufe – bereits wie ein alter Mann geht. Seine Muskeln fühlen sich an, als seien sie in Gummi eingeschweißt. Egal, wie sehr er sich anstrengt, er kommt nicht schneller voran. Auch wird er sich nicht ausruhen können, hat er einmal die zwölf Stufen, die vor ihm liegen, überwunden.

Steht der linke Fuß fest? Das gilt es beim Stufennehmen zu berücksichtigen. Für einen Augenblick ist dieser Fuß für die Stabilität des ganzen Körpers verantwortlich. Rutscht er weg, fällt er hin. Seine Schuhsohlen sind aus Gummi, zusätzlich hat er sie mit Schmirgelpapier aufgeraut; die Stufen sind im günstigsten Fall (wie hier) aus rohem Granit; ist der Stein aber poliert, so genügen ein paar Tropfen, um ihn ausrutschen zu lassen. Einmal hat er darum bitten müssen, dass man ihm die Stufen vor dem Betreten trocknete; das Mädchen, das er besuchte, hätte ihm als Freundin gefallen. Doch nachdem sie sich für ihn auf die Stufen hinkniete, den Stein mit einem Geschirrtuch abwischte und immer wieder »Reicht es jetzt?« sagte, worauf er immer wieder »Noch ein bisschen« antworten musste, verflüchtigte sich der gegenseitige Wunsch, diese Freundschaft zu vertiefen, Stufe für Stufe.

Heute aber scheint die Sonne schon den ganzen Tag, und der Stein ist trocken. Auch besucht er keine, die als Freundin in Frage käme. Er stemmt den rechten Arm durch. Diese Hebelbewegung ersetzt jene Muskeln, die das Knie kommandieren und das Bein

zum Durchbeugen und somit – unter anderem – zum Treppensteigen bringen. Das linke Bein, dessen Fuß den Körper auf der
Stufe verankert, bildet mit dem durchgestreckten rechten Arm
eine Achse, und aus dieser Achse – der Schieflage, in die dieses
Manöver seinen Körper bringt – gewinnt er die Hebelkraft, das
rechte Bein auf die Stufe zu hieven. Als könne er es nicht glauben,
dass er auf der ersten Stufe steht, löst er die Hand vom Geländer,
reibt sie und umfasst es gleich wieder. Er wird die zwölf Tritte
schaffen. Was danach kommt, wird ihm vermutlich nicht gelingen; dennoch ist er es sich und als Ältester auch der Familie schul-
dig, diesen Schritt zu tun.

Er geht nicht wirklich wie ein alter Mann. Eher watschelt er wie
eine Ente. Eine alte Ente. Er hat einen Entenpo, das sagt er selber.
Der bei jedem Schritt wackelt. Der sich so sehr nach hinten wölbt
wie sich sein Bauchansatz nach vorne streckt. Der Entenpo ist
eine Kompensationsbewegung, die sich dadurch ergibt, dass er
sich beim Gehen stets leicht nach vorne beugt. Ein noch kräftiger
Muskel muss leisten, was ein geschwächter nicht mehr kann. Da
er die Knie nicht mehr durchzubeugen vermag, kompensiert er
diese Bewegung mit seinem ganzen Körper, und so stolziert er
manchmal, Sankt Gallens Dandy, dessen Haar allerdings immer
kürzer wird, durch die Multergasse, Sankt Gallens Champs-Ély-
sées. Mit dem Stolzieren wiederum gleicht er ein bisschen den
Entengang aus, stolziert also wie ein Storch, was etwas besser aussieht. Ein Storch mit einem Entenpo. Die Beine stöckeln, die
Hüfte wippt. Eine Frau hat ihm einmal nachgerufen, ob er die
Art, wie er gehe, etwa lässig finde, und sollte das zutreffen, müsse
sie ihn wissen lassen, dass bei ihr diese bescheuerte Anmache
nicht ankomme. Eine andere versprach ihm einen Abend lang,
von nun an seine Beine zu sein, doch als sie sah, was es brauchte,
bis er auf diesen stand, wollte sie ihm ihre Telefonnummer nicht
mehr geben.

Er ist oben. Steht im Niemandsland des Treppenhauses, dessen Licht der Timer schon wieder ausgeschaltet hat, auf einem
durchgewetzten Teppich. Schaut hoch: Würde er hier wohnen,

müsste er bei jedem Stockwerk das Licht von neuem anknipsen und dennoch jedes halbe Stockwerk im Dunkeln besteigen. Er hat die Treppe und die Eingangstür in weniger als zwei Minuten geschafft. Hundertzwanzig Sekunden geteilt durch zwölf Stufen macht zehn Sekunden pro Stufe. Die Konzentration auf das Treppensteigen hat ihn abgelenkt; auch wenn er die Zeit, die er dafür braucht, einkalkuliert, so ist er manchmal doch dankbar um die Verzögerung. Der Weg wird länger, die Gedanken klarer. Mag er auch an Muskeln verlieren, so gewinnt er doch an Zeit. Jetzt ist er da. Jetzt wird er dem Bewohner der Wohnung, an dessen Tür er klingelt, erklären – ihn bitten? zwingen? ihn auffordern? –, doch bitte (bitte!) mit der Zerstörung der eigenen Familie aufzuhören.

»Willkomm, Sohn.«

Ist es höhnisch gemeint, traurig, oder ist sein Vater einfach nur angetrunken? Betrunken ist er nicht, war es auch zu Hause um diese Zeit meist noch nicht. Er überwindet sich, die Hand seines Vaters zu schütteln. Sie fühlt sich rau an, auch das ist ihm vertraut. Sein Vater dreht sich um, geht ihm voran und verschwindet um eine Ecke. Er folgt ihm, so schnell er kann. Immerhin hat er so Zeit, sich umzusehen.

In der Wohnung ist es dunkel. Schattig scheint das treffendere Wort zu sein, da die vielen Objekte, die dem Licht im Weg stehen, überall Schatten werfen, Schatten, die ineinander fließen, Schatten, die alles einschwärzen. Licht scheint das Einzige zu sein, von dem es in dieser Wohnung nicht zu viel gibt. Im Korridor brennt eine Lampe, deren Schirm so verfärbt ist – vom Tabak? –, dass ihr eigenes Licht nur dazu reicht, auf sich aufmerksam zu machen. Was sich weiter entfernt befindet – wie auch sein Vater, der bereits unter ihr durchgegangen ist –, taucht sie in Halbdunkel. Er begreift, weshalb die Wohnung so dunkel ist: Es gibt keine Fenster. Das heißt, es gibt sie, doch sind sie verklebt. Oder verstellt. Hinter dem eintürigen Schrank, an dem er vorbeikommt – stand er nicht früher im Haus an der Alpsteinstraße im Wohnzimmer? –, könnte ein Fenster sein.

Sonst ist alles vertraut, obwohl er zum ersten Mal hier ist. Die Zimmer sind Fluchtburgen, der Korridor eine Schlucht, in dem nicht nur Muskelschwache aufpassen müssen, nicht zu stolpern. Drei Zimmer, für jeden verstoßenen Sohn ein voll gestopftes. Eine Existenz zwischen Steinbären und Plastikgartenzwergen, Weihnachtsbaumengeln und Flohmarktholzpuppen. Leere Vogelbauer. Teppiche aus Persien, Burma und Peru geschichtet, Ölbilder gereiht, Lithographien gestapelt. Die ozeanischen Masken, die gerahmten Fragmente alter Holzschränke. In das Rauschen des Radios tickende Uhren. Rost, Staub, Knochen, Glasscherben, verschimmeltes Brot.

Obwohl hinter einer Wand von Gegenständen ein Bett hervorschaut, erinnert ihn die Wohnung an ein aufgegebenes Archiv, ein Magazin. Überwältigt von der Masse, hat er seinen Vater, der das alles angeschleppt hat, bereits wieder vergessen und ist überrascht, als er ihn aus dem Raum, den andere als Stube benutzen würden, herausragen sieht – der Archivar, der stämmige Magaziner, der bärtige Häuptling, der seinen Stamm verloren, der Eingeborene, der sich in sein Reservat zurückgezogen hat.

»Du siehst ja, wie ich hausen muss«, sagt sein Vater.

Er hält sich an der Klinke der Stubentür fest.

»Warum hast du auf nichts gehört?«

Bevor er sich setzt, muss er dafür sorgen, dass sich ihm gegenüber ein zweiter freier Stuhl befindet, zumal es jetzt darum gehen muss, einen geeigneten Einstieg in das schwierige Gespräch zu finden. Er befindet sich schon mittendrin, und läuft es nicht bereits schief? Soll es schief laufen? Ist er vielleicht deshalb hier? Weil er im Grunde weiß, dass es schief laufen wird, weil sein Vater nicht anders kann, und weil er, der Sohn, es sich ein letztes Mal bestätigen lassen muss, bevor endgültig zu Ende ist, was so lange auf dieses Ende hingesteuert hat?

»An gutem Willen hat es *mir* nie gefehlt.«

Er ist sich nicht sicher, ob sein Vater das wirklich gesagt oder ob er es sich eingebildet hat.

Ihn beschämt, dass er ihn darum bitten muss, ihm einen zweiten Stuhl zu bringen, damit er aufstehen kann. Noch verletzender ist es, sich von jenem helfen lassen zu müssen, der sich entschlossen hat, ihn auf juristischem Weg zu Fall zu bringen. Er hat seinem Vater nur die Hand geschüttelt, und schon ist das Gespräch eine Verhandlung geworden. Zumindest ist es eine Vorverhandlung, ein Vermittlungstreffen ohne Vermittler, um die eigentliche Verhandlung vor Gericht, die sein Vater eingeleitet hat, zu vermeiden. Damit man sich einigt. Wie einigt man sich mit einem, der alles will? Er wünscht sich, er hätte seinen Vater nicht hier getroffen, sondern in einem Restaurant, auf neutralem Boden. Und doch glaubt er in seinem Gegenüber noch etwas von einem Vater zu entdecken, von dem Vater, den er, was er nicht gern zugibt, gebraucht hätte.

Sein Vater bringt ihm den zweiten Stuhl, murmelt etwas wie: »Ist doch klar« und: »Von mir kann man doch alles haben«. Er bietet ihm Mineralwasser an und sagt: »Siehst du, von Alkohol keine Spur. Auch so ein Blödsinn.«

»Vater«, sagt er zögernd und nimmt einen Schluck, bevor er zur Sache kommt, »wenn du den Prozess gegen uns zurückziehst, kannst du auch weiterhin damit rechnen, dass wir dich besuchen werden. Dann hast du drei Söhne gewonnen, sonst hast du drei Söhne verloren. Dann werde ich gehen, und du wirst uns nicht wieder sehen. Ich spreche hier im Namen deiner drei Söhne.«

Sein Vater grinst nur.

»Du kannst nicht erwarten, dass wir mit dir verkehren, wenn du gleichzeitig gegen uns prozessierst.«

Sein Vater könnte den Versuch unternehmen zu erklären, der Prozess sei nicht gegen seine Söhne, sondern einzig gegen seine Exfrau gerichtet. Aber er tut es nicht. Stattdessen kramt er aus dem Stapel Papier auf dem Tisch eine Polaroid-Aufnahme hervor und hält sie stolz seinem Sohn hin. Es ist eine junge Frau, die auf einem Stuhl sitzt. Ihr Kopf ist nicht zu sehen, die Beine schneidet der Rand der Aufnahme unterhalb der Knie ab. Sie ist nackt, ihre Beine sind gespreizt. Mit den Fingern zieht sie ihre Schamlippen auseinander.

»Ich brauch deine Mutter nicht«, sagt sein Vater.

Wie sehr er aufspringen und ihm die Faust ins Gesicht rammen will! Am Kragen will er ihn packen, ihn durchschütteln, ihm ins Gesicht schreien, was für ein Schwein er sei. Er will ihn von sich wegstoßen, ihn aus sich herausreißen. Doch er kann das alles nicht; er brüllt ihn nicht einmal an. Weiß er denn, wozu dieser Mensch fähig ist? Trotz seiner Drohungen ist sein Vater nicht gewalttätig; aber vielleicht stimmt das so nicht. Ihm hat er einmal ein Messer nachgeworfen. Vielleicht ist sein Vater nur jenen gegenüber gewalttätig, die nicht kräftig genug sind, sich zu wehren.

»Ich würde gern wissen, was für eine für dich die Beine breit macht. Musst du immer bezahlen?«

Einmal hat sein Vater seiner Freundin ein Kondom hingehalten und, als sie sich empört abgewandt hatte, gebrummt, sie solle sich nicht so anstellen, das Kondom sei ihm aus der Tasche gefallen. Wenige Tage später hat er damit geprahlt, die Freundin seines Sohnes habe ihm ein Kondom zustecken wollen.

»Kriegst du ihn überhaupt hoch? Ist doch auch ein Muskel, oder?«

Er greift nach der Stuhloberfläche und rüttelt daran, um die Standfestigkeit des Stuhles zu überprüfen. Er zittert vor Scham, Wut, Ohnmacht. Er hofft, er kann auf Anhieb aufstehen, und als wolle ihm sein Vater zeigen, wie einfach das ist, springt dieser hoch und bleibt vor ihm stehen, breitbeinig, die Hände in die Hüfte gestemmt.

»Wenn ihr mich nicht besuchen wollt, lasst es bleiben. Ist mir auch recht. Spart mir Zeit. Die Klage wird durchgezogen, da bilde dir mal nichts ein. Ich verklage euch, bis ich habe, was ich will.«

Er stemmt sich mit Hilfe seiner Hand von der Sitzfläche hoch. Der Oberkörper geht nach unten, der Entenpo nach oben.

»Ich bin im Recht, und ich werde mir Recht verschaffen, verlass dich drauf. Alles gehört mir. Ihr seid Halunken. Ihr habt mir alles gestohlen. Alles, was ihr habt, gehört mir. Hörst du: alles!«

Sein Vater steht bedrohlich nah.

Wenn der Stuhl, einer der Stühle, egal welcher, in diesem Augenblick wegrutscht, würde er vor seinem Vater auf dem Boden liegen.

»Alles habt ihr mir genommen, das Haus, die Sammlung, das Geschäft, die Familie, alles! Ihr habt alle gegen mich aufgehetzt, die Bank, die Gläubiger, die Konkursbeamten, die ihr ins Haus gelassen habt, als es mir einmal schlecht ging!«

Was, wenn er auf diesen Mann angewiesen ist, um wieder auf die Beine zu kommen?

»Jetzt hole ich mir wieder, was mir gehört. Wirst schon sehen. Ihr werdet alle bluten, so, wie ich auch geblutet habe!«

Was, wenn ihn sein Vater umwirft – ein sanfter Stoß würde genügen?

Er sieht seinen Vater verzerrt, von unten. Er ist dabei, den Oberkörper mit dem rechten Arm hochzustemmen, sodass sein Kopf auf der Höhe der Hüfte seines Vaters ist.

Sein Vater schlägt ihn nicht. Er ist näher getreten, um ihm die Polaroid-Aufnahme mit dem nackten Mädchen noch einmal vor das Gesicht zu halten.

»Umgekehrt ist es, mein Lieber! Nicht du, Sohn, stellst hier die Bedingungen. Wenn du etwas von mir willst, komm angekrochen. Ich bin noch immer dein Vater, vergiss das nicht. Ihr habt die Wahl, nicht ich. Wenn ihr euch auf Mutters Seite stellt, mach ich euch eben mit fertig.«

Es gibt kein Warum mehr. Es ist jetzt einfach so und wird von nun an einfach so sein. Das wird ihm klar, wie er endlich diesem Mann, seinem Vater, gegenübersteht.

Sie berühren sich fast.

Dann endlich tritt sein Vater einen Schritt zurück.

Lacht.

Zeigt auf die Tür.

Wedelt mit der Polaroid-Aufnahme.

Sagt: »Es sei denn, es springt etwas für mich dabei heraus. Dann kommen wir jederzeit ins Gespräch. Aber was sind drei Krüppel schon wert?«

Stufen haben auch in meinem Verständnis eine ästhetische Funktion, selbst wenn es eine mich in die Schranken weisende ist. Aber eine Welt ohne Stufen ist so absurd wie eine Welt ohne die Farbe Gelb.

Ich will – das war im Sommer 1999, als wir wieder bei C. zur Untermiete in der Upper West Side wohnten – nach acht Stunden, unterbrochen von vier Exkursionen ins Bad, von meinem Bürostuhl auf das Sofa umziehen. Es ist schon nach sechs, Jan wird erst in zwei Stunden da sein. Ich kann vom Sofa nicht ohne Hilfe aufstehen. Was, wenn das Haus abbrennt? IN CASE OF FIRE USE STAIRS *steht neben dem Fahrstuhl.*

Ich werfe eine Auswahl Bücher aufs Sofa. Raymond Queneaus Blaue Blumen *in Italo Calvinos italienischer,* Eugen Helmlés *deutscher und in Barbara Wrights englischer Übersetzung,* Paul Virilio, Die Eroberung des Körpers, *eine amerikanische Jules-Verne-Biographie,* James Baldwin, The Fire Next Time. *Die Zeitung. Für den Fall, dass mir etwas auf dem Weg vom Bürostuhl zum Sofa zustößt, stecke ich das Telefon in die Tasche. Ich stemme mich vom Stuhl*

hoch, greife nach dem Stock, der am Schreibtisch lehnt, und mache mich auf den Weg. Vor dem Sofa drehe ich mich um, presse meine Hände auf die Knie, beuge mich nach vorne und lasse mich fallen. Wie weich sich die Kissen anfühlen!

Als Erstes fällt mir ein, dass ich doch lieber die Raymond-Carver-Storys lesen würde, aber die liegen unerreichbar auf meinem Schreibtisch. Als Zweites: Was, wenn Jan den Schlüssel vergessen hat?

Ich bin müde, die Arbeit lief schlecht, die Wohnung ist überheizt. Die Amerikaner sind in der Lage, auf den Mond zu fliegen und Länder, deren Namen sie nicht buchstabieren können, zu bombardieren, aber ein Haus anständig heizen, das können sie nicht! Das Telefon

*in meiner Hosentasche klingelt. Es ist Jan, die den Schlüssel verges-
sen hat.*

*Es ist zu heiß oder zu kalt und zischt und hämmert in den Roh-
ren. Wen rufe ich an, wen hetze ich durch die halbe Stadt, um mir
vom Sofa auf den Stuhl zu helfen? Wie kommt diese Person in die
Wohnung? Ich weiß nicht einmal die Nummer des Türstehers, der
mir helfen könnte. Liegt der Schlüssel vor mir auf dem Wohnzimmertisch? Nein, dort liegt nur ein vertrockneter Pfirsichkern. Ich
werfe ihn in die Richtung der Tür und bereue es sofort, weil ihn Jan
wieder aufheben muss.*

*Ich zittere, es sind nicht die Muskeln, es ist mein Zorn, der ihrer
Schwäche gilt. Eine Sirene ertönt, Polizei, Ambulanz. Was, wenn Jan
angefahren wird? Was, wenn ich einen Anruf aus dem Spital erhalte? Sie muss operiert werden, und ich sitze auf dem Sofa fest. Es
ist die Sirene der Feuerwehr. Brennt das Haus? Ruhig bleiben, sitzen bleiben, in dieser Stadt ertönt dauernd eine Sirene. Was tun,
falls das Haus wirklich brennt? Unser Notfallplan sieht so aus: Jan
fährt mich im Rollstuhl an die Treppe, hilft mir auf eine Wolldecke
und zieht mich so die Treppe hinunter, so gut und so schnell es geht.
Hoffen, dass das Feuer sich Zeit lässt. Hoffen, jemand hilft. Hoffen,
die Feuerwehr ist schnell. IM BRANDFALL DIE TREPPE NICHT BE-
NUTZEN. Es sind neun Stockwerke, zweimal neun Treppen, zweimal
zwölf Stufen pro Stockwerk mal neun macht zweihundertsechzehn
Stufen, wie viel Knochen hat der Mensch, hat der Mensch nicht
zweihundertsechzehn Knochen, werde ich mir pro Stufe einen Knochen brechen? Die Sirene verhallt. Nichts ist geschehen, nichts
brennt, ich sitze nur allein auf dem Sofa. Mir wird klar, dass dieser
absurde Plan nur funktioniert, wenn Jan da ist. Jetzt ist sie nicht da
und sucht den Wohnungsschlüssel. Ich will aufstehen. Ich will es
versuchen. Ich weiß nicht einmal, wo ich hin will, sollte es mir gelingen, aufzustehen. Ich will nur weg. Weg vom Sofa, weg von den
Treppen, weg von den Schildern, die mir sagen, dass im Falle eines
Brandes für mich nicht gesorgt ist, weg von den Schildern, die mir
den Weg weisen, ich will weg von meiner Angst.*

Ich schiebe den Tisch weg und ziehe einen der Stühle, die nah ge-

*nug stehen, zu mir heran. Er ist stabil. Bin ich es auch? Ich könnte
es schaffen. Das Sofa ist etwa halb so hoch wie das Bett. Ich habe das
seit Jahren nicht mehr versucht. Jetzt nur nicht nachdenken. Nicht
ausrechnen, wie hoch, wie lange, nur nichts abwägen. Ich packe mit
den Händen den Sofarand, stemme mich hoch, das Sofa rutscht
weg. Knallt gegen die Wand hinter mir, ich falle zurück. Es ist aussichtslos. Die Heizrohre fauchen.*

*Immerhin sitzt jetzt das Sofa fest. Der Stuhl steht auf dem Tep-
pich, rutscht also nicht. Der zweite Versuch misslingt ebenfalls, das
Sofa ist zu niedrig, doch ich komme schon höher. Dritter Versuch,
vierter, meine Arme ermüden, fünfter Versuch, jetzt hängt der Po in
der Luft, der rechte Ellbogen liegt auf der Sitzfläche des Stuhles, ich
schwitze, die Hitze züngelt. Aufgeben? Niemals! Gelingt es mir
nicht, aufzustehen, so warte ich. Ich werde lesen, werde versuchen,
mich zu beruhigen, damit mir Jan nichts anmerkt, wenn sie mit
dem Hauswart dasteht, damit meine Ohnmacht sie nicht ansteckt,
der Mann muss doch der Starke sein, in aller Gelassenheit also
werde ich die drei Übersetzungen der* Blauen Blumen *miteinander
vergleichen . . .*

*Noch ein Versuch. Jetzt gelingt es mir, mit der linken Hand die
Stuhllehne zu fassen. Nur nicht zögern, sonst sitze ich wieder auf
dem Sofa, ein Ruck, ich stehe, halte mich am Stuhlrücken, greife
nach dem Stock, langsam, jetzt nur vorsichtig, ich tapse vom Sofa
zum Tisch, vom Tisch zum Stuhl, vom Stuhl zur Wand, von der
Wand zur Flurtür, und wie ich die Türklinke drücke, höre ich den
Schlüssel im Schloss, es ist Jan, die ihren Schlüssel in einer Mantel-
tasche gefunden hat und fröhlich ruft: »Wie heiß es hier ist!«*

*Einmal, im Bronx-Zoo, wo ich das Gorillagehege besuchen wollte,
wurde ich dazu gezwungen, ein internationales Rollstuhlzeichen an
meinem Rollstuhl zu befestigen. Ich wollte wissen, weshalb das notwendig sei und ob man meinen Rollstuhl nicht auch ohne Rollstuhlzeichen als Rollstuhl erkennen könne. Es komme vor, teilte mir
die Wärterin mit, während sie das Zeichen an meinem Rollstuhl befestigte, dass der Rollstuhlinsasse seinen Rollstuhl unangemeldet*

verlasse. Auf diese Weise bleibe der leere Rollstuhl auf dem Pfad zurück, was für andere Besucher gefährlich sein könne. Daher sei der Rollstuhl mit einem Rollstuhlzeichen zu sichern, welches ich im Übrigen beim Verlassen des Gorillageheges wieder an der Kasse abzugeben hätte.

In meinem Kopf habe ich eine Landkarte der Orte, an denen ich schon war. Sie erinnert mich an Mondrians Broadway Boogie Woogie, *der das in die Farben Gelb, Rot und Blau aufgelöste Straßennetz von Manhattan zeigt. Seit ich das Bild zum ersten Mal gesehen habe, ist es zu meiner persönlichen Straßenkarte geworden, die für jeden Ort gilt: Rot steht für begehbar, Gelb für unbegehbar, mit Blau sind die zugänglichen Gebäude gekennzeichnet. Für mich lebt Mondrians Bild, weil es sich verändert. Weil es immer gelber wird.*

Zweiter Teil

Was gibt es noch zu bereisen? Den Everest? Im motorisierten, mit den Millionen eines gelangweilten Milliardärs angetriebenen Ballon um die Welt? Ich habe den besseren Grund, mich auf die Reise in mein Bad zu begeben.

Dass mein Vater und ich uns in unserer kleinen Stadt von 1980 bis 1994 so selten zufällig begegnet sind, lag daran, dass wir beide klar abgesteckte Territorien hatten (und, da er noch lebt, wie ich dies schreibe, noch immer haben). Sein winziges Gebiet, von der Größe eines Platzes und einiger Straßen, befand sich im Osten zwischen dem Spitalgelände mit seinen Eternithochhäusern, dem lärmenden, behelfsmäßig von nicht zu erstickendem Grünzeug verdeckten Autobahnzubringer und dem silbergrauen Einkaufszentrum, dessen lippenstiftförmiger Turm von unserem Garten aus zu sehen war.

Das Atelierhaus, wo ich so oft war, weil es mir wie eine Fortsetzung des Dachstockes vorkam, markierte die Westgrenze seiner kleinen Republik – oder war es eher eine Geisterstadt, in welcher der Sheriff ein für alle Mal für Ruhe gesorgt hatte? Das zweistöckige Holzhaus mit einem Giebeldach und einer breiten Fensterseite – dort, wo Max Falk sein Atelier hatte – verbarg sich hinter einem Mehrfamilienhaus, mit dem es den Zugang zur Straße teilte. Da es von dort nicht zu sehen war, wies ein bescheidenes Schild am Gartentor den Besucher auf die Existenz der verborgenen Galerie hin. Vater benutzte diesen Eingang nur, wenn er den Wagen brauchte, den er dort, schon außerhalb seines Territoriums und im Schatten der Weiden des Friedhofs gegenüber, auf der Straße parkte. Seit er im Frühjahr 1994 eine Serie kleiner Schlaganfälle erlitten hatte, fuhr er manchmal die kurze Strecke zu seiner Wohnung. In der Regel aber verließ er das Atelierhaus durch das Tor auf der Rückseite, von wo aus er ungesehen und nach nur wenigen Schritten über den Parkplatz zum *Hirschen* gelangte. Nachdem er gegessen und seinen Wein getrunken hatte, brauchte er nur noch die Straße zu überqueren, um, am Café Zimmermann vorbei und um die Ecke, die zwölf Stufen zu seiner Wohnung hinaufzusteigen.

Zu dieser ersten Wohnung, die sein Territorium im Süden abgrenzte und in der ihn Puck gebeten hatte, nicht die eigene Familie zu verklagen, kam bald eine zweite, im Osten, dazu. Seither verfügte er über drei Schlafgelegenheiten: sein Hauptbett in der neuen Wohnung, ein Feldbett in der alten und eine dritte, mittlerweile unbenutzte Schlafgelegenheit im Atelierhaus auf der schiffsdeckartigen Brüstung, zu der jene steile Stiege mit dem Schiffstaugeländer führte. Hin und wieder kam ein neuer Lagerraum dazu. Doch auch diese Erweiterungen seines Territoriums verschoben die Grenzen dessen, was mir und vielleicht auch ihm nach den vielen Western, die wir gemeinsam gesehen hatten, als Hadleyville vorkam, nur um einen, vielleicht zwei Straßenzüge.

Einzig der Luftschutzkeller, in dem er seine eigenen, in der Klinik und in der Zeit danach geschaffenen Werke aufbewahrte, befand sich einen halben Kilometer vom Atelierhaus entfernt. Doch noch immer war es die Hauptstraße Hadleyvilles, die zum See führte und die er täglich mehrfach überquerte. Des einstigen Königs Reich war klein geworden, doch entsprechend überschaubar und gut zu verteidigen.

Entsprechend groß war mein Territorium; es war das Haus an der Alpsteinstraße, das allerdings durch die beiden Wohnungen, die wir bald nach Vaters Auszug als zusätzliches Einkommen im ersten Stockwerk und im Dachstock hatten einrichten lassen, kleiner geworden war. Mix und Puck waren beide ausgezogen, meine Mutter richtete sich ihr Schlafzimmer in der ehemaligen Stube im Erdgeschoss ein, und ich bewohnte für die Sommermonate, wenn ich von meinem Studium aus Genf zurückkam, jenen Kellerraum, der einst unser Spielzimmer und, für einige Monate, Vaters letztes Schlafzimmer im Haus an der Alpsteinstraße gewesen war. Und von dort, von der Alpsteinstraße aus, erstreckte sich mein Gebiet steil den Hügel abfallend zur Kantonsschule, über die ganze Stadt mit der Ausnahme von Hadleyville, das ich mied, und darüber hinaus, wohin auch immer es mich zog. Hadleyville genügte Vater; mir überließ er den Rest der Welt.

Ich zog gleich nach der Matura nach Genf. Dass ich keinen Militärdienst leisten musste und deshalb ohne Unterbrechung an die Universität wechseln konnte, war ein Gewinn: insgesamt, rechnete ich jährlich wiederkehrenden Dienst mit, etwa zwei Jahre Lebenszeit. Muskeln gegen Schlamm, wenn das kein Geschäft war.

Der für dieses Privileg zu zahlende Preis war hoch, auch wenn es sich vorerst scheinbar nur um ein Wort handelte. Was konnte es für die Schweiz, nach all dem, was sie bereits gestempelt hatte, für einen Grund geben, mich oder eben einen wie mich, wie mich der Stempel zu verallgemeinern begann, als »untauglich« abzustempeln, und das sicherheitshalber gleich viermal, zweimal im Militär-, zweimal im Zivilschutzbüchlein?

II. Sanitarische Entscheide über die Tauglichkeit, Untauglichkeit oder Zurückstellung

1. Entscheide über Einsprachen

Entscheid der 1. Instanz
(Vertrauensarzt der Gemeinde)

untauglich

Datum 8 · 3 · 1983

Stempel und Unterschrift

F. Brändle
prakt. A...
9015 St. Gallen

Entscheid der 2. Instanz
(Vertrauensarzt oder vertrauensärztliche Kommission des Kantons)

Datum

Stempel und Unterschrift

4

Ein *invalidus* war einer, der für den römischen Militärdienst nicht taugte; nun gibt es zwar die römische Armee nicht mehr, doch konnten viele Sprachen die Bedeutungen in einem Jahrtausende währenden Manöver bewahren. Deutsch: »schwach«, »krank«, »ungeeignet«, »unfähig«, »zu nichts nütz«; wird im Englischen das Wort *invalid* statt auf der ersten auf der zweiten Silbe betont, hat man ein »ungültig« im Mund (wie etwa für eine Busfahrkarte); frz. *invalide*: »gebrechlich«, »arbeits-«, »dienstunfähig«, »ungültig«; auch im Russischen hat sich der *invalid*, Betonung auf der dritten Silbe, behauptet; im Spanischen wird dem *invalido* ein *minus* vorangesetzt, um daraus das Wort für »körperbehindert« zu machen.

198

Im Militärbüchlein war es, stellvertretend für die Landesobrigkeit, ein mir unbekannter Hauptmann, im Zivilschutzbüchlein ein Vertrauensarzt, der, da ich ihm auch nie persönlich begegnet war, nicht *mein* Vertrauensarzt sein konnte. Was dachten sich diese Stempler beim Stempeln von Menschen?

Die Stempler

Ein Dramolett

An der Wand unter einem Hirschgeweih ein eidgenössisches Stemplerdiplom. Zwei Holztische auf grün glänzendem Linoleumboden. Stempel und Stempelkissen formieren sich zum Angriff. Rechts sitzt HAUPTMANN *vor seinem grauen, links* VERTRAUENSARZT *vor seinem gelben Haufen zu stempelnder Büchlein. Die Büchlein sind aufgeschlagen, ihre Rücken gebrochen. Beide ziehen im selben Rhythmus die Büchlein vor sich hin, lesen die Namen der zu Stempelnden laut vor und hauen ihren Stempel auf die entsprechende Seite.*

VERTRAUENSARZT *summt* Ta...

HAUPTMANN *summt* ...taaaa...

VERTRAUENSARZT *summt* Ta!

HAUPTMANN Ha!

VERTRAUENSARZT Deiner?

HAUPTMANN Keller, Christoph, untauglich!

VERTRAUENSARZT Ha! Meiner auch: Keller, Christoph, Student, untauglich!

HAUPTMANN Student? Untauglich, wahrhaft!

VERTRAUENSARZT Studiert Sprachen...

HAUPTMANN Weiberkram! Auch noch eine Schwuchtel?

VERTRAUENSARZT Und: untauglich! So einen für deine Tochter. Stell dir vor.

HAUPTMANN Marlis? Ekel erregend! Wenn ich den auf meinem Exerzierplatz in die Finger kriegte ... dem würde ich die Untauglichkeit ein für alle Mal austreiben. Ta ... *hebt den Stempel zum Schlag, doch* Vertrauensarzt *gebietet ihm Einhalt.*

Vertrauensarzt   Der scheint wirklich etwas zu haben.

Hauptmann   In den Schlamm mit ihm! Liegestützen! Aus der Memme mache ich nullkommanix einen Mann! Mit einer Schwuchtel, die sich an meiner Marlis vergehen könnte, mache ich kurzen Prozess. Ta ... *hebt den Stempel zum Schlag, doch* Vertrauensarzt *gebietet ihm Einhalt.*

Vertrauensarzt   Spinale Muskelatrophie Kugelberg-Welander, schreibt Vertrauensarzt L. Feller.

Hauptmann   Kugelanderwas? Kugelandermeinarsch! Schmarotzer, alle. Man sollte diese Paraschmitten –

Vertrauensarzt   Parasiten.

Hauptmann   Was?

Vertrauensarzt   Parasiten.

Hauptmann   Sag ich doch. Parmaschinken! Man sollte die alle. Ta ... *gebietet sich selbst Einhalt.* Wie damals, als man noch. Ha! Was die den Staat nur kosten! Was man mit dem Geld alles tun könnte! F-18 kaufen! Die Berge verbunkern! Abfindungen verdoppeln! Noch mehr Beton! Antikrüppelkampagnen finanzieren! *Schaut auf, verschmitzt.* Weißt du, Vertrauensarzt, was wirklich am billigsten wäre?

Vertrauensarzt *verschmitzt* Weiß ich, Hauptmann, weiß ich.

Hauptmann   Ach.

Vertrauensarzt   Ach ja.

Hauptmann   Als man noch.

Vertrauensarzt   Jaja.

Hauptmann   Na?

Vertrauensarzt   Naja. Und ... *holt mit dem Stempel aus* K ... *und stempelt.*

Hauptmann *holt mit dem Stempel aus ...* für Krüppel! *und stempelt.*

Vertrauensarzt   Halt!

Hauptmann   Was halt?

Vertrauensarzt   Du hast dreimal gestempelt.

Hauptmann Na und?

Vertrauensarzt *stempelt* Erst zweimal *ta-taah!*, dann das dritte Mal. So! *Ta-taah!* Untauglich! Untauglich! *Stempelt zweimal schnell.* Und dann *Ta!* Untauglich! *Stempelt.*

Hauptmann *Ta-taah!* Untauglich! Untauglich! *Stempelt zweimal schnell.* *Ta!* Untauglich! *Stempelt ein drittes Mal.*

Vertrauensarzt Untauglich! *Stempelt.*

Beide zögern, schauen sich an. Lächeln.

Hauptmann Wollen wir?

Vertrauensarzt Willst du?

Hauptmann Allzeit bereit.

Vertrauensarzt Wer macht den Chor?

Hauptmann Ich!

Vertrauensarzt Wieder du? Na, gut. Nur weil du die bessere Stimme hast...

Hauptmann Exerzierplatzstimme.

Vertrauensarzt Aber nächstes Mal ... Und ... *holt Luft.* Fürs Gehen?

Hauptmann Untauglich!

Vertrauensarzt Fürs Stehen?

Hauptmann Untauglich!

Vertrauensarzt Fürs Vögeln?

Hauptmann Untauglich!

Vertrauensarzt Fürs Schweizersein?

Hauptmann Untauglich!

Vertrauensarzt Fürs Gutbezahlterjobdasein?

Hauptmann Untauglich!

Vertrauensarzt Fürs Verwaltungsratsdasein?

Hauptmann Untauglich!

Vertrauensarzt Fürs Villaandergoldküstedasein?

Hauptmann Untauglich!

Vertrauensarzt Fürs Normalermenschsein?

Vertrauensarzt/Hauptmann *stempeln.* Untauglich!
Stempeln. Untauglich!
Stempeln. Untauglich!

Stempeln. Untauglich!
Stempeln. Untauglich!
usw.

HAUPTMANN *und* VERTRAUENSARZT *stempeln und schreien so lange weiter, bis das Publikum begriffen hat, dass an diesem Theaterabend nichts anderes mehr geschehen wird, und das Theater verlässt.*

Noch – wie lange noch? – war ich für Treppen nicht völlig untauglich, wenn auch schon »untauglicher« – »Gibt es nicht!« brüllte in meinem Kopf im Schützenfeuer des VERTRAUENSARZTES der HAUPTMANN: »Entweder man ist tauglich oder man ist es nicht. 263 356 Liegestützen im Schlamm, Antisoldat Keller!« –; und so wie meine SMA graduell – in Stufen? Schüben? Schichten? Schwellen? – zunahm, so nahm meine Fähigkeit, Stufen zu bewältigen, ab.

Stufen mussten von nun an niedriger sein. Während die durchschnittliche Stufe etwa dreißig Zentimeter hoch ist, reichte es mir noch für zwanzig; idealerweise nahm ich die Treppenbesteigung früh am Tag, also ausgeruht, in Angriff. Befand sich das Geländer links, war bald nichts mehr zu machen. Ich begann von Stufen zu träumen und dachte nur noch an Stufen, nicht mehr an den Seminarstoff oder den Freund, der mich am Ende der Treppe erwartete. Ich erkundigte mich nun nach den Stufen, bevor ich mich auf den Weg machte: wie viele, wie hoch, auf welcher Seite war das Geländer, hatte es eines, hatte es einen Fahrstuhl? Die Fragen gerieten mir oft erst zu Vorwürfen, die Antworten kamen mitunter fehlerhaft und ungeduldig daher. »Ach, die beiden Stufen meinen Sie? Die bemerke ich nicht einmal, wenn ich ins Haus renne.« Irgendwie ging es dann doch, weil sich der Ast eines Strauches neben dem Eingang als Geländer eignete (»Sehen Sie, ist doch kein Problem«), oder manchmal, wenn es doch nicht ging, weil sich der Ast als zu nachgiebig erwies und ich in den Strauch fiel (»Kommen Sie selber wieder auf die Beine oder brauchen Sie Hilfe?«), trat ich geschwächt den Rückzug an oder, war der Aufstieg aussichtslos (»Wegen den beiden Stufen?«), verlegten wir das Treffen in ein stufenlos erreichbares Restaurant.

Das Studentenheim hatte vier niedrige, breite, also für mich geeignete Stufen. Ein Korridor von zwölf Metern Länge führte zum Fahrstuhl. Fünfter Knopf, fünfter Stock, kein Problem. Zimmer mit Einbauküche, Aussicht standesgemäß (Hinterhof), und ebenso war *l'ambience*: Jedes Wochenende dröhnte Discolärm durch die Wasserrohre aus dem Keller bis zu mir hoch. Im Erdgeschoss ein Restaurant mit zwielichtiger Kundschaft, zwielichtiger Küche und noch zwielichtigerer Leitung. Meinen Bürostuhl, von dem ich mich hochstemmen konnte (und es noch heute kann, am 17. April 2003, wie ich diese Seiten für den Druck durchsehe), brachte ich von zu Hause mit. Das Bad war winzig, und das war gut, denn so fand sich überall etwas in Armlänge, woran ich mich beim Duschen oder Aufstehen vom Klo festhalten konnte. Die einzige Anpassung war die zweite Matratze, die ich vom Hauswart auf das Bett legen ließ. Ohne die Zweistuhlvariante aufgegeben zu haben, hatte ich mir eine alternative Aufstehtechnik angeeignet, indem ich mich auf der Bettkante umdrehte, auf die Knie zu liegen kam und mich so, vorausgesetzt, das Bett war hoch genug, auf die Beine stemmen konnte.

Die Gebäude der Universität befanden sich am Fuß des Genfer Altstadthügels, verstreut über ein leicht ansteigendes Terrain: Spanisch studierte ich auch deshalb, weil es zu den Spaniern im Hauptgebäude einen Lift gab, während die Italiener für mich physisch nicht erreichbar waren. Russisch war von dem Parkplatz, den ich im eingegitterten Professorenabstellplatz erhielt, ebenerdig und mit Fahrstuhl erreichbar. In das Seminar der Altertumswissenschaften gelangte ich über ein halbes Dutzend Stufen – das würde ich bis zum *demi – licence* noch schaffen.

Im zweiten Jahr ersetzte ich Spanisch durch Englisch; nicht wegen der Treppen, sondern um den Russen – es war 1984 – etwas entgegensetzen zu können. Das war eine muskulär schwerwiegende Entscheidung, da sich das English Department in einem fahrstuhllosen Gebäude und darüber hinaus auf abschüssigem Gelände befand. Ich besuchte nur Morgenseminare, kam, da mir die *Norton Anthology of English Literature* zu schwer wurde, mit den daraus kopierten Texten zum Unterricht. So hing die Tasche leicht von meiner Schulter und ließ mir die Arme frei fürs Gleichgewicht, fürs Aufwärtsrudern, das mir um diese Zeit den Stock ersetzte. Weil ich mir nicht eingestehen wollte, dass ich für fünfhundert Meter Wegstrecke eine Pause brauchte, kaufte ich beim Kiosk auf halbem Weg eine Zeitung. Ich freute mich über jeden, der vor mir war, weil ich mich so länger ausruhen konnte, kramte geduldig das Geld hervor, faltete sorgfältig die Zeitung in meine Tasche und machte mich mit zusätzlichen zweihundertfünfzig Gramm an die verbleibenden zweihundertfünfzig Meter.

Peter Greenaway installierte 1994 in Genf einhundert treppenähnliche Gebilde, auf die man stieg, um durch ein postkartengroßes Peephole ein vom Künstler ausgewähltes Stadtsujet zu sehen. Der Unterschied bestehe darin, so der treppenbauende Künstler, dass man die Wirklichkeit sehe und nicht ihr auf einer Postkarte reproduziertes Abbild.

Ach, Genf. Genf ist mir keine Stadt geblieben, sondern ein Maßstab, ein Längenmaß geworden, für wie viel es täglich noch reichte. »Genf« schrumpfte für mich auf die Größe von Hadleyville, war für mich zu Fuß nur noch einige wenige Straßen, Straßenecken und Häuser. Von meinem Zimmer bis zum Hauptgebäude waren es ungefähr achthundert Meter, über drei Straßen mit sechs rampenlosen Gehsteigen, die zur Teststrecke meiner Muskelkraft wurden. Zu Beginn meines Studiums schaffte ich die Strecke gut; dreieinhalb Jahre später, im Frühjahr 1987, fuhr ich sie mit dem Auto. Ich entschied mich, Genf zu verlassen (um mein Studium an der Universität Konstanz abzuschließen), in der Tasche immerhin mein erstes fertiges Romanmanuskript.

Zu Übergriffen zwischen meinem Territorium und dem meines Vaters kam es nur, wenn einer seiner Künstler in einer anderen Galerie ausstellte, was in diesem Fall ein Erfolg, kein Verrat, war. Dies war das (nicht immer angewandte) Prinzip seiner Galerie: einen Künstler nur einmal auszustellen, zum ersten Mal.

Während der Scheidung sah ich ihn in seinem Golf oft auf der Alpsteinstraße Patrouille fahren. Er schrieb auf, wer um welche Zeit das Haus verließ oder betrat. War es am Feierabend der Elektriker, schloss er daraus, dass meine Mutter mit ihm eine Affäre hatte. War es meine Mutter, die abends das Haus verließ, so hieß das für ihn nichts anderes, als dass sie unterwegs zu einem Liebhaber war, zudem, dass Mix und ich hungerten, weil der rücksichtslose Akt des Hausverlassens ausschloss, dass wir unser Abendessen bekamen. Weil ihm sein Anwalt auszureden vermochte, dass seine Bespitzelungen das Gericht nicht davon überzeugen würden, was für ein liebender Gatte und fürsorgender Vater er war, übernahm schließlich ein Privatdetektiv den Überwachungsdienst. Dessen Aufgabe war es, meiner Mutter die Affäre, die sie nicht hatte, nachzuweisen. Dabei sah sein Auftraggeber großzügig über die leicht in Erfahrung zu bringende Tatsache hinweg, dass nicht sie, sondern er es gewesen war, der diese Ehe gebrochen hatte, in Serie, so wie Vater alles in Serie tat. Das erste

Mal (wie wir erfuhren, als er endlich ausgezogen war) bereits im Hochzeitsjahr mit dem Aupairmädchen einer Nachbarin, später, wann immer er seine Frau sicher aus dem Haus wusste, sei es, weil sie ihm im Spital einen Sohn gebar, sei es, als sie mit den Söhnen zur Kur fuhr. Der Detektiv verfolgte meine Mutter über »unwahrscheinlich große Strecken«, wie es in seinem Ermittlungs- und Beobachtungsbericht hieß. Einmal sei sie auf der Autobahn »bei wolkenbruchartigen Regenfällen«, wie der glücklose Detektiv melodramatisch festhielt, zum nahen Bodensee gefahren. Wegen der tollkühnen Fahrweise meiner Mutter gab er auf und verließ die Autobahn bereits bei der ersten Ausfahrt. Erschüttert vom »absolut verantwortungslosen Fahrverhalten« verzichtete er auf weitere Verfolgungen und machte sich an seine Schlussfolgerungen.

Einmal, so um Prozess Nr. 4, kam mir mein Vater zwischen Regalen mit Schraubenschlüsseln, Glühbirnen, Leim- und Farbtöpfen in der Do-it-yourself-Abteilung eines Supermarktes entgegen, der sich auf halber Strecke zwischen Hadleyville und der Alpsteinstraße befand. Ich sah, dass er mich gesehen hatte, doch auf mich zu kam er nicht. Warum hätte ich es tun sollen? Mein Vater ging nicht schneller, ging nicht langsamer, ging mit festem Entschluss an mir vorbei. Ich bilde mir ein, es kostete ihn Mühe, nicht zu mir hin zu schauen. Ausgerechnet mit einem Fahrradschloss in der Hand, nach dem ich in meiner Verlegenheit gegriffen hatte, stand ich in meinem unbeholfenen, doch ausreichenden Versteck. War er schlanker geworden? Sein Haar jedenfalls war schütterer geworden. Der Bart, den er wieder trug, schimmerte kupferfarben, Schuppen lagen auf dem schwarzen Hemd, das Gesicht leuchtete wutrot. Trank er noch, wieder? Ich legte das Fahrradschloss zurück, schaute meinem Vater zu, wie er sein Set Nägel bezahlte und davonlief, wie er immer davongelaufen war.

Zweimal brach er bei uns ein. Beim ersten Mal kletterte er über den Zaun unseres Gartens und versuchte ins Haus einzudringen, doch die soliden Türen und die Gitter, die er selbst hatte installieren lassen (und die im nächsten Prozess auf der Liste zurückgeforderter Güter auftauchten), hielten ihm stand. Also machte er sich an alles, was im Garten nicht niet- und nagelfest war. Er verbrachte eine halbe Stunde damit, mit einer zwei Meter hohen, etwa zweihundert Kilogramm schweren Eisenskulptur eine Garbe durch den Rasen zu ziehen, bis ihn die Polizei aufhielt. Beim zweiten Einbruch ging er vorsichtiger vor. Eines Tages stellten wir fest, dass eine kleine Skulptur fehlte, die an der Außenseite des Hauses angebracht gewesen war. Wir erstatteten Anzeige gegen unbekannt, und die Versicherung ersetzte uns den Schaden. Der Zufall – und die Unbekümmertheit meines Vaters – wollte es, dass ein Vertreter derselben Versicherung, als Kunde oder aus detektivischer Neugierde, in der Ateliergalerie auftauchte und dort, sichtbar für jeden Besucher, die Skulptur an der Wand fand. Der Entscheid der Versicherung war salomonisch: Wir mussten die Hälfte der Versicherungssumme zurückbezahlen, und Vater konnte die Skulptur behalten.

Hin und wieder sah ich ihn aus der Post kommen. Es gab zwar eine in Hadleyville, doch er verzichtete darauf, sein Schließfach dort neu einzurichten. Neben dem Gericht war die Post der einzige Punkt, an dem sich unsere Lebenswege noch kreuzten, dort wenigstens nur in Form endloser Anwaltskorrespondenz und Rechnungen, die eigentlich er als verlierender Kläger hätte bezahlen müssen. Ihm beim Postamt aus dem Weg zu gehen war einfach. Er kam morgens um Viertel vor zehn vorbei, bevor er seine Galerie öffnete. Bei dieser Gelegenheit gab er auch die Postkarten auf, die er uns jahrelang begleitend zu den Prozessen geschickt hat, die er, stelle ich mir vor, stolz und mit der Schrift nach oben der Schalterbeamtin zuschob: »Heute sind es nur zwei, Fräulein Fischbacher.« Immer waren es Karten, nie Briefe, denn auf diese Weise konnte er zugleich die Postangestellten darüber unterrichten, wem sie da täglich die Post überbrachten.

Immer waren die Karten unbedrucktes, weißes A5-80-Gramm-Papier, das es damals in Päckchen zu fünfzig Stück erst für achtzig Rappen, schließlich 1,20 Franken in der Migros zu kaufen gab und die ich selbst für mein Musikarchiv verwendet habe. Stets klebte auf der Karte ein Foto aus einem Film. Da wir dieselbe Fernsehzeitung hatten, ahnte ich bald, welches Bild uns im Laufe der Woche erreichen würde. Squire Pengallan aus *Jamaica Inn*, der begeistert ein Pferd an seinem Esstisch willkommen heißt, Travis Bickle aus *Taxi Driver*, der mit seiner Pistole vor dem Spiegel herumfuchtelt, Harry Lime aus dem *Dritten Mann*, der vom Riesenrad auf die ameisengroßen Menschen im Prater zeigt, die ihm nicht mehr wert sind als Ameisen, Dr. Strangelove im gleichnamigen Film, der sich aus seinem Rollstuhl wuchtet, Will Kane natürlich, und immer wieder John T. Chance mit auf

den Betrachter gerichtetem Revolver. Darüber stand, doppelt unterstrichen mit seinem fetten, grünen Filzstift und versehen mit drei Ausrufezeichen – nun, wir kennen seine Sprüche. Es würde mich nicht erstaunen, wenn mein Vater die Karten fotokopiert, nummeriert und in einem Ordner abgelegt hätte; schließlich waren es Collagen, und er war jetzt Künstler.

Kamen die Karten mit der Nachmittagspost, die es damals noch gab, konnte ich sie abfangen; waren sie in der Morgenpost, so bekam sie meine Mutter zu Gesicht, und ich sah ihr an, dass »wieder etwas gekommen« war. Es konnte eine Verfügung vom Gericht sein, Post vom Anwaltsbüro, doch ich fragte immer erst nach den Karten, denn diese hinterließen, vielleicht, weil sie so irrational waren, die tiefsten Spuren. »Hunde, wollt ihr ewig leben.« Soldaten starben in Schwarzweiß in der Schlacht von Stalingrad. »Schon wieder?« Lag das nur daran, weil das Fernsehen diesen Film damals immer wieder gezeigt hat? Letztlich waren die Karten Bubenstreiche, die immer nur das eine, »Ich habe Recht!« und »Alles gehört mir!« schrien, und vielleicht hätten wir sie einfach ignorieren sollen. Doch war es diese kindische Hartnäckigkeit, diese trotzige Rechthaberei, diese sture Unbelehrbarkeit, die uns mehr bedrohten als seine lächerlichen, mit einem Revolver auf uns zielenden amerikanischen Revolverhelden. Unsere Mutter nahm diese Drohungen ernst, zu ernst, denn sie nahm sie sich zu Herzen. Weil er alles so hartnäckig und mit den immer selben Worten behauptete, fragte sie sich immer wieder, ob nicht doch sie an allem, am Scheitern ihre Ehe, an seinen Seitensprüngen, an seinem Trinken, Fluchen und vielleicht sogar an seinem Bankrott schuld war. Gehörte vielleicht wirklich alles ihm? Waren es vielleicht wirklich ausschließlich ihre Gene, die dafür verantwortlich waren, dass gleich alle ihre Söhne an einer verhältnismäßig seltenen Erbkrankheit erkrankt waren? Jede der Karten löste bei ihr eine kleine Krise aus, die sie dazu zwang, alles – das Fluchen, das Trinken, das Huren, den Bankrott, die Scheidung, die Hausräumung, die Prozesse – von neuem zu durchleben.

Begleitend zu den Prozessen erhielten wir anonyme Anrufe, meist lediglich ein Rauschen im Hörer, manchmal zerrissen von unkontrollierbarem Raucherhusten, der mir nur allzu vertraut war. Ich weiß nicht mehr, ob ich einmal wirklich das Telefon ins Bad genommen und die Spülung betätigt oder ob ich das in einem Film gesehen habe. Hin und wieder aber rief ich »Melde dich, du Feigling!« in das Rauschen hinein, und einmal war es ein verzweifelter Fluch, doch eine andere Antwort als das Abbrechen der Kommunikation habe ich von meinem Vater nie erhalten.

Heute Abend Essen mit H. Ich rufe das Restaurant an, ob ich – »im Rollstuhl«, sage ich vereinfachend, auch wenn ich noch ein paar Schritte gehen kann – auch in den ersten Stock könne. Die Kellnerin sagt, sie wisse das nicht. – Ob es im Gebäude einen Lift gebe, frage ich. – Das weiß sie: »Nein, das hat es nicht.« – Dann, beantworte ich meine Frage ungeduldig, käme ich wohl nicht in den ersten Stock. – »Ja«, sagt sie, »dann wohl nicht.«

Restaurant, zweiter Versuch: Ich frage, ob es »rollstuhlgängig« sei – mein Versuch, mir mit einem einzigen Wort möglichst alle physischen Hindernisse aus dem Weg zu schaffen. Die Wirtin am Telefon entschuldigt sich, sagt, leider nein, aber das sei kein Problem: »Wir tragen Sie einfach hoch.«

In Flugzeugen findet sich manchmal das internationale Rollstuhlzeichen an den ansonsten unveränderten WC-Kabinen; als sei so das Problem gelöst.

»Danke! Danke! Danke! Danke!, dass Sie mir die Tür aufhalten, Danke!, dass Sie mir vom Stuhl aufhelfen.« Meist sage, flüstere, murmele, hauche, kaue, verschlucke, verdaue ich mein Danke gern, doch nicht heute, heute will ich undankbar sein.

Ich muss mich vom Kellner berühren lassen. Er hilft mir aufstehen, der nette Kerl, doch für zwei Sekunden hänge ich in den Armen eines Fremden. Das ist mir zu nah und ihm bestimmt auch, und manchmal will ich mich nicht von einem Fremden berühren lassen, manchmal selbst dann nicht, wenn einer mir helfen will, manchmal selbst dann nicht, wenn ich sitzen bleiben muss.

Abendessen mit H. schließlich wg. Schnee abgesagt: zu rutschig.

Im Schweizer Fernsehen »Behindertensport«. Was soll ich davon halten? Ich habe diesen Drang nicht, um jeden Preis und schon gar nicht um den meiner Würde, der körperlichen wie der seelischen, »wie die anderen zu sein« (wie sind die schon?), gar »normal« zu sein (was ist das schon?).

Ist »nicht normal« nicht ohnehin das größte Kompliment, das sich die Normalen für die A- oder gar Abnormalen ausgedacht haben? Wäre mein »Normal-sein-Wollen« nicht lediglich ein radikales Verleugnen meines körperlichen Zustandes? Würde mich das nicht ständig dem Wunsch aussetzen, der zu sein, der ich nicht sein kann? Mache ich durch dieses radikale Verleugnen nicht jene, die diesen Sport nicht mit sich treiben lassen wollen oder können, zu noch weniger »Normalen«? Würde ich ihnen dadurch nicht sogar schaden, da ich dazu beitrüge, den Unterschied noch größer zu machen, indem ich eine Normalität heuchelte, die nicht gegeben ist?

Natürlich – noch läuft die Sendung nicht – wird auch unter den Langsamsten der Schnellste ermittelt werden müssen. Wie kann sich ein Behinderter, dem die Gabe der Langsamkeit, das Geschenk der Zeit gegeben ist, nur dem Test der Geschwindigkeit aussetzen?

Ich stelle mir sorgfältig ausgedachte Unterschiede in der Kategorisierung vor. Man kann den einbeinigen Amputierten nicht gegen die zweibeinig Gelähmte antreten lassen. Sport will fair sein. Es *muss Ein-Krücken- und Zwei-Krücken-Langstreckenrennen geben, Rollstuhl-Hindernisspringen, gesponsort von Rollstuhlherstellern und der Invalidenversicherung, es muss in »motorisiert« und »manuell« eingeteilt werden. Karzinome sind eine Welt für sich, und wo tritt die Kategorie »schlechter Atem« an? Blinden-Boxen stelle ich mir wiederum als einfach und vor allem von hohem Unterhaltungswert vor. Doch wohin mit der Epileptikerin, deren unvorhersehbare Anfälle die Abfahrt beschleunigen könnten, was unter Umständen als Doping einzustufen ist? Gelten das Leben erhaltende Medikamente als Doping? Darf der Bucklige zum Bobfahren zugelassen werden?*

Das Schweizer System des Invaliditätsgrades, mit dem die Höhe der Invalidenrente berechnet wird, sollte auch im Behindertensport angewendet werden. Die 25-Prozentigen messen sich untereinander, und die 52-Prozentigen und die 99-Prozentigen. Da meine Behinderung progressiv ist, kann ich jedes Jahr in einer anderen Kategorie antreten und sehe mich schon auf dem Siegerpodest disqualifiziert, weil ich in der Kategorie der 72-Prozentigen aufgestellt wurde, mich aber der Arzt meines Erzrivalen eindeutig auf die Kategorie der 71-Prozentigen festlegen kann. Der Höhepunkt aber – die Königsdisziplin auch der Nicht-Normalen – sind Biathlon, Triathlon, Pentathlon, da diese von sog. Multibehinderten betrieben werden können. Hier tritt die verkrebste, bucklige Handamputierte oder der debile atrophierende, süchtige und bestechliche Politiker an, aber da geraten wir in ein anderes Gebiet ... Filmriss.

Exkurs Menschliches Rudelverhalten, im Experiment getestet am Treppeneingang des Theater-am-Kirchplatz in Schaan und dabei einen gehörigen Schrecken gekriegt. *»Theaterstufen«, inspiriert von Turrini, Bernhard, Handke & Jelinek.*

Drinnen proben Peymann und Beil und lassen durch den einzigen Erdgeschosszugang des Theaters keinen herein, auch keinen im Rollstuhl, also friere ich draußen. Freund F.-P., von Peymanns unbarmherzigem Anschiss-Rausschmiss beflügelt, stürzt sich ins Thea-

212

Eine Ausstellungsbesucherin schaut *Le Chariot* an, sieht mich
im Rollstuhl, schaut wieder *Le Chariot* an, wendet sich wieder mir zu
und sagt begeistert: »Das sind Sie!« – »Ja!« rufe ich erstaunt,
»das bin ich, *l'homme qui roule!*«

tertreppenloch und versucht dennoch jemanden zum Türöffnen zu überreden, doch so einfach ist das nicht.

Ich sitze mit dem Rücken zu den Besuchern, die an mir vorbei müssen, um ins Theater zu gelangen. Als Hüter der Treppe throne ich vor der Treppe, die ich nicht bewältigen kann. Damen, einzeln oder mit Partner, treten auf, lächeln mir zu und/oder grüßen mich. Die Herren bieten mir manchmal Hilfe an; wollen sie mir helfen oder ihre Begleiterin beeindrucken? Ich bedanke mich, doch warte ich noch immer auf F.-P., friere draußen vor der Tür, weil sich Beylmann drinnen, wie ich später festgestellt habe, den eigenen Briefwechsel vorliest und das auch noch proben muss…

Kommt der Zuschauerfluss in Bewegung, bildet sich eine Schlange, keiner tritt aus ihr heraus, keiner unterbricht sie, und vorbei ist es mit der Solidarität, egal, wie kalt es ist. Dann zählt nur noch der Fluss, das Fließen, das auf keinen Fall unterbrochen werden darf, es gibt kein Lächeln mehr für mich, kein weibliches Grüß Gott, keinen männlichen Stufenüberwindungsantrag, die Zweier- und Dreiergrüppchen verschmelzen zur Masse, Masse ist Macht, Macht ist Muskelkraft, die alles niedermarschiert, Blickkontakt meiden, weiter, marsch, marsch!

Nachspiel in der Hölle. Dass ein Theater, dazu noch ein verhältnismäßig neues, überhaupt so unsensibel treppenreich gebaut sein kann! Fragst du sie, die von Amts wegen schon totalsensibilisiert sind, reagieren sie allerdings wie jeder andere Politiker auch: Wir würden schon gern, aber es ist zu teuer, das alles umzubauen, leider, leider, das Geld, das Geld, tschüss.

Eine Besucherin sagt, irgendwo hinten gebe es einen Eingang. Der Billetjunge, der nach zehn Minuten achselzuckend erschienen ist, weiß von nichts und verschwindet wieder. Nicht einmal die hohe Schwelle des »ebenerdigen« Eingangs, für die drei Leute nötig sind, um sie mit mir im Rollstuhl zu bewältigen, ist beseitigt worden. Bin drin und werde allmählich wieder wärmer. Nichts wird einem kampflos zugestanden, nicht einmal im liberalen Paradies eines Theaters.

Den Stehempfang im Keller, bei dem Beylmann nach ihrem Auftritt signieren, muss ich auslassen. Macht nichts; an Stehempfängen sehe ich ohnehin nur Ärsche.

Ich habe mir die Behindertensportsendung angesehen und endlich begriffen, dass auf dieser Welt jede Satire zu spät kommt:

Erst wird (Stichwort: »Themenblock«) eine Reportage über behinderte Kinder, die Prothesen benötigen, gezeigt. Einem Mädchen wird auf die Prothese ein Stiefel übergezogen.

MÄDCHEN (ca. 9): Aua, du reißt mir ja mein Bein ab.

STIEFELKNECHT: Macht nichts, wir können es ja wieder anmachen.

Im Werbeblock wird auf eine spätere Medizinsendung hingewiesen, die Übergewicht und krankhafte Schweißbildung behandelt.

Im NZZ-Format wird es am Abend einen Beitrag über Thomas Manns Tod in Zürich geben. Dann erscheint das neue SF-Erkennungszeichen, das einen unbegabten Selbstmörder zeigt, der sich am Bungeeseil von einem Staudamm in die Tiefe stürzt. Als er wieder von der Schwungkraft des Seiles hochgeschleudert wird, zertrümmert der Akrobat jedoch nicht gemäß den Gesetzen der Schwerkraft seinen Schädel an der Staumauer. Vielmehr erscheint ein gigantisches Logo, das uns mitteilt, dass wir Schweizer Fernsehen schauen. Es folgt die Sportsendung, zur Hauptprogrammzeit Normalo-Sport, zur Erheiterung vorab Abnormalo-Sport.

Feuerwerk.

Die Behinderten-Combo »Sympa« spielt mit Afrikanischem auf. Ein stimmloser Blinder singt die Paralympics-Hymne. Unter Jubelrufen »marschiert« (Zitat Sprecher) die Rollstuhl-Delegation ein.

Schnitt.

Jemand wird Weltmeister der Königsdisziplin Abfahrt in der »Kategorie der Unterschenkel-Amputierten« (sic!); eine andere holt Bronze in der »Kategorie der Oberarm-Amputierten«.

Die Siegesfahrten werden von der Kamera im üblichen Körper-

kulturrausch inszeniert, nur dass hier ein Arm, dort ein Bein oder ein Rumpf fehlt. Am Ziel sind alle wieder gleich, Sportler, die keuchend und hustend Unsinn absondern: diese Kurve so genommen, jene leider anders.

»... ›tunet‹ seine Gehprothese auf Rennsportstärke...«

»... Rennmaterial...«

»... Spezialgelenke...«

»... Fuß erst in steifem Skistiefel vergossen und dann verschraubt...«

»... Paraplegiker-Schlitten Prototyp ETH simuliert Bewegungsablauf ›normale Person‹...«

»... eine normale Person, eben eine stehende Person...«

Die »Kategorie der Unterarm-Amputierten« tritt an. Dann Nordisch, und Nordisch gibt es nur in drei Kategorien: die »Gehbehindert-Kategorie«, die »Sitzend-Kategorie« und die »Stehend-Kategorie«. Dafür »schlägt sich der Behindertengrad in Prozenten nieder«. Tatsächlich! Ich hatte Recht! Wer den höheren Invaliditätsgrad, festgelegt von der Invalidenversicherung, aufweisen kann, erhält einen Startvorteil!

Drei Gewinner der »Sitzend-Kategorie« hocken hinter drei kleinen weißen Podesten, über die sie von ihrer Rollstuhlperspektive kaum hinwegsehen können, weil anscheinend nicht einmal für diesen Anlass ein beramptes Siegerpodest angefertigt werden konnte.

Einige der Schrumpfathleten müssen »psychisch vorbereitet« werden, damit sie durchhalten. Ein auf einen Langlaufski mit Plastikkasten geschnallter Oberkörper mit Kopf schleppt sich keuchend durchs Ziel, hustet ein paar Siegerworte, stirbt fast live und wird in eine warme Decke gewickelt, damit er nicht ganz stirbt oder zumindest nicht live. Es wird ihm gut zugeredet. Sein Kopf wird getätschelt. Sieht Besorgnis erregend echt aus. Ist echt, leider. Sieht wirklich nach Herzinfarkt aus, aber der Schrumpf freut sich über das freiwillig Geleistete und auch schon auf das nächste Mal.

Eine Sportlerin (»Nordisch Stehend-Kategorie«) hat sich das Knie verletzt und, wie sie vermutet, den Arm gebrochen, doch das mache nichts, sagt sie, der Arm sei ohnehin gelähmt.

Schnitt.

Bundespräsident Ogi erscheint im Bild. Konnte bei den Wett-kämpfen nicht da sein, leider, leider, ist es dafür jetzt. Aus Schweizer Sicht waren die Paralympics erfolgreich: 22 Medaillen, »eine weniger als letztes Mal, aber darüber wird sich bei dieser Feststimmung keiner beklagen«. Ogi, der sich kürzlich öffentlich darüber beklagt hat, dass nun halt eben auch er mit noch nicht einmal dreiundfünf-zig jugendlichen Jahren erstmals eine Brille tragen müsse und sich deshalb als Chef des Sport- und Militärministeriums auch für einen Experten in Sachen Behindertenfragen hält, meint, die Athletinnen und Athleten würden »das Beste aus ihrem Schicksal machen«, und sieht ein »Beispiel«, das »uns in unseren Herzen« berührt und »tschüss alle!!«...

Helikopter, Feuerwerk.

Wie wird das Gehen aufhören? Wird es ein Sturz sein, ein Schrei, ein Staunen, ein Bruch?

Meine Mutter war nervös, als sie mir den Telefonhörer reichte.

»Für dich. Eine Jolanda Gut. Ist das nicht...«

Ich nickte: Vaters Kunsttante. Die regelmäßig über die Vernissagen seiner Galerie schrieb, Artikel, in denen sie nie zu erwähnen vergaß, dass der Galerist seine Künstler pflegte, als seien sie seine eigenen Söhne, und die ich, bekam ich sie rechtzeitig zu Gesicht, aus der Zeitung riss, um ihn wenigstens daran zu hindern, sich auch noch auf diese Weise in unserem Leben bemerkbar zu machen. Was wollte sie? Den nächsten Künstlerbesuch absagen? Mir war das recht; weshalb hatte ich mich überhaupt auf diese Besuche eingelassen? Künstler, deren Namen mir vor allem deshalb geläufig waren, weil ich hatte mitansehen müssen, wie ihre Werke aus unserem Haus gebracht worden waren. Meine Mutter schien etwas anderes zu vermuten, wollte erst etwas sagen, doch verließ sie dann wortlos ihr Schlafzimmer, wo sie den Anruf entgegengenommen hatte.

Nachdem mir Frau Gut zu einem Preis, den ich gewonnen hatte – ein kiloschwerer Band E. T. A. Hoffmann für meine unbeholfenen Gedichte –, gratulierte, sagte sie: »Er vermisst dich, Christoph.«

»Wer?« fragte ich, als wüsste ich nicht, wen sie meinte.

»Dein Vater.«

»Ach, tut er das?« Woher wollte sie das wissen?

»Er möchte dich sehen.«

»Weshalb?«

»Nun, Christoph, er ist dein...«

»Hat er das gesagt?« unterbrach ich sie.

Sie stockte. »Nein, so direkt nicht...«

Nicht einmal das.

»Er kann nicht darüber reden.«

Ich schwieg; ich hatte keinen Grund, es dieser Frau leicht zu machen.

»Dein Vater weiß nicht, dass ich dich anrufe.«

»Darf er das nicht wissen?«

»Doch, natürlich, ich dachte nur...«

»Nein.«

»Nein was?«

Ich räusperte mich, setzte mich auf das Bett meiner Mutter und wühlte die Füße in die Hundedecke, die davor lag. Das Bett war tief, doch ich würde aufstehen können. Das letzte Mal hatte ich es noch geschafft.

»Sie wissen, dass er gegen uns prozessiert, bereits zum zweiten Mal?«

»Nicht gegen euch, nur gegen deine –«

»Wo ist da der Unterschied?« unterbrach ich sie. »Wenn er erreicht, was er will, wovon leben wir dann? Sein Ziel ist es, uns das Haus wegzunehmen, weil er nicht mehr hier wohnen kann. Wo wohne ich dann? Bei ihm?«

»Ich ... ich finde das ja auch nicht richtig.«

»Meine Mutter kann bald nicht mehr. Manchmal nickt sie auf dem Sofa ein und sagt später, sie sei eingeschlafen. Aber sie ist nicht eingeschlafen. Sie ist ohnmächtig geworden.«

»Vielleicht ... vielleicht ist er einfach so. Vielleicht kann er einfach nicht auf dich und deine Brüder zugehen, sodass –«

»Er uns verklagen muss? Vielleicht ist ja das seine Form, mit uns zu reden!«

»Christoph –«

Ich unterbrach sie erneut. »Sie wissen, dass er mich nicht einmal angerufen hat, als ich meine Diagnose erhalten habe. Nicht ein einziges Mal! Ich glaube nicht, dass mein Vater mich sehen will.«

»Ich verstehe, dass deine Verletzung groß ist. Du musst versuchen, darüber hinwegzukommen. Er war selber krank, Christoph, du musst das so sehen. Seine Nerven…«

»Sein Saufen!«

»Dein Vater …«

»Wissen Sie, was er über uns gesagt hat, als mein Bruder ihn vor drei Jahren ein letztes Mal besucht hat?«

Sie wusste es nicht; ich sagte es ihr.

»Das ist schlimm, es … es tut mir Leid«, murmelte sie.

»Weshalb sollte ich ihn sehen wollen, Frau Gut?«

»Weil … weil er dein Vater ist.« Sie schwieg, fuhr dann fort, obwohl sie wusste, dass ich nicht nachgeben würde. »Willst du es dir nicht wenigstens überlegen? Er musste wieder von vorne anfangen. Er leidet darunter, dass er alles verloren hat. Er redet von nichts anderem. 1978, sagt er immer wieder, sei sein Schicksalsjahr gewesen. Alles weg, sein Geschäft, seine Sammlung und seine Familie. Er … er hat es nicht leicht.«

»Wir auch nicht – seinetwegen«, sagte ich und hängte auf.

Das war im Frühjahr 1983. Ihren zweiten Versuch, mich mit meinem unversöhnlichen Vater zu versöhnen, unternahm Jolanda Gut im Februar 1994, ohne dass wir in der Zwischenzeit Kontakt gehabt hätten. Diesmal schrieb sie. Blaue Tinte, gelbes Briefpapier. Ich war einunddreißig, doch sie redete mich noch immer mit dem Du an, das sie an den neunzehnjährigen Gymnasiasten gerichtet hatte. Sie schrieb, mein Vater habe »eine Serie Minischläglein« erlitten, gehe seither am Stock und schleppe sich nur noch mit Mühe von seiner Wohnung in die Galerie, die er manchmal um vier Uhr morgens hüte, weil er glaube, es sei Tag.

Bei Puck war es – im Frühjahr 1993 – ein Sturz in einer Autogarage. Er musste auf die Toilette, die sich im Keller befand. Der Freund, der ihn begleitete, trug ihn auf dem Rücken, doch stolperte er oder rutschte aus – mein Bruder, der damals so alt war wie ich im Jahr 2000, erinnert sich nicht mehr genau. Im Grunde hatten sie Glück. Der Freund hätte sich das Rückgrat brechen können. »Was musstet ihr auch unbedingt in diese Autogarage«, sagte unsere Mutter verzweifelt. Im Spital stellte sich heraus, dass sich Puck die Kniescheibe gebrochen hatte. Dr. Feller, schon fast siebzig und so gut wie pensioniert, operierte ihn. Bereits am Tag nach seiner Operation tauchte eine Flasche Wein im Spital auf, damit Arzt und Patient auf die Genesung anstoßen konnten. Mag SMA meinen ältesten Bruder in den Rollstuhl setzen, mag sie ihn für Wochen ins Bett legen – seinen Mut, seine Fröhlichkeit und seinen Optimismus nimmt sie ihm nicht.

»Wie stellst du dir das vor?« sagte Puck. »Dass wir ab und zu bei ihm vorbeischauen? Auf die Vernissagen gehen? Ihm ein Bild abkaufen? Dass er ab und zu anruft? Auf ein Glas Wein vorbeikommt, um über die guten, alten Zeiten zu plaudern? Dass er uns im Rollstuhl durch den Zoo schiebt? Er hat noch nicht einmal alle drei Söhne gleichzeitig im Rollstuhl gesehen! Dem ist doch alles egal. Ihm ist alles erspart geblieben. Zehn Jahre lang hat er uns verklagt, dann hat in seinem Namen sein scheinheiliger Busenfreund Max Falk gegen uns prozessiert. Erst, seit er auch diesen Prozess verloren hat, ist endlich Ruhe. Keine Einbrüche, keine Drohpostkarten mehr. Weißt du überhaupt, ob er uns sehen will? Und was ist mit unserer Mutter? Denkst du gar nicht daran, was sie durchmacht? Jetzt, da endlich alles vorbei ist?«

Mix machte sich (das war im Frühjahr 2000) nach Büroschluss auf den Heimweg, rutschte vom Scooter, der ihn vom Büro zum Auto bringt, und schlug mit dem Knie am Betonboden auf. Im Spital stellte sich heraus, dass seine Kniescheibe angerissen war. Unsere Mutter fürchtete, dass sich Pucks Schicksal nun, sieben Jahre später, in ihrem zweiten Sohn wiederholte. Es bestand die Hoffnung, dass die Kniescheibe ohne operativen Eingriff wieder zusammenwachsen würde. »Bei guter Führung«, beschied ihm der behandelnde Arzt, bestehe durchaus die Möglichkeit, dass der Knochen innerhalb von vier Wochen wieder zusammenwachsen würde. Mix hielt sich gut und kam wieder auf die Beine.

Zu meinem Vorschlag, für uns alle die Lage bei Vater auszukundschaften, sagte Mix, der mittlerweile im Büro von Pucks Spiegelschrankgeschäft, aus dem mein ältester Bruder ein erfolgreiches Unternehmen gemacht hatte, arbeitete, er sei nicht interessiert.

Ob er denn Vater nicht vermisse?

»Doch, schon«, sagte Mix. »Aber nicht diesen.«

Ist Mix einmal auf den Beinen, braucht er mittlerweile zwei Stöcke, um von einem der beiden Stühle, von denen er in seiner Wohnung noch aufstehen kann, zu seinem Bett, dem Bad oder seinem Scooter zu gelangen. Mit dem Scooter fährt er auf den Balkon oder in die Tiefgarage, in der sein Auto steht. Falls er sich für die Stöcke zu schwach fühlt, steht eine vierbeinige Gehhilfe bereit. Damit er diese Strecken so selten wie möglich zurücklegen muss, trinkt er möglichst wenig, sodass er nur dann ins Bad (mit Klosomat) muss, wenn er ohnehin dort vorbeikommt. »Lange werde ich nicht mehr gehen können«, sagt er schon seit Jahren. Wer ihn fragt, wie es ihm gehe, hört stets, es gehe ihm gut, sehr gut manchmal und hin und wieder wirklich gut. Doch schlecht? Nein, schlecht geht es Mix eigentlich nie.

Als unsere Mutter Jolanda Guts Brief gelesen hatte, sagte sie nur: »Wenn er dich vom Sterbebett ruft und du gehen willst, dann musst du gehen. Meinen Segen hast du.«

»Pass bloß auf, dass dir das nicht passiert«, warnt mich Mix. Ich weiß nicht genau, was er meint. Seine Stürze? Er stürzt oft, fast jeden Monat einmal. Eine Ritze zwischen zwei Kacheln, in welche die Schuhspitze beim Gehen schlagen kann, genügt, ihn (oder auch mich) zu Fall zu bringen. Immer häufiger aber stürzt er, weil seine Muskeln überanstrengt sind und seinen Körper nicht mehr aufrecht halten können. Es ist, als setzten sie für den Bruchteil einer Sekunde aus, und da er die Kraft – oder den Muskelreflex – nicht mehr hat, gegen diesen kurzen Energieausfall anzusteuern, fällt er in sich zusammen. Einmal war es in seiner Küche, mit einem Stück Pizza in der Hand, einmal fiel er rückwärts eine Treppe hinab, doch verletzt hat er sich dabei nicht.

»Ich habe gehört, es gehe dir nicht gut. Ruf mich an, wenn du magst«, schrieb ich auf einen postkartengroßen Zettel, setzte meinen Vor- und sicherheitshalber auch meinen Nachnamen und meine Telefonnummer hinzu, steckte die Notiz in eine Anthologie russischer Prosa, die ich herausgegeben hatte, und schickte sie ins Atelierhaus.

Die Stelle, an der ich die Karte in das Buch legte, war die Seite 56, wo die Erzählung *Kasimir Stanislawowitsch* von Iwan Bunin begann. In dieser erhält Kasimir Stanislawowitsch, der in Kiew ein elendes, einsames Leben führt, ein Telegramm, das nur aus der Mitteilung »Am Zehnten« besteht und keine Unterschrift vorweist. Sogleich fährt Kasimir Stanislawowitsch nach Moskau, gönnt sich in dieser Stadt, in der er bessere Zeiten erlebt hat – wir erfahren nicht, welche –, ein rares Schlemmermahl. Nachdem er die eine oder andere Stätte seines Lebens, von dem wir nur wissen sollen, dass es verpfuscht ist, aufgesucht hat, setzt er sich in eine Kirche, in der ein junges Paar heiratet. Er gibt sich nicht zu erkennen, weder den Heiratenden noch den Lesenden. Doch so, wie er die junge Frau, die »wie eine Prinzessin« an ihm vorbeischreitet und ihn sogar mit ihrem Brautschleier streift – es mag die erste Berührung sein, denn Bunin verrät uns, dass die junge Frau nicht einmal von Kasimir Stanislawowitschs Existenz weiß –, wahrnimmt, mag es sich um seine Tochter handeln. Genaueres erfahren wir nicht über deren Verhältnis; auch nicht, weshalb sie keines (mehr) zueinander haben. Nach der Trauung, während der er nur Augen für die junge Frau hatte, zieht sich Kasimir Stanislawowitsch in sein Hotelzimmer zurück. Er reißt die Vorhangschnur herunter, muss dann aber feststellen, dass er nicht die Kraft hat, sich das Leben zu nehmen. Darauf fährt er nach Kiew zurück, während im Hotel seine zurückgebliebene Abschiedsnotiz gefunden wird: »An meinem Tod ist niemand schuld…«

Am nächsten Tag klingelte das Telefon. Ich vernahm ein vertrautes Rauschen im Ohr, ein heiseres Keuchen, ein, wie mir schien, vorwurfvolles Husten, sodass ich es bereits zu bereuen begann, diesen Kontakt hergestellt zu haben. Würde sich mit dem Zurücklegen des Hörers auch die Vision, die ich beschworen hatte, wieder auflösen? So, wie sich der Vater, den ich geliebt hatte, früher auf dem ersten Absatz der Treppe, die zum Dachstock führte, aufgelöst hatte, nachdem er dort erschienen war, um mir das Wesen der Zeit zu erklären?

»Hallo«, hörte ich in meinem Kopf die abgenutzte Stimme eines alten Mannes, »hier spricht dein Vater.«

Ich frage Mix nicht, was genau er mit seiner Warnung, ich solle bloß aufpassen, meint, doch ich nehme mir vor, mich auch gut zu führen. Nicht stolpern. Keine Falten in den Teppichen. Nichts darf am Boden liegen. Weniger essen. Je schwerer ich bin, desto mehr habe ich zu schleppen. Mehr Kalzium. Je weniger Kalzium mein Körper erhält, desto brüchiger werden die Knochen. Häufiger in die Physio-

therapie gehen und die Übungen gewissenhafter machen. Die Vita-
minpillen schlucken, egal, was für eine Farbe sie in diesem Jahr ha-
ben. Insgesamt nehme ich mir vor, in Bewegung zu bleiben, vor kei-
ner Reise zurückzuschrecken, sei es rund um die Welt oder einfach
so einmal ins Schlafzimmer und wieder zurück.

Eine halbe Stunde vor unserem Treffen im Café Zimmermann
rief ich meinen Vater an und erinnerte ihn daran, so wie es mir
Jolanda Gut in ihrem Brief geraten hatte. Rasch hatte er den Hörer am Ohr, doch dann, überrumpelt von der eigenen Geschwindigkeit, mochte er nicht sofort gewusst haben, was er mit dem
feuchten Plastikgegenstand, den er in der Hand hielt, anfangen
sollte. Erneut hörte ich ihn schwerfällig atmen. Etwas – das Buch,
das ich ihm geschickt hatte? – fiel zu Boden. Ich stellte mir meinen Vater im Bett vor, beschützt von Gegenständen, den ver-
sperrten Fenstern, dem Staub elender Jahre.

»Bist du da?«

Jetzt kam es rasch aus dem Hörer, ertappt, vorwurfsvoll:
»Natürlich bin ich da!«

Hätte ich nicht dafür sorgen sollen, dass er das geplante Wie-
dersehen einhalten würde? Hätte ich es darauf ankommen lassen
sollen, ob sein Wunsch, seinen jüngsten Sohn wieder zu sehen,
über sein neues Zeitverständnis siegen würde? Hätte ich im *Zimmermann* während einer halben Stunde hoffen sollen, dass er
nicht kommen würde, damit ich mir hätte sagen können, ich
hätte es ja noch einmal versucht?

»Also um zehn?«

»Bist du das, Sohn?«

»Ja...«

»Im *Zimmermann* haben wir gesagt, richtig?«

»Ja.«

»Siehst du, dein Vater vergisst nichts. Ich mach mich also auf
den Weg.«

Da ich zuerst da sein wollte, fuhr ich gleich los. In drei Minuten war ich im Auto und in weiteren fünf in seiner Straße. Dort, in Gehdistanz zum *Zimmermann*, stellte ich den Wagen im Parkverbot ab. Mit meinem internationalen Rollstuhlzeichen, das die Zulassungsnummer meines Autos und das Jahr – 1994 – aufwies, gab ich zu erkennen, dass dieses für andere illegale Manöver für mich zulässig war. Ich warf die Tür auf – ging zugleich seine nur wenige Schritte entfernte Haustür auf? – und wuchtete mich aus dem Wagen, indem ich mich am Türrahmen hielt. Ja, seine Haustür sprang auf, doch herausgeschossen kam nur ein Ball, gefolgt von einem Jungen, der diesem in die wenig belebte Straße nachrannte. Ich schritt um meinen Wagen, den ich als Geländer benutzte, um die Gehsteigstufe zu bewältigen. Kein Vater in Sicht. Von hier aus zehn Meter zur Straßenecke, von dort aus zwanzig zum *Zimmermann*, eine Stufe, fünf Meter durch die Bäckerei, fünf zur Eckbank.

Ich wollte ihn in Hadleyville treffen – ihn auf keinen Fall aus Hadleyville herauslocken –, doch wollte ich ihm nicht in seinem Hauptquartier, dem *Hirschen* auf dem Platz gegenüber, begegnen. Er würde es kennen, doch nicht gut, so wie ich mich nur noch ungefähr an dieses Café mit Bäckerei erinnerte, wo wir früher unser Sonntagsbrot geholt hatten. Als ob nun ich begonnen hätte, Vater nachzuspionieren, war ich bereits durch Hadleyville gefahren, um einen geeigneten Ort für unsere Begegnung zu finden. Das *Zimmermann* hatte nur eine Eingangsstufe. Um die Beschaffenheit im Lokal selber zu erfahren, hatte ich vorher angerufen. Ich wollte ihn nicht wie Puck damals in seiner Wohnung treffen, und ich wollte allein kommen – meine Brüder hatten mir diesen ersten Schritt überlassen –, doch wollte ich auch sichergehen, dass ich ohne fremde Hilfe und bestimmt ohne die meines Vaters würde aufstehen können.

Ich wollte zu früh sein, und ich war es. Ich wollte vor meinem Vater da sein, um ihn kommen zu sehen; vor allem aber wollte ich nicht, dass mein Vater mich kommen sehen würde.

Die Kellnerin – war sie es, die mir erst etwas mürrisch, dann, als würde sie mir eine Gnade erweisen, die Begehbarkeit des Lokals beschrieben hatte? – fragte mich nach meinem Wunsch: Kaffee, schwarz. Ich hatte mich schwerfällig gesetzt, war von ihr, die sich von mir unbeobachtet geglaubt hatte, missfällig, vielleicht sogar misstrauisch beobachtet worden.

Würde er pünktlich sein, mich warten lassen, um mich in die Schranken zu weisen? Wieder bereute ich, gekommen zu sein, noch mehr, einen Kaffee bestellt zu haben, der mich nervöser machen würde, als ich es schon war, und mich dem Risiko aussetzte, auf die Toilette zu müssen.

Da kam er. Langsam, langsam. Unsicher, doch ohne Stock. Schlurfte, die Füße schliffen am Boden entlang. Er hinkte nicht, war nicht aus dem Gehrhythmus geraten, sein Gehrhythmus war ein anderer geworden, ein langsamerer, schlurfender eben. Sein Haar war weiß, und er trug es länger. Die Glatze größer, auch der Bart länger: Das Weiß hatte das Rostrot verdrängt. Schwarz gekleidet, Schuhe, Hosen, Hemd, alles schwarz. Hatte an Gewicht verloren. War weniger imposant, war keine jener überwältigenden Osterinselfiguren mehr, an die er mich früher erinnert hatte. Es dauerte lange, bis er, aus meinem Blickfeld verschwunden, die Eingangsstufe bewältigt und die zehn Meter durch die Bäckerei und das Café bis zu mir zurückgelegt hatte und vor mir stand. Ob mich das freute, wusste ich noch nicht.

War er es oder ich, der »So sieht man sich also mal wieder« sagte? Seine Hand griff nach der Stuhllehne, eine Verlegenheitsgeste, die er zugleich mit dem Suchen nach Halt verband. Das Hemd zugeknöpft, der Reißverschluss halb offen. Beim Händeschütteln fielen Schuppen, einige davon auf meinen Arm, auf meine nackte Haut. Den Satz ohne Fragezeichen auszusprechen, damit er zugleich Feststellung und Vorwurf sein konnte – das klingt eher nach meinem Vater, und jetzt erinnere ich mich auch wieder, dass er diesen Eröffnungssatz gesagt hat.

Da stand er nun also vor mir, mein Vater, mein ärgster Widersacher, meine schwierigste Liebe, und ich staunte, konnte nur staunen, dass ich so lange gebraucht hatte, um zu begreifen, weshalb ich auf dieses Treffen eingegangen war, weshalb ich es vorgeschlagen, seit Jahren, Jahrzehnten im Grunde gesucht habe, nämlich, um ihn, da ich diesem Scheißkerl nicht die Faust ins Gesicht rammen konnte, wenigstens anzuspucken, ihn für das grausame, nicht enden wollende Nehmen, vielleicht aber mehr noch für das frühere Geben, das er mir genommen hatte – dafür, dass er mir im Dachstock und im Atelierhaus, vor allem im oberen Stockwerk gezeigt hatte, was hätte sein können –, ins Gesicht zu spucken, um ihn darauf ein für alle Mal, so schnell ich das eben konnte, sitzen zu lassen und endlich nur noch mein Leben zu leben – – –

Doch tat ich es nicht. Tat es ebenso wenig, wie damals vor bald zwanzig Jahren, als ich mir im Weinkeller nur vorgestellt hatte, wie ich die Flaschen zertrümmerte. Saß nur da, schaute, wie er sich umständlich setzte und nach seinem Eröffnungssatz erst einmal nichts mehr sagte. Das Gesprächsthema zu finden war meine Sache. Hatte er mich oder ich ihn sehen wollen?

»Ja, so sieht man sich mal wieder«, sagte ich.

Pause.

»Wie gehts so?« Das war nun bestimmt er.

Gute Frage, dachte ich und sagte: »Gut.«

Ah, stolz sein, immer den Schein wahren, immer aufrecht gehen, nie die Wahrheit sagen! Weshalb sagte ich nicht, dass es mir, physisch zumindest, schlecht ging, dass ich an einer Erkrankung leiden würde, die sich ständig verschlechterte, und wie schwierig das sei, damit er, der sich aus der Verantwortung gestohlen hatte, sich auch ein bisschen schlecht fühlte?

»Und dir?«

»Na, wie schon! Beschissen.«

Wir bestellten Kaffee, ich meinen zweiten, er, wie immer, wie früher, seinen ohne Milch und Zucker. Gleich würde er sagen: »Muss eben auf das Gewicht achten«, und sagte es auch.

»Du?«

»Was du?«

»Na, musst du nicht auch auf das Gewicht achten?«

»Ja«, sagte ich, und schon grinste er selbstgefällig, unser Erzeuger, wie Puck sagte, um ihn sich notdürftig vom Leib zu halten, mein Vater, wie ich wieder zu sagen versuchte.

»Diesmal mit Creme!« rief ich der Kellnerin nach.

»Siehst du«, wiederholte er, lehnte sich zurück und ahnte nicht einmal, dass ich, dass irgendwer, ein Problem mit ihm haben könnte, dass ich, sein Jüngster, nur deshalb so ruhig saß, weil ich nicht in der Lage war, ihm die Faust ins Gesicht zu rammen, und mich nicht getraute, ihn wenigstens anzuspucken. War, was ich mir von meinem Vater erhoffte, denn so schwierig, so unmöglich zu leisten, nämlich zu sagen: Ja, du hast Recht, und ich habe (für einmal!) Unrecht gehabt, ja, ich habe etwas (etwas!) falsch gemacht, verzeih mir, mein Sohn, und glaube mir, dass es mir aufrichtig Leid tut, verzeih mir für alles, was ich dir und unserer Familie angetan habe, ich hoffe, wir können noch einmal von vorne anfangen...

»Also doch mit Creme«, sagte er und, nach einer Pause: »Das macht ganz schön dick, wenn du jeden Tag in jeden deiner Kaffees Creme schüttest.«

Pause.

»Und die Galerie?«

»Was für eine Galerie?«

»Deine natürlich.«

»Was ist damit?«

»Wie läuft sie?«

»Na, wie schon ... Du weißt ja, dass man von Kunst nicht leben kann. Oder kannst du es?«

»Nein, nicht wirklich...«

»Nicht wirklich! Das heißt nein, richtig? Wovon lebst du also?«

»Nicht von dir jedenfalls.«

»Nein, von mir nicht. Von mir kriegst du nichts. Weshalb auch? Ich bezahl dich doch nicht, damit du mir Vorwürfe machen kannst. Bist du deshalb gekommen? Um mir Vorwürfe zu machen? Um zu holen, was es noch zu holen gibt? Das hättest du dir früher überlegen müssen.«

»Was? Dein Sohn zu sein?«

»Mein Sohn! Habe ich Söhne? Wo sind meine Söhne? Sag, wo waren meine Söhne die ganze Zeit, als ich sie gebraucht hätte? Sag!«

Die Kellnerin rettete uns mit den Kaffees. Ich spürte den Blasendruck. Ich hatte nicht abgeklärt, ob die Toilette für mich erreichbar war. Wie lange war ich schon hier? Wie lange hatte es gedauert, bis wir verstimmt waren? Die Kellnerin stellte das Tablett zwischen uns auf den Tisch, erst meines Vaters Kaffee vor meinen Vater, dann meinen vor mich, nicht langsam, nicht langsam genug. Kannte sie ihn? Verkaufte sie auch Brot in der Bäckerei, hatte sie ihn schon bedient, bediente sie ihn täglich, wartete sie nur darauf, bis ich wieder verschwand?

»Wie es deiner Galerie geht, wolltest du mir erzählen.«

»Na, wie schon.« Er trank, verspritzte Kaffee, verfluchte den Kaffee. »Der Signer ...«

»Was ist mit dem?«

»Den habe doch ich gemacht, und jetzt?«

»Was ist jetzt?«

»Stellt er überall aus!«

»Das soll er doch.«

»Und was ist mit mir?«

»Du stellst den nächsten Signer aus.«

»Genau.«

»Das ist doch gut.«

»Klar ist es das.«

»Du kannst doch stolz darauf sein.«

»Bin ich auch.«

Ich riss den Deckel, der eine Gotthardpferdepostkutsche der Schweizerischen Post aus dem Jahre 1858 zeigte, vom Rahmbecher und goss den Inhalt auf die Linoleumoberfläche des Tisches.

»Bist du stolz auf deinen Vater?«

Der Würfelzucker ließ sich gut zerbröseln, also zerbröselte ich ihn über der Rahmlache. Es entstand eine kristalline Spur, die ursprünglich als Abgrenzung des Rahmterritoriums vorgesehen war, nun aber spiralenförmig vom Mittelpunkt zur Außengrenze führte.

»Ich war stolz auf dich, als dein erstes Buch erschienen ist. Mit mir drin als verrückter Vater, und ein verrückter Kerl, das bin ich wirklich! Dann hast du mich mit dem Haus abbrennen lassen. Recht so!«

Salz bewirkte nicht viel, brachte nur das Spiralenförmig-Kristalline der Zuckerspur durcheinander. Also Pfeffer. Pfefferte also Pfeffer in die Zuckerrahmlandschaft.

»Das war doch unser Dachstock, den du da hast abbrennen lassen, nicht wahr? Das Buchlabyrinth...«

Ich zögerte, ob ich die Zweifel-Paprika-Chips benutzen sollte. Entschied mich dagegen. Welcher Künstler, der etwas auf sich hält, benutzt schon Zweifel-Paprika-Chips? Ich tunkte meinen Finger in den rechten unteren Rand, doch meine Signatur erwies sich als nur temporär, da sich der Rahmsee gleich wieder über meinen Initialen schloss.

»Ich hab aufgehört zu lesen, nachdem du mich verbrannt hast. Wozu hätte ich noch weiterlesen sollen? Weißt du, dass ich alle deine Bücher in meiner Galerie zum Kauf anbiete?«

Ketchup verlieh der Landschaft die nötige Aufgeregtheit, Maggi, gut geschüttelt und wild gerüttelt, das essentiell Pollockhafte, angerichtet und konserviert von Spoerri. In die Mitte setzte ich die Gotthardpferdepostkutsche.

Dann, auftrumpfend, triumphierend, fast schon ein Sieg für ihn: »Dann lassen mich wieder alle sitzen!«

Am Tischrand erschien die Kellnerin, die ich durch ein Zunicken zu meiner Verbündeten machen wollte, doch sie lächelte in die Richtung meines Vaters und gab mir nicht einmal die Genugtuung, mich auf meine Kleckserei anzusprechen. Stattdessen legte sie einige Papierservietten vor mich hin.

»Zwei Kaffees«, sagte er.

Ich nahm eine der grünen Servietten, faltete sie auseinander und legte sie über mein Werk. Der Rahm und das Maggi und das

Ketchup drückten durch das hellgrüne Papier und färbten es dunkelgrün.

»Du studierst also Russisch?«

»Ich bin fertig.«

»Hübsch«, sagte er und zeigte auf mein Geschmier. »Willst du bei mir ausstellen?« Dann, und jetzt zeigte er auf mich, fügte er hinzu: »Bist also Kommunist.«

»Dann hätte ich Marxismus-Leninismus studiert.«

»Hast du nicht?«

»Nur ein bisschen.«

»Musste das alles aus der Zeitung erfahren! Alles! Was du tust. Deine Bücher. Dass du geheiratet hast. Dass du ein Kommunist bist.«

In Wirklichkeit ist mein Vater längst gestorben. In Wirklichkeit ist er endlich tot. In Wirklichkeit ist alles vorbei, denn der Tod hat mich von meinem Vater befreit. In Wirklichkeit hat ihn das fünfte seiner Minischläglein gefällt, ein für alle Mal, und mit einem Schlag, nicht einmal einem Donnerschlag, nur gerade einem Schläglein, war es aus mit der Unsterblichkeit. Gestorben ist er im Atelierhaus. Er konnte sich noch eine halbe Minute lang an der Tafel Kunst ist überflüssig. Gehen Sie nach Hause festhalten. Dann brach er, langsam, elegant, wie in Zeitlupe, zusammen. So hat ihn Jolanda Gut gefunden, die wieder einmal dabei war, ein Porträt über seine Galerie, sein Schicksalsjahr 1978 und seine Künstler, die er pflegte, als seien es seine eigenen Söhne, zu schreiben. Seine letzten Worte, die er auch auf seinem Grabstein eingraviert haben wollte, fand sie auf einem Zettel in seiner Tasche: »Schuld an meinen Minischläglein sind die Ärzte, diese –.« Auch auf jenem Zettel stand, dass er auf dem Cripple-Creek-Friedhof jenseits des Rio Bravo bei Hadleyville verscharrt werden wolle. Dies teilt mir Jolanda Gut in ihrer dicht gedrängten, krakeligen Schrift auf einer sentimentalen Postkarte mit und fordert mich abschließend auf, zur Beerdigung zu kommen. Auf der Postkarte ist die Gotthardpferdepostkutsche von 1858 abgebildet, aus der sich John T. Chance lehnt und auf alles schießt, was er nicht begreift. Ich gehe natürlich nicht zur Beerdigung, doch ans noch recht frische Grab gehe ich dann doch. Das heißt, ich gehe natürlich nicht, ich rolle. Rolle erst in meinem Wagen am Fahrverbotsschild vorbei in den Cripple-Creek-Friedhof, bis die Grabreihen zu eng werden, und von dort rolle ich im Rollstuhl zum Grab meines Vaters. Und schon ist es passiert. Schon pflügen sich die Räder meines Rollstuhls in die weiche Erde, und ich bin auf dem noch recht frischen Grab meines Vaters stecken geblieben.

»Siehst du«, sagt er und grinst.

Wird es bei mir auch ein Sturz sein? Könnte es auch ein Erstarren sein, ein »warmes Erfrieren«, wie ich es mir manchmal vorstelle, wenn ich in der Schlucht zwischen der Küchentür und der Bar stecken bleibe, in einer Bewegung erstarre, wie es Jans Vater in letzter Zeit immer häufiger geschieht, der auf einmal unterwegs durch den Korridor seiner Wohnung stehen bleibt, nicht fällt, nicht geht, nur steht, aber auch keinen Ton mehr aus sich herauspressen kann, ein Schläglein, sich öffnende, sich schließende Blutgefäße, was weiß ich, was weiß ich, was die anrichten mögen, Jans Vater aber ist neunundachtzig und hat bis zweiund-

achtzig Tennis gespielt, und ich bin achtunddreißig und habe mit vierzehn mit dem Tennisspielen aufgehört; wenn Jans Vater erstarrt, lockert sich sein Körper nach einigen Minuten, und weiter gehts, ich muss meinem ein Kommando zurufen, »Los!« genügt schon, damit meine Muskeln Mut fassen, mein Erstarren ist nur eine Sekundenangst, schon schreite ich los, schon nähere ich mich dem anderen Ufer des Rio Bravo, da ist er, der Bar-

hocker, der mich aufnimmt, da ist sie, die Bartheke, die mich hält.
SMA, meine schöne SMA, was machst du dir auch für eine Mühe,
bereitest mich so minutiös, so liebevoll auf das Nichtmehrgehen vor,
dass es mir, wenn ich dereinst den Stock aus der Hand geben und
mich ganz in den Rollstuhl fallen lassen kann, eine Erleichterung
sein wird ... Filmriss.

»Ich habe meinen Stock vergessen. Kannst du dir das vorstellen,
den Stock vergessen? Dabei kann ich ohne Stock gar nicht gehen.
Komme keinen Meter weit. Sagt mein Arzt!«

   Pause.

»Ärzte!«

   Pause.

»Und? Konnten sie etwas für dich tun?«

   Pause.

»Siehst du! Weshalb hörst du nicht auf deinen alten Vater?«

   Pause.

»Wer hört schon auf deinen alten Vater!«

   Pause.

»Ich kann dir sagen, wer auf deinen alten Vater hört. Eine
ganze Menge sind es! Vor allem Frauen. Mädchen, von denen dir
die eine oder andere auch gefallen würde. Aber so weit sind wir
noch nicht, mein Lieber. Das schlag dir mal aus dem Kopf.
Mädchen! Du machst dir keinen Begriff, wie viele für mich um-
sonst arbeiten. Eine hütet die Galerie, für nichts und wieder
nichts, und weißt du was? Ich krieg sie nach Feierabend kaum
mehr aus dem Haus. Zu alt für mich. Fünfzehn Jahre jünger als
ich, doch für mich zu alt! *Lacht.* Eine kommt jeden Samstagmor-
gen, geht vor mir auf die Knie und schrubbt den Boden. Mit der
stimmt etwas im oberen Stübchen nicht. Du siehst also, die Wei-
ber hören alle auf deinen Alten, nur deine Mutter nicht, diese,
diese ...«

   »Bitte, wir haben doch ausgemacht –«

   Pause.

234

»Die mir den Boden schrubbt, malt selber auch.«

Pause.

»Erhofft sich eine Ausstellung bei mir.«

Pause.

»Da kann sie lange schrubben!«

Pause.

Pause.

»Was *bitte* hast du gesagt?«

»Ich habe nichts gesagt.«

»Du hast gesagt, nicht über die Mutter. Das hast du gesagt.«

»Bitte, habe ich gesagt.«

»Bitte was?«

»Bitte nicht über meine Mutter. Über alles andere, aber nicht über sie.«

»Und weshalb darf man über die Heilige von der Alpstein-straße nicht reden?«

»Reden schon. Nur redest du eben nicht wirklich, sondern verfluchst sie. Du fängst gleich an zu brüllen.«

»Ich brülle nie!«

»Jetzt brüllst du!«

»Ich brülle, wenns mir passt!«

»Dann gehe ich.«

»Dann geh doch!«

Pause.

»Wenn man mit dir nur reden könnte.«

»Lass uns reden! Worüber willst du reden? Mit mir kann man über alles reden. Frag meine Künstler.«

Pause.

»Sie hat mich beschissen.«

»Du hast uns beschissen.«

Pause.

»Du bist doch jetzt auch verheiratet? Oder darf ich das auch nicht fragen?«

»Natürlich darfst du das fragen. Viktoria und ich haben uns vor sechs Jahren kennen gelernt und –«

»Dann pass mal schön auf, mein Lieber«, unterbrach er mich. »Man kann den Frauen gegenüber nicht misstrauisch genug sein.«

»Uns geht es bestens«, sagte ich.

Viktoria oder Tori, wie ich sie manchmal nannte, war wegen ihres Romanistikstudiums für einige Monate nach Italien gefahren, und auch wenn wir nicht darüber geredet hatten, so wussten wir doch beide, dass dies nicht der einzige Grund für ihr Auslandssemester war.

»Könnte nicht besser gehen.«

»Die wirds dir auch besorgen, weil es dir alle besorgen, früher oder später.«

Tori hatte mich während unserer Sonntagsmorgentelefonate – sie sagte, sie könne der entfernten Verwandten, bei der sie wohnte, nur einmal in der Woche einen Anruf zumuten – darin bestärkt, meinen Vater trotz allem, was vorgefallen war, noch einmal zu treffen.

»Siehst ja, wie es mir ergangen ist. Deine Mutter –«

Was, wenn er wirklich stirbt?

»Bitte –«

Ob ich mir nach seinem Tod nicht Vorwürfe machen würde, es nicht doch noch einmal versucht zu haben?

»... ist ...«

Was, wenn er sich geändert hat?

»... eine ...«

Was, wenn er einfach nicht anders kann?

».... eine ...«

Wüsste ich dann nicht zumindest, woran ich bin?

»... verdammte ...«

Hunnen ...

Mein Vater stotterte.

Vielleicht, hatte Tori gesagt, habe er uns nur deshalb immer wieder verklagt, weil er nur auf diese Weise kommunizieren könne. Ein Kommunikationsproblem, hatte ich gemurmelt, und Viktoria hatte genickt – oder zumindest hatte ich mir vorgestellt, wie sie in ihrem Zimmer in Ferrara genickt hatte, so wie sie immer genickt hatte, wenn wir einen Gedanken zur gleichen Zeit gehabt hatten. Ein Kommunikationsproblem wie es auf einer anderen Ebene meine Behinderung sei. Nerven, die nicht kommunizieren würden. Nerven, die meinen Muskeln nicht mitteilen würden, was sie mit der Kraft, die mein Körper ja irgendwo speichern würde, anfangen sollten.

... *Hunde!*

Bevor Viktoria aufgelegt hatte, weil sie die Telefonleitung für die entfernte Verwandte frei machen musste, hatte sie mir noch geraten, doch einmal etwas »darüber« zu schreiben. Was genau sie meine, fragte ich. Meine SMA *und* meinen Vater, antwortete sie. Im Grunde hätte ich zwei Behinderungen, zwei progressive Erkrankungen. Wenn ich die überhaupt jemals voneinander würde trennen können, dann doch nur so.

In den Himmel ragende Felsen, Sand, so weit das Auge reicht, das Sattelleder kracht.

Als mein Vater sah, dass ich den Stuhl, den ich zum Aufstehen brauchte, näher heranzog und auf das Ende der Bank rutschte, fragte er: »Was machst du da?«

»Ich gehe.«

»Wieso?«

»Weil du dich nicht an unsere Abmachung hältst. Weil du dich nie an eine Abmachung hältst.«

»Ich halte mich immer an meine Abmachungen. Was haben wir abgemacht?«

»Dass wir nicht über meine Mutter reden. Dass wir überhaupt nicht über die Vergangenheit reden. Vater...« – ein erstes, tastendes Vater, das mir den Mund austrocknete – »wir haben keine gemeinsame Vergangenheit, weil du sie verleugnest, jeden Tag und jede Minute. Weil du nur deine Sicht gelten lassen kannst. Weil du nicht einmal zuhören willst, wenn jemand *wirklich* über etwas reden will. Du hast Angst, dass das deine Sicht der Dinge beeinflussen könnte. Du bist dogmatisch und taub. Und ich bin nicht einmal gekommen, um dich zu kritisieren. Ich bin in der

Hoffnung gekommen, dass wir uns hin und wieder sehen können. Aber ehrlich gesagt weiß ich nicht, wie das gehen soll, wenn wir über nichts reden können, das uns wirklich betrifft, weil du gleich anfängst, allen anderen die Schuld zu geben.«

Er zögerte.

»Worüber darf ich reden?«

»Ich weiß es nicht. Erzähl von dir. Wie es dir geht. Wie es der Galerie geht. Was du so tust.«

»Über mich willst du etwas hören. Wie es mir geht. Wie soll es mir schon gehen. Ich musste von vorne anfangen, zum zweiten Mal in meinem Leben. Ich hatte nichts, wieder nichts. Von Null auf Hundert und wieder auf Null. Ich . . .«

Er verstummte. Dachte nach. Was dachte er? Dass jeder Satz, egal, wie er anfing, zu einem Fluch würde?

»Ich habe meine Galerie, wie du ja weißt, und die Werkstatt. Uhren, vor allem, aber ich repariere alles. Du weißt, ich war immer geschickt mit Sachen.«

Ich nickte, er lächelte.

»Wir haben viel gebastelt, weißt du noch? Irgendwie war die ganze Geschichte auch ein Vorteil. Ich kann jetzt wirklich für die Kunst leben. Bin jetzt selber Künstler. Vielleicht zeig ich dir mal was. Ich zeige meine Sachen niemandem. Der Galerie gehts schlecht, ist ja klar. Bin dauernd pleite. Du weißt ja, wie das ist. Verkaufen sich deine Bücher eigentlich?«

»Davon leben kann ich nicht.«

»Wovon lebst du also?«

»Wenn ein Buch erscheint, sind die Lesungen wichtig. Manchmal gibt es einen Preis, ein Stipendium, das hilft. Dazu kommt die Invalidenrente, mit der ich aber nicht einmal die Miete bezahlen kann.«

»Musst du Miete bezahlen?«

»Weshalb sollte ich nicht Miete bezahlen müssen?

»Das Haus in der Alpsteinstraße gehört doch deiner Mutter.«

»Ich will Miete bezahlen.«

»Du willst? Ja, klar. Alles, was die macht, ist in Ordnung, und

alles, was dein Vater macht, ist falsch. War schon immer so.«
Dann, abrupt: »Hast dich nicht einmal für die Blumen bedankt.«

»Was für Blumen?«

»Die ich dir zur Premiere deines ersten Buches geschickt habe.
In dem ich abgebrannt bin.«

Das war vor sechs Jahren, im Frühjahr 1988. Die Blumen standen bereits auf meinem Lesetisch, als ich eintraf, und blieben
dort während der Lesung. Erst danach entdeckte ich den Zettel
mit dem in dickem, grünem Filzstift geschriebenen Satz »Ich bin
stolz auf dich, Vater«.

»Hättest dich bedanken können.«

»Ich habe sie der Buchhändlerin geschenkt.«

»Undankbar!«

»Du warst gerade dabei, uns das vierte oder fünfte Mal zu verklagen.«

»Trotzdem habe ich dir Blumen geschickt.«

»Trotzdem?«

»Ja, trotzdem! Beweist das nicht meine Großzügigkeit? Dass
ich, im Gegensatz zu allen anderen, verzeihen kann?«

Pause.

»Auch zur Hochzeit bin ich nicht eingeladen worden.«

»Bitte . . . .«

»Über die Hochzeit meines jüngsten Sohnes darf ich auch
nicht reden?«

Pause.

»Was glaubst du, wie ich mich gefühlt habe!«

»Wie Kasimir Stanislawowitsch?«

»Wer?«

»Vergiss es.«

»Vergiss es! Wie du mit deinem Vater sprichst! Ich war non
grata! Non grata! Ich, dein Vater, nicht erwünscht bei der Hochzeit des eigenen Sohnes. Auch der älteste hat mich nicht eingeladen. Und der mittlere? Ist der auch verheiratet?«

»Nein.«

Pause.

Pause.
»Bring sie doch beim nächsten Mal mit.«
»Wen?«
»Na, deine Frau. Wie heißt sie gleich noch mal?«

Tori,

wie K. sie sah

1

Als Tori das erste Mal verschwand, war sie dreieinhalb. Weit kam sie natürlich nicht. Sie sagte, immerhin bis zu den Gleisen. Dort stellte sie sich südwärts und ließ den Wind ihr Haar zerzausen. Sie wartete bei Frost und Eis auf den Zug. Es kam einer, es kamen in unterschiedlichen Abständen weitere. Auch wenn keiner hielt, um sie mitzunehmen, entstand auf diese Weise doch ihr Glaube an die Erlösung durch die Eisenbahn. Sie hätte den Zug bestiegen, schwört Tori heute, und wäre so weit in den Süden gefahren, wie man sie hätte fahren lassen.

Einen halben Nachmittag später stand sie wieder in der Küche, wo ihre Mutter, die sie nicht vermisst hatte, für den Abend in den Töpfen rührte. Oben brüllte der Zweitgeborene, der dritte hing ihr dick im Bauch. Als sie sich den Rüben zuwandte, stellte die Mutter fest, in was für einem Zustand sich die Tochter befand.

»Bestimmt hast du im Garten zu lange Schneehöhlebauen gespielt, blaugefroren wie du bist. Das ist doch nur etwas für Buben, das weißt du doch!«

»Ich bin davongerannt, Mamma. Fast bis in den Süden!«

»Wenigstens hast du dich für das kalte Wetter passend angezogen. Aber findest du es nicht übertrieben, über der Wollmütze auch noch eine Ohrenmütze zu tragen?«

Ausnahmsweise durfte sich Tori an diesem Nachmittag ein

Bad einlaufen lassen, musste aber schwören, rechtzeitig beim Abendessen zu sitzen. Bei Tisch pflegte man nicht zu sprechen oder nur der Vater, welcher der Präsident ihrer Gemeinde war. Deshalb war auch jeder im Dorf schon einmal in ihrem Haus gewesen, da es, zumindest im ersten Stockwerk, als Gemeindehaus diente, wo beim Herrn Gemeindepräsidenten vorgesprochen wurde. Dies stimmte Tori traurig, denn auch sie hatte viele Fragen an den Herrn Gemeindepräsidenten. Einmal war sie von Haus zu Haus gegangen, hatte an jeder Tür geklingelt und gesagt, sie spreche vor. Das wurde ihr mit einem Lächeln, manchmal einem Apfel und hin und wieder einem Stück Schokolade, nie aber mit einem Blick in das fremde Haus gelohnt. War das nicht ungerecht? Sie klagte ihr Leid ihrem Hasen, der an seinen ungeschälten Rüben knabberte, und nahm sich vor, wenigstens einmal in ihrem Leben in jeder Wohnung von jedem Menschen auf der Erde gewesen zu sein. Zu diesem Zweck, das stand für sie nun fest, wollte sie Vorsprecherin werden.

Manchmal setzte sich Tori in das Wartezimmer im oberen Stock. Die Mutter begrüßte das, denn dort lernte sie das Warten. Als Tochter des Herrn Gemeindepräsidenten war sie zudem so etwas wie das Fräulein Gemeindeprinzessin, das sich mit ihren neuen, stets selbst geschneiderten Kleidern dem Volk zeigen musste. Erklang die Glocke und war sie an der Reihe, hüpfte sie vom Stuhl und tänzelte – im Wissen, dass ihr die Blicke der übrigen Vorsprecher folgten – aus dem Wartezimmer. Sicher war ihr auch der Kommentar des Herrn Gemeindepräsidenten, der erst sagte: »Schon wieder du?«, dann: »Ist dieses Kleid für so ein kleines Mädchen nicht ein bisschen kurz?«, und schließlich, ohne sich eine ihrer Fragen angehört zu haben: »Sag mal, wo sind eigentlich deine Brüderchen, Tori?«

Als Tori das zweite Mal verschwand, war sie acht und kam schon weiter. Das Postauto hielt vor ihrem Haus. Das war die Haltestelle für den Norden. Jene für den Süden, wo sie sich hinstellte, befand sich auf der anderen Straßenseite vor dem Comestible, wo sie bereits erste kleine Einkäufe für ihre Mutter tätigen durfte. Weil die Sondereggerin, wie der Herr Gemeindepräsident die verwitwete Inhaberin nannte, die Wohnungstür im hinteren Teil offen stehen ließ, hatte Tori schon einen Blick in ihr Vestibül werfen können. Aufmunternd klapperte ihr Schulranzen, als sie ins Postauto einstieg. Darin befand sich ein in eine Serviette eingewickeltes Käsebrot, die Zwiebeluhr, ein Geschenk ihres Großvaters mütterlicherseits, und die Rechenaufgaben für die Schule. Sie bezahlte mit ihrem Ersparten und löste retour, weil das günstiger kam, nicht weil sie zurückkommen wollte. Der Busfahrer sorgte dafür, dass ein Kollege, den er unten im Tal kreuzte, sie wieder zurückfuhr. Er bestellte Tori, ihre Eltern schön freundlich zu grüßen, und erhielt dafür vom Gemeindepräsidenten, bei dem sie vorsprach, ein Lob.

Beim dritten Mal war sie zwölf. Wieder nahm sie den Bus, doch diesmal sagte sie, sie besuche ihren Großvater, und zeigte dem Busfahrer als Beweis ihre Zwiebeluhr. Sie genoss sein bewunderndes »Ganz allein?« und war sich diesmal sicher, dass sein Kollege sie nicht gleich wieder zurückbringen würde. Sie blieb über Nacht weg und wärmte sich in der Scheune, in die sie sich geschlichen hatte, an einem Schaf. Am nächsten Morgen stellte sie sich an die Straße, doch keiner hielt, weil er sie suchte (andere hielten schon). Tori begann zu schluchzen. Zu Hause auf dem Küchentisch fand sie eine Notiz, die sie in der Schrift des Amtsdieners dahingehend in Kenntnis setzte, dass der Herr Gemeindepräsident mit Familie zum Herrn Großvater mütterlicherseits gefahren sei. Dieser werde es bestimmt bedauern, seine Lieblingsenkelin nicht unter seinen seltenen Gästen begrüßen zu dürfen, zumal sie doch dessen Uhr ständig am Leibe trage, gezeichnet »Vater (nach Diktat verreist)«. Tori entschloss sich, beim Hausputz überrascht zu werden und »Oh! Da seid ihr ja! Wars schön?« zu rufen, sobald sie einträfen, doch noch vor Mitternacht schlief sie auf dem Sofa ein.

Ach, ihre Jugendstorys waren die üblichen und drehten sich zur Hauptsache um den Esstisch: Weh dem, der muckte, während der Herr Gemeindepräsident am Mittagstisch die Radionachrichten hörte! Im Dorf lüftete jeder bei seinem Erscheinen den Hut, sodass man doch wohl auch zu Hause ein Quäntchen Respekt erwarten durfte. Tori hatte sieben werden müssen, um zu begreifen, dass der Vater oft sich meinte, wenn er »man« sagte. Essen, das hatte sie schon früher verstanden, musste man geräuschlos, wobei »man« in diesem Zusammenhang alle anderen war. Kein Schmatzen, kein Kichern, kein Sterbenswörtchen. Ein bisschen klimperte das Besteck natürlich, doch das war zulässig; wer hingegen die Gabel in den Teller fallen ließ, wurde des Tisches verwiesen. Wer zurückkehrte, fand die Tafel geräumt, egal wie viel er, das heißt im Grunde immer nur sie, schon gegessen hatte. Der Vater, beflügelt von den schlechten Nachrichten im Radio, die er alle ohne Ausnahme »unweigerlich« hatte eintreffen sehen, sodass sich Tori manchmal wunderte, weshalb die Welt nicht häufiger ihren Vater um Rat ersuchte, aß konzentriert, mit geschlossenen Augen und treffsicher.

Nie war es Tori, die die Stille brach. Als Erstgeborene aber musste sie lernen, was es bedeutete, Verantwortung für die Familie zu übernehmen. Muckte einer der Stammhalter, denen sie unkorrigierbar in die Nachfolge gepfuscht hatte, wurde sie bestraft. Tori musste sich in den eigens geleerten Fuß des Korridorschrankes zwängen. Die Mutter schloss die Schranktür und drehte den Schlüssel, ohne dass der Herr Gemeindepräsident von seinem Teller aufsah. Die Söhne schwiegen. Tori sah das Licht schwinden, hörte den Schlüssel klirren, dann die abgedämpfte Radiostimme, die sie sich als Gewitterwolke über dem Esstisch vorstellte. Sie brauchte nur zu wollen, schon wurden alle am Tisch nass.

Bald wurde Tori für den Schrankfuß zu groß, sodass dieser wieder als dringend benötigter Speicher für den Weihnachtsschmuck genutzt werden konnte. Wurde auch Zeit, sagte die Mutter und schraubte die Birne im Keller heraus, damit Tori im Dunkeln über ihr Verhalten nachdenken konnte. Wer von nun an in den Keller wollte, musste die an einem langen Kabel befestigte Grubenlampe mitnehmen, die in der Küche an einem Haken hing. Knackte es unter den Füßen, durfte man von platzenden Asseln ausgehen, was die Buben zum Kichern und zum Vorzeigen ihrer glitschigen Beute brachte. Nachdem der Vater einmal beinah die Treppe hinabgestürzt war, kam ihm der Gedanke, die Weißweinbeschaffung mit Toris Einkellerung zu verbinden. War sie nicht ohnehin da unten, konnte sie also nicht auch gleich ein paar Flaschen hochbringen und in seinem Privatschrank einschließen? So hatten sie ihr Geheimnis und waren eins, Vater und Tochter. Wie reibungslos doch alles im Gemeindehaus funktionierte! Kaum war Tori weggesperrt, hörte am Tisch das Mucken auf. Und über Hunger beklagte sie sich auch nie.

Überliefert ist auch, dass die Tochter häufig unter dem Bürotisch des Gemeindepräsidenten saß, während dieser das Geschick der Vorsprecher bestimmte. Bemerkte der Herr Gemeindepräsident sie nicht, biss sie ihn dort in die Wade, wo die graue Wollsocke in väterliches Fleisch überging, sanft, wie ein Kätzchen, das sich vor lauter Liebe die Zähne blutig macht. Das führte dazu, dass dem Gemeindepräsidenten ein Laut entfuhr, der seinem Gegenüber unangemessen erschien. Und das führte dazu, dass der Präsident seiner Gemeinde immer schrulliger vorkam. Manchmal platzte die kleine Tori mit ihren nachgeröteten Pausbäckchen in ihrem selbst gebügelten Trachtenkleidchen zur Unzeit unter dem Tisch hervor. Zum Beispiel, wenn es galt, den auf dem Tisch thronenden Fressalienkorb mit einem sinnvollen, durch die Zonenverordnung aber unsinnigerweise verunmöglichten Bauvorhaben in Verbindung zu bringen. Die Transaktionen konnten üblicherweise trotz der Bisswunden und der verbalen Eruptionen des Herrn Gemeinderates gerettet werden. Tori stärkte die manchmal die ganze Nacht andauernde Einkellerung seelisch wie körperlich. Dennoch war die Zeit für eine politische Beförderung in die Kantonshauptstadt gekommen.

Die Wohnung, die sie dort mieteten, war so groß, dass sie die Domtürme vom Küchenfenster als einen Turm sahen, während sie vom Zimmer der siebzehnjährigen Tori in der Perspektive schon wieder so weit auseinander gerückt waren, dass sie wieder nebeneinander standen. Das hatte zur Folge, dass ihre Mutter mit jedem ihrer Gäste früher oder später in ihrem Zimmer erschien, um dieses Phänomen mit eigenen Augen beobachten zu können. Die Mutter fand in Dorothea eine glaubensfeste Freundin, mit der sie sonntags zur Messe in den Dom ging. All die Puten in Pastell und so viele Beichtstühle, dass man sich um die Seelen der Städter Sorgen machen musste. Der Exgemeindepräsident erholte sich am Amtsgericht von den ländlichen Strapazen, pries die Großstadtluft, die durch die Kleinstadt wehte (so viele Bahnhöfe!), und legte mit schlechtem Gewissen sein Parteibüchlein auf den Tisch, als in der Gerechtigkeit etwas Höheres frei wurde.

Es stellte sich heraus, dass die Gleise, an denen Tori mit dreieinhalb zum ersten Mal gestanden hatte, tatsächlich in den Süden gezeigt hatten. Postkarten und Poster schränkten den Süden auf Florenz ein, auf Urbino, Ferrara und Siena. In Ferrara lebte eine entfernte Verwandte, die einen Italiener geheiratet hatte, und das wollte Tori jetzt auch. Weg, mit siebzehn, und gleich *Italia!* Die Eltern benachrichtigte Tori am dritten Tag ihres Verschwindens, worauf ihre Mutter sagte, sie habe sich das gedacht, und Dorothea segne sie. Der Vater war nicht zu Hause.

In Ferrara verfiel Tori auf eine neue Methode, wegzulaufen, ohne wirklich weglaufen zu müssen. Sie aß kaum mehr, um dieser ohnehin schon überfrachteten Welt kein unnötiges Gewicht hinzuzufügen. Gab es nicht genug für alle, und hatten nicht die einen (1 %) so viel, und die anderen (99 %) so wenig? Sie hörte sich fast immer gereizt an. Ausgerechnet in Italien fing sie mit dem Weltverbessern an! Schaute die Ragazzi, die ihre noch brennenden Kippen auf die Straße schnippten, rügend an und zog die Schultern empört höher, wenn sie ihr nachpfiffen. Was die Motorini für einen Heidenlärm machten, und dass es den Rüpeln einfach egal sein konnte, was für Schäden ihre ständig röhrenden Auspuffe an Mensch, Tier und Umwelt anrichteten! *Rmmm! rmmm!*, drehten die Kerle auf und sorgten mit ihren Vätern, die sich auch nichts dabei dachten, ihren Espresso zu trinken, während draußen der Fiat weiterdröhnte, dafür, dass Italien mit einer

Smogwolke überzogen wurde und Tori morgens mit Kopfschmerzen aufwachte. Doch sie hatte sich nun einmal für Italien als ihr Paradies entschlossen, sodass es kein Vertreiben mehr geben konnte.

Bald konnte sie essen, was sie wollte, und wurde doch dürr und dürrer. Das führte zu einem Spitalaufenthalt, nach dem ihr ihre Mutter nach Ferrara schrieb, es sei an der Zeit, zur Vernunft, also in die Schweiz, zu kommen. Zuvor hatte Tori eine Affäre mit ihrem Psychiater, behauptete zumindest ihre Mutter. Toris erster Liebhaber aber war kein Psychiater, sondern ihr Cousin, den es in jenem Frühjahr auch in den Süden zur entfernten Tante gezogen hatte. Er hatte seine Kammer gleich neben der ihren und besuchte sie bald in ihrem Zimmer, von wo aus man den Kirchturm der Santa Caterina sehen konnte. Toris Körper kam und ging, die Ärzte konnten auch nichts machen. Das mit dem Cousin legte sich wieder. Für die Santa Caterina zündete sie in der Kirche eine Kerze für tausend Lire an. Und das mit dem Psychiater hatte sie nur gesagt, um die Aufmerksamkeit ihrer Mutter zu erregen, wie jeder Psychiater, selbst ein erfundener, gewusst hätte. Die Aufmerksamkeit des Vaters war nicht mehr zu erregen.

Zu Hause beschuldigte Tori ihre entfernte Verwandte, ihre Schubladen durchwühlt, an ihrer Unterwäsche geschnüffelt, ihre Bekanntschaften durchleuchtet und das Gefundene mit Erfundenem gewürzt in die Schweiz gemeldet zu haben. Tori, achtzehn jetzt, bezog wieder ihr Mädchenzimmer am Freudenberg, für das sie sich schwere, dunkelviolette Vorhänge nähte. Als sie mit neunzehn, wieder zu Fleisch gekommen und überhaupt eine fröhlichere Erscheinung, weniger gereizt und großzügiger mit der Umwelt, die Matura bestanden hatte, organisierte die Mutter für die Nachbarszwillinge, die nichts bestanden hatten, ein Fest. Toris Geburtstag vergaß die Mutter, doch bat sie Tori, ihr bei der Vorbereitung der dicht aufeinander folgenden Geburtstage ihrer Brüder zur Hand zu gehen.

Die Buben waren auch nicht alles, doch immerhin waren sie Buben. Einer schien eine motorische Störung zu entwickeln –

oder war »minderbemittelt«, wie die strenggläubige Dorothea meinte? –, während der Älteste hin und wieder während einer Einladung aufstand, einen Käfer aus seiner Westentasche zog und ihn zwischen Daumen und Zeigefinger knallen ließ, wodurch Tori von neuem ihre Stunden im Keller und das durch die Tür gedämpfte Kichern ihrer Brüder durchlebte. Tori wollte studieren, worauf für die Söhne, die es nicht wollten, auf der Kantonalbank der entsprechende Betrag eingefroren wurde. Der tränenreiche Protest der Tochter führte dazu, dass der Vater mit schwerem Zungenschlag vorrechnete, was so ein Kind heutzutage kostete, bis es endlich selbsttragend war. Er las jetzt am Mittagstisch die Nachrichten in der Zeitung allein. Tori zog in ihrem Zimmer die Vorhänge zu und schraubte mit einem Taschentuch die Birne heraus. Die Mutter sagte, sie solle zur Vernunft kommen. Ihr Vater und sie würden das Geld für eine Weltreise brauchen, die sie alle, so Gott wolle, wieder zusammenführen würde, und dem wolle doch Tori mit ihrer Selbstsucht nicht im Weg stehen.

Tori fing an als Sekretärin zu arbeiten, um sich das Studium zu verdienen, und hatte natürlich, wie ihre Mutter sagte, eine Affäre mit dem Chef. Tori fing die Affäre mit ihrem Chef an, als sie hörte, dass ihre Mutter ihr eine unterstellte. Sie zog in eine winzige Wohnung, mit zugelaufener Katze, undichten Fenstern und einer schwachbrüstigen Zentralheizung. So konnte sie für ihr Studium sparen. Manchmal war es Tori recht, dass sie ihre Mutter mit Schal und heißem Tee in den klammen Fingern am einzigen Tisch der Wohnung studieren sah. Sie ließ die Fenster offen stehen, bevor sie kam, die Mutter aber sagte die Einladung meist kurzfristig ab oder schlug vor, sich in einem gemütlichen Altstadtcafé zu treffen. Bevor sich Tori auf den Weg machte, rief sie den Vater an und erzählte ihm, wie gut sie klarkomme. Zwei Tage später lag stets ein Fünfzigfrankenschein mit dem Satz »Ich bin stolz auf dich« in ihrem Briefkasten. Die Mutter sagte im Café, Tori habe sie etwas warten lassen, doch mache das nichts.

Tori war eine gute Sekretärin und verdiente mehr als jeder ihrer Brüder. Seit sie eine Affäre mit ihrem Chef hatte, nannte ihre

Mutter ihre Tochter manchmal eine Hure. Ihr Vater, der das Gericht mittlerweile ehrenhalber von einem Tag auf den anderen verlassen hatte, rief sie manchmal um drei Uhr morgens an, um ihr zu sagen, wie beschissen es ihm gehe und wie es ihm seine Frau, von der er sich werde scheiden lassen, sie werde schon sehen, bei jeder Gelegenheit besorge, und das alles wegen dieser scheinheiligen Dorothea, möge sie zur Hölle fahren. Nach diesen Anrufen schlief Tori nicht mehr ein und wollte nur noch die Hure sein, für die man sie ohnehin schon hielt. Die Nachrichten verfolgte ihr Vater nicht mehr, obwohl er jetzt die Zeit dazu hatte und ihn keiner mehr dabei störte.

Für den Vater schnitt sie aus Illustrierten Geschichten von Frauen, die sich ihr Leben oder ihr Studium als Prostituierte verdienten. Die Studentin sagte, sie sei immer wieder erstaunt, wie leicht es sei, in einer verlogenen Gesellschaft Geld zu verdienen, und dass es für sie ein Leichtes wäre, sich von einem Sugar Daddy exklusiv aushalten zu lassen, doch wolle sie um nichts in der Welt auf ihre Freiheit verzichten. Tori hob diesen Satz mit Leuchtstift hervor, stopfte die üppig bebilderten Artikel in Umschläge, die sie frankierte, doch nie abschickte, und die ich fand, nachdem mich Tori verlassen hatte und – zum wievielten Mal? – wieder verschwunden war.

Beim Betrachten der Prostituiertenfotos erinnere ich mich daran, wie ich Jahre, bevor ich Tori kennen gelernt habe, selber einmal zu einer Prostituierten gegangen bin. Hat das wirklich, wie ich mir eine Weile eingebildet habe, alle meine Probleme, zumindest jene der Untauglichkeit, die mir staatlich attestiert worden sind, auf einen Schlag gelöst? Und ist die, bei der ich gewesen bin, eine, die sich auf diese Weise ihr Studium verdient hat und die Tori hätte werden können? Und ich? Soll nicht auch ich mich dafür entscheiden, der zu sein, zu dem mich die Gesellschaft ohnehin bereits gemacht hat?

2

In den Puff ging ich schließlich wegen Buñuel.

Buñuel, Luis. 1900–1983. Spanischer Filmemacher, subtiler Provokateur, sublimer Verwandlungskünstler, Spion, Alkoholiker, Waffenfetischist, Bordellgänger. Sein Vater soll den jungen Luis mit ins Bordell genommen haben, um den Sohn der Initiation zu unterziehen, ein Ritual, das ihm zur lebenslangen Gewohnheit werden sollte. K., der sich im selben Maße für vaterlos hielt, wie Buñuel für gottlos gehalten wurde – beides war falsch –, sah die Zeit für gekommen, seine Initiation selbst in die Hand zu nehmen.

Abgewetzter Plüsch, staubige Beleuchtung, importierte Stripperinnen mit limitierter Aufenthaltsbewilligung, die unter einer Discokugel rotierten und im Rhythmus entsprechender Musik im Halbstundentakt ihre Kleider verloren. Das Ritual begann an der Bar, da sich dort der zu Initiierende in relativer Sicherheit befand. Dort setzte man sich hin und tat, als merke man nicht, dass sich ein spärlich bekleidetes weibliches Wesen neben einen gesetzt hatte. Das einen ansprach, weil man ihm aufgefallen war. Das etwas von einem wollte, woran es keine Zweifel geben konnte. Wer würde so unhöflich sein, dem weiblichen Wesen seine Aufmerksamkeit zu verweigern?

Zum Ritual gehörte, dass man sich eine andere Identität erfand. Im Halbdunkel des »Etablissements« wurde K. zum Dokumentarfilmer und nannte sich Pierre, zu Ehren des Arztes, der in Buñuels *Belle de Jour* angeschossen wird und daraufhin auf einen Rollstuhl angewiesen ist. Und die Frau, die sich zu ihm gesetzt hatte, hieß ausgerechnet Séverine: Was für ein schicksalshafter Zufall! Dies war der Name von Pierres Gattin, die im Film von Cathérine Deneuve gespielt wurde! Sie sprach englisch mit französischem Akzent und deutete mit ihren gut gesetzten Gesprächspausen ein aufregendes Doppelleben an. Sobald man sich vorgestellt hatte, durfte Pierres Hand auf ihr Bein zu liegen kommen, wenn auch erst einmal nur in vertraulicher Knienähe. Dabei stellte sich heraus, dass sein Film ein dermaßen gewagtes

Werk war, dass selbst..., *ooh!*, unterbrach ihn Séverine, how *much* sie Champagner liebe! Wie erregend ihr Akzent war! Parisienne!, denn nichts anderes war Séverine, und schon bestellte der gefeierte Dokufilmer Champagner. Doch lag lediglich ein Piccolo zu Fr. 38,– drin, und das machte mit dem Bier zusammen schon Fr. 53,–. The hell with it! Heute war heute, wozu hat Pierre ein Spesenkonto, Posten »Recherchen«?

Ob sie es in der Plüschecke nicht gemütlicher hätten? Dort schlug Séverine eine ganze Flasche Champagner vor, doch das sprengte das Spesenbudget des unabhängigen Filmemachers nun wirklich. Dennoch ließ sie zu, dass er in den magischen Zwischenbereich ihrer Strümpfe und ihres Minis vordrang. Als aber seine Hand die Grenze des Rocksaums zu missachten begann, presste Séverine ihre muskulösen Schenkel zusammen, um sie abzufangen. Ihr zauberhaftes Lächeln machte ihn darauf aufmerksam, dass das, was Shakespeare »nothing« oder auch »hell« genannt haben soll (George-Steiner-Seminar, Genf, ca. 1984), erst vollständig erblühen könne, wenn er ihre Einladung in das obere Stockwerk annähme. Natürlich erkundigte sich K., Gentleman, der er war, nicht nach dem Preis, doch Séverine nannte ihn dennoch, da sie ihm nicht zumuten wollte, vergebens zu kommen. Teuer? Nicht teurer als zwei subventionierte Plätze in der Zürcher Oper. Oder ein Helikopterrundflug in die Schweizer Alpen mit Eiger, Mönch und der Jungfrau als Höhepunkt.

»Take a real good shower, and come in through the backdoor. I'll see you after midnight«, flüsterte Séverine. Sie rutschte von K. weg, denn es war bereits wieder an ihr, unter dem bunten Flackern der Discokugel zu rotieren.

Mitternacht. Tapfer, frisch geduscht und mit genügend Schweizer Franken für zwei Opernplätze in der Tasche, überschritt K. die (niedrige) Schwelle des Hintereingangs. Das Geländer: rechts. Er hatte sich nicht einmal nach den Treppen erkundigt. Hatte er gehofft, sie würden sich im letzten Augenblick als unüberwindbar erweisen? Steil wand sich die Stiege Stufe für Stufe hoch ins Hurenquartier. Kein blutroter Buñuel-Barock dort, doch immerhin künstlich gehelltes IKEA-Kirschbaumholz. Eine Toilette mit Dusche, drei Zimmertüren, eine stand offen. Darin Engelbert Humperdinck, der sang. Das Wartezimmer aber war leer. Er setzte sich nicht, da ihm die Stühle niedrig vorkamen und er vom Treppensteigen schon etwas erschöpft war. Was war zu tun? Er könnte sich in der Toilette Erleichterung verschaffen, nachdem er die eigentliche Herausforderung – zwei Stockwerke – bewältigt hatte. Auf dem Tischchen wenigstens keine Illustrierten. Wenigstens kein Multiverwaltungsrat (Swissair, Chemie, Waffenhandel, Kultur, Atomkraftwerk, Nationalrat), der sich beim Verlassen eines der Zimmer den Hosenschlitz hochzog. Aus der geöffneten Tür winkte K. eine Hand, und K. wankte ins Zimmer.

»Be comfortable, sugar«, sagte Sugar.

An der Wand hing ein Marilyn-Poster aus *Some Like it Hot*, und deshalb hieß sie Sugar, Sugar Kane, und war die Schwester von Will Kane, dem Marshall von Hadleyville aus *High Noon*. Auch Sugar war aus Paris, Séverines dickste Freundin, was sie K. mit brasilianischem Akzent anvertraute.

»Why don't you be cozy with me, sugar?«

Weil K. treu war, untauglich, aber dennoch ein wackerer Schweizer Soldat, der wusste, was sich gehörte. Sugar Kane zog die Tür hinter sich zu. Das Bett war tief, doch er würde es schaffen; den Stuhl beim Fenster wackelte er näher, links-rechts, links-rechts, bis ihn sein kleines Tänzchen in die gewünschte Position gerückt hatte; dass ihm der Stuhl beim Aufstehen wegrutschen würde, darüber brauchte er sich keine Sorgen zu machen: Spannteppich. Noch war K. nicht »comfortable«, denn es waren ungeahnte Fragen aufgetaucht: Sollte er auf Séverine warten, sich schon »comfortable« machen, und falls, wie »comfortable«? Sollte er sich von ihr »comfortable« machen lassen, und war das im Preis inbegriffen? Was waren hier die Spielregeln? Gab man sich die Hand? Hätte er Blumen mitbringen sollen? Sollte er sich eine Zigarette anzünden (er rauchte nicht) und sich wie in einem Film mit dem Rücken zum Fenster stellen? Weshalb sezierte K. an der Uni Wörter wie »nothing« oder »hell« bis ins Mark, recherchierte aber nicht einen so lebensverändernden Schritt? Hatte er sich nicht ausreichend mit Initiationsriten beschäftigt, auch wenn stets kurz vor dem Akt der Initiation ausgeblendet wurde und der zu Initiierende am nächsten Morgen ein Initiierter war. Und am wichtigsten: Was war mit dem Instrument, um das es hier ging, dem Muskel, von dem manche behaupteten, es sei nicht wirklich ein Muskel – was war es dann? Nehmen wir an, er würde sich »comfortable« machen, was dann? Wäre das nicht unhöflich, eine Beleidigung? War es nicht unhöflich von Séverine, ihn warten zu lassen? Duschte sie gerade richtig gut? Was tat sie, während K.s Körper für K. das Denken übernahm? Er knöpfte sich das Hemd auf. Er erschak, denn er hatte sich für einen Augenblick nackt auf dem Bett liegen sehen, unfähig, aufzustehen, während Sugar mit seinen Kleidern davonrannte. Polizeisirenen heulten auf und verstummten.

Jetzt war ihm alles egal. Er knöpfte seine Hose auf und ließ sie zu Boden gleiten. Setzte sich auf das Bett, das niedriger war als erwartet, nestelte die Schuhe auf und saß in der Falle.

Er war hier, um Sex zu haben, und um Sex zu haben, musste er den Sex von seiner Erkrankung trennen, von der er glaubte, sie allein habe ihm bislang beim ungehemmten Sex im Weg gestanden. Um also die Trennung ein für alle Mal zu vollziehen, hatte er sich entschlossen, in Séverines Hölle den Himmel zu erfahren. Er war hier, um sich tauglich zu vögeln. Um sich zum eidgenössisch anerkannten Soldatenbürger emporzuvögeln. Hatte er einmal ordnungsgemäß gevögelt, würde alles gut, würden alle Probleme aus der Welt gevögelt sein, keine würde ihm mehr misstrauisch auf den Hosenschlitz schielen, weil endlich sein Selbstvertrauen auf seiner Stirn perlen würde. K. wäre bereit für Frau und Kinder, bis dass der Tod euch scheidet, vielleicht sogar mit ordentlichem Seitensprung.

Was sie trug? Nicht viel. Ich erinnere mich an etwas Blaues, Luftiges. Etwas mit Spaghettiträgern. Ein Halstuch, das an ein Geschirrtuch erinnerte. Goldene Sandalen. Rote Zehennägel. Séverine hauchte ein »Hi!« in den Raum und machte sich »comfortable«. Als sie sah, wie ich mein Bein mit den Händen auf das Bett zog, sagte sie »Take your time« und meinte »Don't take mine«. Sie schloss nicht einmal die Tür.

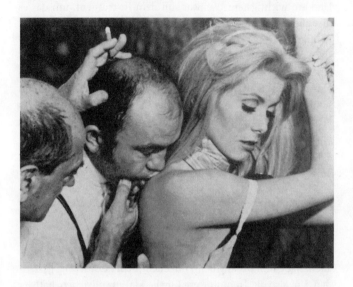

Und Buñuel? Bei der späteren Lektüre einer Biographie fand ich heraus, dass der junge Buñuel gar nicht ins Bordell gegangen war. Ihm fehlte das Geld. Und der Mut. Er musste sich seine Sexgeschichten alle vorstellen. Doch als er sich genug Geschichten ausgedacht und auch das Geld hatte, soll er immer wieder in den Puff gegangen sein, bis Gott ihn in Sein Reich geholt hat.

- 3 -

Sie lernten sich an der Universität kennen. Beide hatten sich nicht vollständig von ihrer Heimatstadt trennen können, Tori lebte in einer kleinen, schlecht geheizten Wohnung, K. im Keller seiner

Kindheit. Beide pendelten. Tori näherte sich Konstanz umständlich über die Gleise, die sie zwei-, an Wochenenden, wenn sie in die Bibliothek wollte, dreimal wechseln musste, bis sie am Bahnhof eintraf, wo sie oft eine Dreiviertelstunde auf den Anschlussbus warten musste. K. legte dieselbe Strecke inklusive Zollabfertigung mit dem Auto immer unter fünfzig, einmal sogar innerhalb von nur dreiundvierzig Minuten zurück.

Zur Beschleunigung des seiner Meinung nach überflüssigen Grenzverfahrens warf K. das internationale Rollstuhlzeichen auf das Armaturenbrett. Dieses zeigte einen auf einige Striche reduzierten Rollstuhl mit einem männlichen (nie weiblichen) Insassen, Striche, die den betroffenen Menschen in groben Zügen auf seine körperliche Unzugänglichkeit reduzierten. Angewandte Diskriminierung. Dennoch wollte K. am Grenzübergang nicht auf das Rollstuhlzeichen verzichten, denn die Zöllner winkten ihn durch, sobald sie es sahen.

Ganz okay sei das nicht, fand Tori später, als sie mit ihm in seinem Wagen an die Uni fuhr. Er missbrauche seine Behinderung, um sich einen Vorteil zu verschaffen, und das sei unmoralisch.

K. argumentierte, er lege das Schild hin, damit er nicht jedes Mal den Beamten erklären müsse, dass es ihm schwer falle, auszusteigen und den Kofferraum zu öffnen. Das Rollstuhlzeichen aber produziere ein aufschlussreiches Missverständnis. Die Beamten schlössen aus der Tatsache, dass hinter dem Steuerrad ein behinderter Mensch sitzt, dass diesem Menschen, weil behindert, das Schmuggeln nicht zuzutrauen sei. *Das* sei unmoralisch, denn es erfülle den Tatbestand der Diskriminierung, und dass er daraus diesen lächerlichen Vorteil gewinne, sei in diesem Zusammenhang nicht relevant beziehungsweise lächerlich.

Unmoralisch sei, Tori gab nicht nach – Tori gab nie nach, wie er bald feststellen musste –, dass er mit dem Schild keineswegs beweise, ein Behinderter zu sein, der seinen Kofferraum nicht selber öffnen könne, sondern dies lediglich zu sein *behaupte*. Diese Behauptung sei nur schwer nachzuprüfen, beruhe auf Vertrauen, nicht dem darwinistischen Der-Stärkere-frisst-den-Schwächeren, sondern auf dem Rousseauschen *contrat social*, auf dem wiederum die westliche Zivilisation beruhe, und eben dieses, das Grundvertrauen, sei es, das er missbrauche, sei er doch durchaus noch in der Lage, auszusteigen und seinen Kofferraum selber zu öffnen, etwas, was er den gutgläubigen Beamten im Grunde anbieten müsse. Nicht nur tue er dies nicht, sondern er lasse sie zusätzlich im Glauben, dass er, weil er behindert sei, ein zum Schmuggeln nicht befähigter Mensch, also etwas moralisch schlechthin Besseres sei, und *das* sei unmoralisch. Und daraus, Tori holte Atem, leite er sich das Recht zum Schmuggeln ab.

Er schmuggle doch nie mehr als ein Pfund Fleisch oder ein paar Liter Milch, murmelte K.

Das sei irrelevant, triumphierte Tori, denn dass er geschmuggelt habe, beweise, dass er sich durchaus des Vorteils bewusst sei, den er sich durch seine Behinderung und das Vorzeigen des Rollstuhlzeichens verschaffe. Wo, wollte sie wissen, ziehe er die Grenze? Milch? Fleisch? Drogen? Geld? Bomben?

Schon ging die westliche Zivilisation in Flammen auf. Tori genoss sein Schweigen.

Das moralische Recht, das Täfelchen hinzulegen, sagte sie großzügig, habe er erst, wenn seine Erkrankung so weit fortgeschritten sei, dass er wirklich nicht mehr gut aussteigen und den Kofferraum selber öffnen könne.

Als er das Funkeln in ihren stahlblauen Augen sah, verstummte er und gab Gas.

»Fahr langsamer«, sagte sie gekränkt.

Noch später war es Tori, die sein Logo auf das Armaturenbrett warf, weil sie auf diese Weise die Einkäufe, die sie jeden Donnerstag in Konstanz machten, nicht verzollen musste. Noch aber waren Tori und K. nicht verheiratet, noch fuhren die beiden nicht einmal im selben Auto an die Uni. Noch aber überholte K. auf dem Weg zur Universität Toris Bus, während sie ihn irgendwo in den ausufernden Korridoren der Universität hinter sich ließ. Auf ihn, den Spezialstudenten, wartete ein Spezialparkplatz hinter einer Spezialabschrankung, die einzig jene Spezialfahrer – Professoren, Anlieferer und Spezialstudenten – überwinden durften, die eine mit dem Stempel der Universität Konstanz versehene Spezialbewilligung auf das Armaturenbrett legen konnten.

Bei seinem ersten Versuch, den ihm am Telefon beschriebenen Spezialeingang zu finden, gelangte er in einen Abstellraum, in dem er auf ausgestopfte Lebensformen, Vitrinen mit präparierten Innereien und deformierte Skelette stieß. Also doch, es wurden mit Lebewesen Experimente getrieben, alle Biologen waren Frankensteins, und er, der Freak, würde hier sein Ende in dieser akademischen Freakshow finden, seine Glieder ausgestopft, sein Hirn in Formalin und sein Sperma im Gefrierfach. Schon beim zweiten Versuch fand er den richtigen Eingang. Im Lift ein Stockwerk nach unten, nach – 01, und schon tat sich ihm in der Universität Konstanz ein unterirdisches Betonparadies mit Buchladen, Reisebüro und Sparkassenfiliale auf. Ironisch aber war, dass buchstäblich jeder Stock mit einem Fahrstuhl erreichbar war, nur jener nicht, in dem sich das Slawische Seminar befand.

K. gelangte in den Seminarraum im Zwischenstock, indem er die Treppe von 03 ein halbes Stockwerk hinab und, war das Seminar zu Ende, von diesem weiter nach 02 stieg, worauf ihn der Fahrstuhl wieder nach 03 hochbrachte. Da er sich mit dem rechten Bein auf die Stufen fallen lassen musste, erhielt er jedes Mal einen harten Schlag gegen sein Knie. Er würde sich also – *klonk, klonk* – wegen Puschkin, Lermontow und den anderen in einem Vierteljahrhundert oder auch schon früher Gicht, Sklerose, wenn nicht sogar eine Arthrose einhandeln. Darüber hinaus verspielte er wegen seiner zeitraubenden Treppenbewältigungsmethode jede Chance auf eine akademische Karriere. Die renommierte, mit Kristeva Kaffee trinkende Slawistikprofessorin gefolgt von den wiederum mit der Slawistikprofessorin Kaffee trinkenden Doktorandinnen eilten ihm nach jedem Seminar über die Treppe davon. Nur wer mit ihr Schritt halten konnte, gelangte rechtzeitig ins Unicafé, wo die zu einer lichten akade-

259

mischen Zukunft führenden Assistentinnenaufgaben (Kopieren, Zusammenfassen, Kaffee holen, Kristeva-Sekretär anrufen) verteilt wurden.

Doch er hatte es derselben Treppe zu verdanken, dass Tori ihn ansprach.

»Kann ich dir vielleicht die Tasche tragen?«

»Geht schon.«

Er ließ sich auf die nächste Stufe fallen. *Klonk.*

»Ich gebe sie dir unten an der Treppe wieder...«

»Danke«, sagte K. beschämt.

Klonk, klonk.

- 4 -

K. studierte drei Sprachen (Russisch, Tschechisch, Englisch), Tori zwei (Italienisch, Deutsch). Der einzige Kurs, den sie gemeinsam belegt hatten, war »Visueller Fetischismus im Werk L. Buñuels« von Prof. A. Marinetti.

Professor Marinettis Lächeln war unwiderstehlich, wenn sie Unverständliches über Zelluloid absonderte. Ihr Silikonbusen wogte, sobald sie Delikates, unverdaulich in Lacan, Derrida und Foucault Mariniertes über Tristana (aus Buñuels *Tristana*) und Séverine preisgab. Auch hatte sie (die A. Marinetti) dicke Lippen, die, wie sie selber der Klasse ohne jegliche theoretische Untermauerung mitteilte, von einer nicht zu bremsenden Sinnlichkeit sprachen, welche sie auf ihre italienischen Wurzeln zurückführte: In Rom, von einer südlichen Nacht überwältigt, hätten ihre Eltern, beide mit jemand anderem verheiratet, dem Trieb nachgegeben, sie in einem unbeleuchteten Winkel der Engelsburg zu zeugen. Jetzt aber (Augenzwinkern) zurück zu Lacan, Derrida und Foucault.

Tori und K. lernten sich in einem verdunkelten Seminarraum, wo die Marinetti *Belle de Jour* zeigte, besser kennen. Das führte zu einem Glas Wein in einer Altstadtkneipe, in der K. seine Schwierigkeiten, von einem Stuhl aufzustehen, visuell zu verbergen

260

wusste, indem er Tori an die Bar lockte. Barhocker waren gut, Barhocker waren hoch. Er hielt sich an der Bar und ließ sich im Halbdunkel auf den Hocker gleiten. Ein Bier für K., für Tori ein Glas Bardolino, weil der Kellner Italiener war oder so aussah. Anschließend bescheidener Spaziergang durch die Konstanzer Altstadt, wobei K. sich dank seines Watschelgangs bei Tori einhaken durfte. Unter dem Scheibenwischer klemmte ein Strafzettel. Mit dem Rollstuhlzeichen hätte er sich das Privileg zu parken, wo es für andere verboten war, verschaffen können, doch hätte das auf einen Aspekt seiner Persönlichkeit hingewiesen, den er zu diesem frühen Zeitpunkt des Kennenlernens nicht unnötig betonen wollte. Lässig steckte er den Strafzettel ein, das war ihm seine bedingte Tauglichkeit wert.

Er brachte Tori, die darauf bestand, mit dem Zug nach Hause zu fahren, zum Bahnhof, wo es zu einem kussversprechenden Blickwechsel kam. Beschwingt gab er Gas und stellte sich ihr überraschtes Gesicht vor, wenn sie ihn in Sankt Gallen vor dem Bahnhof sehen würde. Er würde ihr anbieten, sie nach Hause oder zumindest bis zum Bus zu fahren, wodurch sich der sich abzeichnende Kuss vielleicht bereits materialisieren würde. Vor dem Bahnhof verwarf er den Gedanken als zu kindisch, fuhr wieder weg und hoffte, dass sie ihn nicht gesehen hatte. Zu Hause bereute er, dass er nicht auf sie gewartet hatte. Er konnte nicht einschlafen. Er goss sich einen Grappa ein. Er war verliebt.

Der Zufall wollte es, dass in derselben Woche im einzigen nicht von Hollywood besessenen Kino der Stadt im Rahmen eines Minispanienspecials Buñuels *Tristana* lief. Unanständig niedrige Kinosessel, die K. jetzt einfach riskierte, irgendwie würde er schon aufstehen können. Sein Sitznachbar sah kräftig aus. Tori, die bestimmt auch helfen würde, hinge er so erstmals in den Armen. War seine Muskelschwäche nicht sogar ein entscheidendes Verführungselement, das er all die Jahre so sträflich vernachlässigt hatte? Hätte er früher eine Freundin haben können, wenn er auf seinen Arzt gehört hätte, der ihm versichert hatte, sich wegen eines Mädchen keine Sorgen machen zu müssen, da die Mädchen gern für die Buben sorgen würden? Er entschloss sich, dem Glück der Mädchen nicht länger im Weg zu stehen, doch stellte sich noch vorher heraus, dass seine Aufstehlogistik keine Rolle mehr spielte, denn sie küssten sich bereits sitzend. So versanken sie immer tiefer in den Sesseln, vor denen K. sich eben noch so gefürchtet hatte.

- 5 -

Auffällig an diesen zwei Filmen Buñuels ist, dass am Ende einer der Protagonisten in einem Rollstuhl sitzt, Pierre in *Belle de Jour* (1966), Tristana im gleichnamigen Film von 1970. K. war vor allem von *Belle*, Tori von *Tristana* fasziniert. Im Bett schauten sie sich beide Filme auf Video an, immer wieder, wobei ihre Vorlieben wie bei allen, die füreinander schicksalsbestimmt sind, austauschbar wurden: Bald wollte Tori sich erneut *Belle*, darauf K. ein weiteres Mal *Tristana* anschauen, um auf diese Weise dem Geheimnis des anderen ein bisschen näher zu kommen.

Tristana ist Don Lope untreu, doch als sie an einem Tumor in ihrem Bein erkrankt, kehrt sie zu ihrem Wohltäter zurück. Diesen hasst sie dafür, dass er sie wieder aufnimmt, ihren Liebhaber dafür, dass er sie gehen lässt. Dennoch heiratet sie Don Lope, weil sie auf diese Weise beide bestrafen kann. Ihr Bein muss unterhalb des Knies amputiert werden (vgl. Bild S. 276). Beine unterhalb des Knies, insbesondere Füße (vgl. auch L. Buñuels *Viridiana*, 1961), symbolisieren bei Buñuel Sexualität und deren (Dys)Funktion. Von nun an bewegt sich Tristana an Krücken oder im Rollstuhl fort. Don Lope will sie noch immer, denn jetzt gehört ihm die schöne Tristana allein: Eine Behinderte wird von keinem anderen begehrt, eine Behinderte kann nicht weglaufen – wörtlich, wobei es die Marinetti vermied, K. bei dieser Bemerkung anzuschauen, während K. sich später zu erinnern versuchte, ob Tori ihn nicht bei diesem Satz zum ersten Mal interessiert gemustert habe. Don Lope täuscht sich gleich dreifach: Erstens sperrt ihn Tristana selbst in der Hochzeitsnacht aus ihrem Zimmer, zweitens verliert sie ihre Schönheit innerhalb weniger Monate, und drittens – tötet sie Don Lope. Man kann argumentieren (und Tori, mit Marinettis Instrumentarium in K.s Bett, tat es), dass er auch dann gestorben wäre, wenn Tristana den Anruf an den Notarzt nicht vorgetäuscht hätte, doch was zählt, ist die Absicht, und die ist sexuelle Verkrüppelung, dann Mord. Als würde sie selbst sterben, sieht Tristana in diesem Augenblick ihr Leben in umgekehrter Reihenfolge ablaufen, bis die Schrift Ende den Zuschauer darauf aufmerksam macht, dass dies nur ein Film war.

Belle de Jour erzählt die Geschichte Séverines – wiederum von der in diesem Film im wirklichen Leben drei Jahre jüngeren Cathérine Deneuve gespielt –, die ihre sexuellen Fantasien auslebt. Als »Belle de Jour« arbeitet sie in einem »Etablissement«, nachmittags zwischen zwei und fünf, sodass sie für ihr anderes Leben mit dem etwas langweiligen, doch liebenswürdigen Pierre rechtzeitig im gemeinsamen Heim eintrifft. So wie sich die Fantasien kreuzen, so überschneiden sich auch die Wirklichkeiten. Einer von »Belle de Jours« Kunden akzeptiert den ihm gesetzten Rahmen (Zeit, Ort) nicht. Er erscheint an einem Abend in Séverines und Pierres Wohnung, wird aber von Séverine abgewiesen. Der Kunde schießt auf den nach Hause kommenden Pierre und lähmt ihn mit diesem Schuss. Pierre wird von einem »Freund« über das Doppelleben seiner Frau aufgeklärt. Es bleibt offen, ob Pierre den »Freund« überhaupt versteht. Séverines Traumwelt aber scheint intakt, wenn nicht gar wünschenswert perfekt: Am Ende des Films steht Pierre plötzlich auf, als habe er seine Lähmung vergessen oder als habe sich Séverine auch diese eingebildet (gewünscht?), um ihr einen Whisky einzugießen. Oder ist es ihre Vorstellungskraft, die ihn auf die Beine gebracht hat?

– 6 –

Toris Mutter weigerte sich erst, K.s Existenz zur Kenntnis zu nehmen. Im Dreiwochenrhythmus besuchte Tori ihre Mutter, trank mit ihr ungesüßten Kaffee in der Küche, betrachtete die beiden Domtürme, als wärs nur einer, und versuchte das Gespräch auf K. zu lenken.

Die könne ihn mal, sagte K., auf seinen Knien jedenfalls werde er nicht angekrochen kommen.

Tori mache das doch nur, um sie zu ärgern, sagte die Mutter zu ihren Freundinnen. Früher habe sie nur sagen müssen, dies sei ihre Lieblingstasse, und schon sei sie in Scherben gestanden.

Die Freundinnen aber erinnerten sich nur an die kleine Tori, die, adrett gekleidet, mit einer Lilie im Haar und einem perfekt einstudierten Knicks als Überraschung zum Kaffeekränzchen einen selbst gebackenen Kuchen auftrug, worauf ihre Mutter sagte »Aber wir haben doch schon einen Kuchen, Dummerchen!«

Allerdings sei es schon damals das Beste gewesen, sie einfach zu ignorieren, bis sie wieder zur Vernunft gekommen sei. Sie sei weggerannt und habe ihr bald wieder am Rockzipfel gehangen, manchmal beides fast gleichzeitig. Es sei immer dasselbe mit ihrer Tochter. Aber dann komme sie eben auch immer wieder zur Vernunft, ihre Tochter.

K. überlegte sich manchmal, ob eine wie Tori mit einem wie ihm auch deshalb schlafe, weil sie wissen wollte, wie es mit so einem sei. Fühlte sich allerdings nicht so an. Was, wenn Tori ihn einfach liebte, ohne Wenn und Aber?

Ihnen gehörte die Welt, und überall in ihrer Welt gab es ein Bett, und es musste noch nicht einmal ein Bett sein.

Was das für eine süße Rache der Tochter an der Mutter wäre, wenn sich herausstellte, dass die katholische Tochter ein Krüppelkindchen auf Gottes Erde stellen würde! Ein seelenloses Krüppelchen, dem seine Verdammnis auf den Leib geschrieben stand und das unübersehbar für seine Sünden büßen musste, was ihr Märtyrerdasein unterstreichen würde. Es war doch immer dasselbe: Scheiterhaufen, Heiligsprechung.

Mit der Zeit konnte sich Toris Mutter doch für K.s Existenz im Leben ihrer Tochter erwärmen, wenn auch noch nicht begeistern. Zu verdanken hatten die schon heimlich Verlobten die zögerliche Aufnahme in die Familie einem katholischen Feiertag, an dem keiner fehlen durfte. K. entschied sich, nun doch nicht verletzt zu sein. Alles würde seinen Lauf nehmen. Auch hatte er Hunger, und die Festtafel war reich gedeckt. Es wurde ein schöner Abend. Mit Toris Bruder diskutierte K. angeregt, ob die neutrale Schweiz die neuen F-18-Jäger anschaffen sollte oder nicht. Der Bruder war dafür, K. theoretisch dagegen. Über das Vögeln mit Krüppeln wurde nicht gesprochen. Das Familienoberhaupt kicherte ohne Anlass, als sitze noch immer seine Tochter unter dem Tisch und zwicke ihn in die Wade. Die F-18-Fighter wurden schließlich gekauft.

Worauf der F-18-Bruder dann doch noch zu sprechen kommen wollte, »um jetzt einmal ganz offen« mit K. zu sein, war das Thema »minderwertig«. K. solle das nun bloß nicht persönlich nehmen, doch für ein solches halte er »im Grunde« ein Leben wie jenes, das K. führen müsse. K., der endlich einem dieser Untauglich!-Stempler in die Augen blicken durfte – Toris Bruder war ein Soldat der Schweizer Armee –, dankte ihm für die aufrichtigen Worte, konnte ihm aber noch nicht verbindlich zusichern, dass er sie nicht doch persönlich nehmen werde.

K. hatte seine Sehnsucht, ein Tauglicher unter Tauglichen zu sein, unterschätzt. Er hätte dem Stempler wenigstens das Bier ins Gesicht schütten sollen. Passte sich an, so gut es ging, was immer weniger gut beziehungsweise nicht ging, wenn Stufen und Stühle im Spiel waren, was, wenn er darüber nachdachte, eigentlich immer

der Fall war. Er nahm sich vor, nicht mehr darüber nachzuden-
ken.

Den Hohen Feiertag, der sich trotz Kreuzigung wie jedes Jahr seinem versöhnlichen Ende zuneigte, nutzte Tori, um ihre Verlo-
bung mit K. öffentlich zu machen.

Toris Vater hatte zu diesem Zeitpunkt mit dem Trinken Ernst gemacht und beendete sein Dasein in der Wohnung am Freudenberg mit Blick auf den Dom. Die Scheidung stand ins Haus.

Toris Mutter nahm in Kauf, vor den Augen der Kirche eine Ge-
fallene zu sein und ihre strenggläubige Freundin Dorothea zu
verlieren. Sie legte sich einen protestantischen Hausfreund zu,
der immer öfter auch im Haus übernachtete. Im Dom setzte sie
sich nur noch auf die hinterste Bank.

Toris und K.s Heirat stand nichts mehr im Weg.

- 7 -

Im Obergeschoss des Pflege-oder-so-Bedarfgeschäftes standen
sie in Reih und Glied nebeneinander und dreireihig hintereinander, diese Stühle mit Rädern. Diese falsch zusammengesetzten
Fahrräder. Diese Offroad-Bürostühle. Diese Muskelprothesen.
   K., mit der hübschen Tori am Arm, nahm staatsmännisch die
Parade ab. Chromstahl funkelte, Leder roch. Der da? Wow! Hatte
sogar eine Hupe. Oder doch eher der da? War dieser an den
Rücken des Rollstuhls montierte Behälter für Skistöcke? Ach K.,
winkte Tori ab, nichts als Sprüche. Sie war ernster bei der Sache
als er. Der Skistockständer war natürlich nur ein Stockständer.
Für Teilzeitgehende wie ihn. Einen Stock hatte er damals noch
nicht, aber einen Rollstuhl wollte er schon. Tori wurde ungeduldig. Sie traten ein paar Schritte zurück, um die ganze Meute zu
sehen. Die Rollstühle knurrten, fauchten, fletschten die Zähne,

266

scharrten, als hätten ihre Räder Hufe, preschten auf ihn los, über-rollten und zerfetzten ihn, rissen ihn in Stücke. K. wurde schwindlig. Er hielt sich an seiner Frau fest.

Sie schafften sich seinen ersten Rollstuhl für eine längere Itali-enreise an. Das Gerät, das er noch nicht wirklich brauchte, würde ihnen beiden mehr Beweglichkeit verschaffen. Noch immer legte er Strecken von fünfhundert, an muskulären Tagen sechshundert und an Toris Arm von bis zu tausend Metern zurück. Dann aber musste er sich ausruhen. Er setzte sich in ein Restaurant oder wie-der in den Wagen und ließ seine Muskeln sich erholen, damit es noch einmal für einige hundert oder wenigstens, je nachdem wie »muskulär« sein Tag gewesen war, einige Dutzend Meter reichen würde. Was, wenn er sich stattdessen in einen Rollstuhl setzen und einfach weiter gehen würde? Sitzend weiter rollen würde? An die Räder, die auf diese Weise zu seine Beinen wurden, würde er sich gewöhnen müssen. Das hatte aber auch den Vorteil, dass er sich schon ein wenig an jene Zeit gewöhnen konnte, wenn er sich nur noch auf diese Weise würde fortbewegen können, sodass er also seiner weniger muskulären Zukunft mit der noch recht mus-kulären Gegenwart ein Schnippchen schlagen konnte. Erst ein-mal aber, und das mochte die euphorische Komponente seines Rollstuhlkaufes erklären, freute er sich, mit der kräftigen Tori im Rücken, wieder ausgedehnter durch Städte schlendern, (flache) Seepromenaden entlang spazieren und gar, wenn die Pfade flach getrampelt waren, Waldwege erforschen zu können ...

»Für wen darf der Rollstuhl sein?« fragte der Verkäufer, der sich zu ihnen gesellt hatte. Tori lächelte. K. hätte er genauso gut fragen können, ob er das Drehbuch von *Dr. Strangelove* geschrie-ben habe, so geschmeichelt fühlte er sich. »Für mich!« rief er auf-recht stehend und genoss den misstrauischen Blick.

Der Verkäufer verbrüderte sich mit Tori, um herauszufinden, was es mit der Aussage ihres Begleiters auf sich hatte. Tori be-stätigte lächelnd, während K. erneut die Rollstühle abschritt, für den Verkäufer noch forscher. Fehlte nur noch ein Zeigestock. Nein, kein batteriebetriebener Stuhl. Leicht musste er sein und faltbar, damit er in den Kofferraum passte. Faltbar waren die meisten, doch am leichtesten wog das Titaniummodell, aber das war zu teuer.

»Selbst hier wird in Fiat und Ferrari eingeteilt«, murmelte K., »eine Behinderung ist ein Luxusgut, das man sich leisten können muss«, legte Tori nach. Der Verkäufer nickte verständnisvoll.

K. ließ sich in das teure Titaniumgestänge fallen, dessen Entwicklung, wie der Verkäufer rhapsodierte, irgendetwas mit der amerikanischen Eroberung des Mondes und der daraus resultierenden Entwicklung der Teflonpfanne und eben auch des Titaniummetalls zu tun hatte, was alles Blödsinn war, doch K. beließ es dabei, in dem Luxusstuhl hin und her zu gleiten. Bequem war er schon, rollte auch am leichtesten, doch der Preis, der Preis.

Er sprang wieder heraus. Der Verkäufer schaute Tori fragend an. Leistete sich dieser Kerl einen dummen Scherz? Sie schüttelte den Kopf: kein Scherz. Und K. sprang auch nicht wirklich aus dem Stuhl. Das Abnehmen der Rollstuhlparade hatte ihn ermüdet. Tatsächlich griff er sich die Armlehnen und hebelte sich auf die Beine. Er sah dem Verkäufer an, dass er seinen Kunden fragen wollte, was er denn habe, so jung und so agil und so eine hübsche Begleitung und doch einen Rollstuhl, doch die Gralsfrage schien selbst in einem solchen Geschäft zu intim. Lieber holte der Verkäufer Kataloge.

K. ließ sich in ein anderes Titaniummodell fallen, rollte sich mit Schwung ein paar Meter und zog die Bremsen so scharf an, dass er beinah aus dem Stuhl kippte. Wie bei der Spielzeugrennbahn, die er als Kind hatte und bei der es zur Hauptsache darum ging, die Autos aus den Kurven zu beschleunigen, nur dass er jetzt selber im Rennauto saß. Parkte den Ferrari wieder in die Reihe ein und mied Toris Blick. Hupte. Grinste wie das Kind, das er in diesem Augenblick gern gewesen wäre.

Schließlich entschied sich K. für ein elfeinhalb Kilogramm schweres Modell ohne Hupe (Aluminium, Fr. 2800,–), metallisierte Farbe gegen Aufpreis. Auch das Kissen war extra und konnte im Untergeschoss erstanden werden. Doch, es sei absolut zu empfehlen. Konnte man den Stuhl gleich mitnehmen? Man konnte ihn anderntags abholen. Der Verkäufer musste noch an Tori Maß nehmen. Da sie es war, die K. hauptsächlich schieben würde, mussten die Handgriffe auf sie abgestimmt werden.

Die Rechnung (mit zehn Prozent »Selbstbehalt«) ging an die hierfür vorgesehene Versicherung mit dem prähistorischen Namen »Invalidenversicherung«. K.s Vertrauensarzt hatte den Invalidenverwaltern bereits schriftlich versichert, dass K. für das Gehen mehrheitlich untauglich geworden war, also Anspruch auf Rückerstattung der durch sein invalides Leben bedingten so genannten »behindertengerechten Mehrkosten« hatte. Er verließ das Pflege-oder-so-Bedarfgeschäft auf seinen eigenen Beinen und holte anderntags seine Ersatzbeine für Distanzen von fünfhundert Meter und mehr ab.

- 8 -

Die Italienreise wurde trotzdem ein Fiasko. Sprachaufenthalt für Tori in der Emilia Romagna, Zeit für K., im Hotelzimmer an seiner Geschichte über die Abenteuer eines Damenunterwäschevertreters zu schreiben. Für das Dorf blieb der Rollstuhl im Wagen. Am Mittag traf er Tori (Hanro-BH, LaPerla-Slip) in einem Straßencafé. Tagesausflüge nach Bologna und Urbino im Rollstuhl. In Ferrara lernte K. (auf eigenen Beinen, die Räder blieben im Kofferraum) endlich die entfernte Verwandte kennen. Sie beugte sich zu ihm herab, um ihm die Hand zu schütteln, er lächelte zu ihr hoch. In Ferrara wandelten Tori und K. auf den Pfaden der Finzi-Contini, über die Tori ihre Abschlussarbeit schreiben wollte: *Das jüdische Element bei G. Bassani*. Auf einem Flohmarkt kaufte sie sich eine günstige Menora. Die Mauer, hinter der sie Micól Finzi-Contini in ihrem weißen Minirock und mit Tennisracket vermuteten, war zu hoch, um etwas sehen zu können, für Sitzende wie für Gehende.

Immerhin hatten sie während jener Reise ihren besten Sex. Es geschah nach dem aufgekratzten Besuch eines Pornokinos im

Nachbarstädtchen, etwas, das sich einfach aus einer Laune heraus ergeben hatte. Keiner von Toris Mitstudierenden hatte sie gesehen. Noch nie hatten sie sich so tief in ihre Daunendecken gewühlt. Auch wenn sie zugab, dass es »wirklich schön« gewesen sei (»nicht, dass es sonst nicht schön sei«), wollte sie kein zweites Mal ins Pornokino. Ihn begann zu verstören, dass Tori immer häufiger behauptete, dass etwas seine Idee gewesen war. Dabei war nicht einmal wichtig, ob die Idee gut oder schlecht, ob also dieses Etwas etwas Gelungenes oder Misslungenes war.

Der Rollstuhlkauf begann seine Idee zu werden. Er war Tori dankbar, dass sie ihm bei diesem schwierigen Schritt zur Seite gestanden hatte. Tu, was du tun musst, bevor du es *wirklich* tun musst, hatte sie ihm geraten, und daraufhin hatte er sich darum gekümmert. Der Rollstuhlkauf war eine wichtige, gute Entscheidung, schmerzhaft, einschneidend und doch hilfreich, weil wieder so viel möglich wurde, erlösend, weil er so vieles nicht mehr auf sich nehmen musste. Und doch wurde daraus auf einmal seine und nur seine Idee. Es fing damit an, dass sie sagte, man lerne auf diese Weise die Beschaffenheit der Welt kennen. Überall Treppen, nirgends Rampen, weder bei der Hauptpost noch bei den Fußgängerstreifen. Überall Hindernisse in dieser Welt. Für jeden blöden Vogel im brasilianischen Dschungel, monierte Tori, gebe es ein Artenschutzgesetz, für behinderte Menschen hingegen keines. Dann überraschte sie ihn plötzlich damit, dass sie eigentlich am liebsten in einer Altstadtwohnung leben würde, nur ginge das natürlich wegen des Rollstuhls nicht, weil diese Häuser oft keinen Lift hätten. Bald bemerkte er, mit welcher Wut sie seinen Rollstuhl in den Kofferraum warf.

Selbst ihre Hochzeit wurde zu seiner Idee. Kaum hatten sie sie umgesetzt, gab sie ihm das Gefühl, er habe sie dazu überredet. Überhaupt, heiraten, wie spießig. Im Büro des Standesbeamten stellte sich heraus, dass die Beibehaltung ihres Mädchennamens zu diesem Zeitpunkt Fr. 50,– kostete. Hätte sie sich das überlegt, bevor sie ihren Fuß in dieses Zimmer gesetzt hätte, wäre sie kostenlos zu ihrem Namen (der ihr doch schon gehörte!) gekommen. Ungerecht, fand auch K. Er bot an, die fünfzig Franken für sie auszulegen und sie im Folgenden nicht ihrem gemeinsamen Budget zu belasten, doch so billig sollte er nicht davonkommen. Der Standesbeamte wurde ungeduldig. Tori entschied sich für die fünfzig Franken. Als sie sich für die Fotos vor das Gemeindehaus stellten, brach zum ersten Mal an diesem Tag die Sonne durch die Wolken, was allgemein als gutes Omen für ihre Ehe gewertet wurde. Tori bat ihre Mutter, die Fotos entwickeln zu lassen, doch auf keinen Fall in einem bestimmten Fotogeschäft, da dieses schon einmal ihre Filme ruiniert hätte. Das ließ sich die Mutter nicht zweimal sagen, und das Fotogeschäft kam seinem Ruf nach. Die Ehe dauerte dreieinhalb Jahre.

Ein Vorfall während jener Italienreise, den sich K. bis heute nicht erklären kann, weil er in seinem Leben so singulär dasteht, ereignete sich in Urbino. Er wartete auf dem abschüssigen Altstadtplatz vor einer Boutique, in deren Schaufenster Tori eine Bluse in ihrer Lieblingsfarbe (Stahlblau) entdeckt hatte. Ahnte er, dass sich ihre Beziehung dem Ende näherte oder war es das ICH-MUSS-DRAUSSEN-BLEIBEN-Schild mit dem internationalen Hundezeichen, unter dem er nicht länger warten wollte? Er löste die Bremsen seines Rollstuhls und ließ sich in einen VW-Bus aus Schleswig-Holstein rollen. Sein Knie schmerzte tagelang.

Als Tori zurückkam, sagte sie, die Bluse gefalle ihr schon, doch habe sie eigentlich genügend Blusen. Er bot ihr an, sie ihr zu schenken, doch sie lehnte ab. Ihm fiel auf, dass sie wieder dünner geworden war.

»Mein Freizeitstuhl« nannte er seinen ersten Rollstuhl.

»Mein Cabriolet«, weil er sich dachte, er würde den Rollstuhl nur bei gutem Wetter bauchen.

»Mein Rettungsboot«, weil er wusste, mit Hilfe des Stuhls (und der Person, die ihn schob) würde er wieder überall hinkommen.

Die Schuld gab er Italien. Wie konnte es nicht an Italien liegen. Toris ganzes Leben war nach Süden gerichtet, und er begann für den Norden zu stehen. Deshalb wollte sie ohne ihn nach Italien. Das war ihre Idee gewesen, die einzige, die sie nicht ihm zuschrieb.

Sie hatten ein gemeinsames Jahr, vielleicht zwei, vielleicht ein Leben, in Rom geplant. Er könnte sein neues Projekt fertig schreiben (nachdem er die Geschichte des Unterwäschevertreters aufgegeben hatte, arbeitete er an einem Roman über einen unbesiegbaren Schachspieler, dem nur noch ein Gegner geblieben ist: ein längst verstorbener Großmeister), während sie am Schweizer Institut Deutschunterricht geben würde. Seine (vergebliche) Hoffnung war, dass das Institut seinetwegen einen Treppenlift einbauen würde. Bald fiel ihm auf, dass Tori nur noch in der Einzahl von der Romreise sprach. Wenn *ich* in Rom bin. Sobald *ich* in Rom bin. Wenn *ich* mich erst einmal in Rom eingelebt habe. Als er sie darauf ansprach, gab sie etwas von ihrem Plan preis. Sie habe sich gedacht, dass er zwei, drei Monate später nachkommen könnte, er habe doch noch Verpflichtungen in der Schweiz, seine vielen Projekte, und sowieso sei das mit dem Rollstuhl in Rom wegen der sieben Hügeln nicht so einfach.

Aus den drei Monaten, die Tori allein in Rom verbringen wollte, wurde ein halbes Jahr, dann sprachen sie überhaupt nicht mehr von Italien, und schließlich wurden daraus drei Monate in Ferrara. Tori wollte wenigstens ihr Auslandsemester in Italien verbringen – »*Ich* würde sie nicht gehen lassen«, sagte ihre Mutter bei jeder Gelegenheit – und quartierte sich wieder bei der entfernten Verwandten in Ferrara ein. Sie telefonierten jeden Sonntagmorgen, wobei K. von den Fortschritten mit seinen Projekten, Tori von ihren Fortschritten mit der Abschlussarbeit berichtete. Die entfernte Verwandte hatte ihr Spionieren perfektioniert. Tori strich mit Bassanis Buch in der Handtasche durch die Gassen Ferraras, die ihr, in Anbetracht dessen, was mit den Finzi-Contini geschehen war, düster vorkamen. Sie verspürte keinen Appetit und verlor wie bei ihrem ersten Ferrara-Aufenthalt an Gewicht. Ein imaginiertes Messer bohrte sich immer häufiger in ihren nackten Rücken. Nach sechs Wochen besuchte K. sie für ein paar Tage. Tori war wieder Besorgnis erregend dünn geworden, doch weigerte sie sich, mit ihm in die Schweiz zurückzukehren. Als sie schließlich kam, war sie »dürr wie ein Skelett«, wie ihre Mutter kommentierte, um, ihn anlächelnd, hinzuzufügen: »Wirklich, welcher Mann will schon so eine?«

Tori wollte ihr eigenes Zimmer haben. Für Bassani, aber auch zum Schlafen. Sie stellten das Doppelbett in das Gästezimmer, das gerade groß genug für das Doppelbett war, und das Auszieh-sofa, das sich dort befand, kam ins Schlafzimmer. K. schaute Fernsehen, ging mit Freunden aus und schlief über einem Buch ein. Tori hängte dickere Vorhänge auf. Einmal schlich er um das Haus und legte einen Glückskäfer aus Schokolade in ihr Fenster, für den sie sich bedankte, den sie aber (er fand ihn in ihrem Aschenbecher) nicht aß. Auf ihrem Schreibtisch lag ein Küchen-messer, das er jedes Mal, wenn er es sah, in die Küche zurücktrug, und das stets kurz darauf wieder auf ihrem Tisch auftauchte. Sie sagte, sie ziehe die Vorhänge zu, weil sie dann die Gitter vor den Fenster nicht sehen müsse und sich so weniger gefangen vor-komme. Sie sagte, sie könne manchmal kaum atmen. Sie fühle sich bedroht. Der Mann mit dem Messer schleiche draußen herum. Der Mann mit dem Messer, nicht ein Mann mit einem Messer. Sie wisse, dass er eingebildet sei, doch mache ihn das nicht weniger wirklich.

Nur manchmal noch schlief sie bei ihm. Rief er nach ihr, so sagte sie, sie komme gleich nach, schlief dann aber doch meist in ihrem Zimmer. Das letzte Mal, als sie miteinander schliefen, war, nachdem K. einen Abend mit Freunden beim Bulgarien/ Deutschland-Spiel (Bulgarien gewann) verbracht hatte. Eine Frau, die er dort kennen lernte, ließ ihre Hand immer wieder auf seinen Oberschenkel zurückkehren, sodass sich K. fragte, mit wem er eigentlich geschlafen hatte oder hatte schlafen wollen, als sich Tori von ihm löste und mit der Bemerkung, sie habe noch zu arbeiten, in ihrem Zimmer verschwand.

Fast bis in den Süden
Drehbuchauszug

Medium close-up: Tori *sitzt an ihrem Schreibtisch und hat ihren Rücken der Kamera zugewandt. Sie trägt eine stahlblaue Bluse. Sie zuckt zusammen, als habe jemand sie geschlagen, doch sie dreht sich nicht um. Durch das vergitterte Fenster sieht man Rosen, dahinter Bäume, die Alpen im Föhn. Auf dem Bett liegt ein mit Kleidern gefüllter, geöffneter Koffer. K. steht beim Büchergestell, an dem er sich festhält.*

K. Was tust du da?

Tori *zuckt wieder zusammen* Die Messer...

Draußen geht jemand am Fenster vorbei: ein vom Fenstergitter zerstückelter Schatten. Close-up von Tori *von hinten.*

Tori Ich will ausziehen. Ich habe eine Wohnung gefunden. Ich ... Sie ist nicht teuer. Nur ein Zimmer mit Küche und Bad ... Ich dachte ... bis wir uns wieder vertragen, ich ... ich kann nicht mehr. *Sie dreht sich ihm zu.* Willst du sie dir mit mir ansehen?

Durch das Fenster ist ein vorbeihuschender Schatten zu sehen. Die Kamera fährt zurück. Ein Messer bohrt sich in ihren Rücken.

K. *off* Du bleibst?

Tori *legt die Wäsche aus dem Koffer in den Schrank zurück.*

Tori Die Prüfungen, ich kann doch jetzt nicht ... Hilfst du mir, mich vorzubereiten? Ich ... die Messer...

K. Habe ich kein Recht zu wissen, was du mir vorwirfst?

Tori *zögert* Weißt du ... das ist so schwer für mich ... Du ... du ... kannst eben nicht alles.

Sie setzt sich wieder an den Schreibtisch.

K. *lacht gekünstelt* Natürlich kann ich nicht alles. Ich bin ja nicht Superman.

Tori Das macht es so schwierig. Deine Sprüche. Du hast für alles nur Sprüche.

Wieder bohrt sich ein Messer in ihren Rücken.

TORI *zögert, blickt auf, jetzt bestimmt* Ich meine, im Bett. Wenn du es unbedingt wissen musst. Es ist das Bett. Du kannst nicht alles im Bett! Bist du jetzt zufrieden?

K. *verunsichert* Was meinst du?

TORI Du weißt, was ich meine. Du bist kein Akrobat. Du kannst nicht alle Stellungen.

K. Gibt es einen anderen?

TORI *zornig* Nein, es gibt keinen anderen! Kann es keinen anderen Grund für dich geben? Gibt es einen anderen, bin ich an allem schuld. Aber diesen Gefallen werde ich dir nicht tun. Es gibt keinen anderen!

K. Also gibt es einen anderen! Du treibst es mit einem anderen, und mir wirfst du vor –

TORI Es gibt keinen anderen!

Durch das Fenster ist ein leerer Rollstuhl zu sehen.

TORI *seufzt* Es gab vor einem Jahr jemanden, ich ... es ist nichts geschehen, wir haben uns geküsst, und ... ich habe gespürt, weil das überhaupt möglich war ...

K. Was?

TORI Dass ich einen anderen küssen konnte. Dass ich es wollte. Das darf doch nicht sein. Wir haben Probleme.

K. Um das herauszufinden, hast du einen anderen küssen müssen?

Durch das Fenster ist zu sehen, wie sich der Schatten in den Rollstuhl setzt.

K. Siehst du ihn noch?

TORI Nein.

Wieder dringt ein Messer in ihren Rücken.

TORI Meine Bedürfnisse haben sich nun einmal geändert.

K. *laut* Wie willst du, dass ich es dir besorge? Von hinten? Bis du nicht mehr kannst? Vorne? Stehend? Im Schlamm? Soll ich dich mit Schlamm bewerfen? Soll ich es dir im Schlamm besorgen, du Schlampe?

TORI *leise* Bitte sei nicht vulgär, wie ... wie damals, als du mich zu diesem ... Film überredet hast, bitte, ich ... Es ist doch nicht

nur das Bett. Ich möchte mit meinem Partner auch Skifahren
können, ich ... möchte in die Berge, ich ... ich will ein norma-
les Leben ...

Sie schaut durch das vergitterte Fenster.

Sie fährt Ski. Ein MANN *im Skianzug jagt hinter ihr her.*

K. *bitter* Das ... nein, das kann ich nicht.

TORI *und der* MANN *preschen über die Skipiste. Sie halten in einem Wäldchen.*

K. *zornig* Ist es das, was du mir vorwirfst? Dass ich ... eine Behinderung habe?

TORI *am Schreibtisch* Nein, natürlich nicht ... Nur, du kannst
eben so vieles nicht, und ich ... zum Beispiel Spazierengehen
... ich ... ich möchte, dass mir ein Mann aus dem Mantel hilft
... die Koffer trägt ... mich beschützt ... dass er mich ...

TORI *jagt auf Skiern durch das Wäldchen, der* MANN *rast hinter ihr her. Sie hält bei einem Baum. Der* MANN *prescht auf sie zu, bremst ab, prallt gegen* TORI, *die aufschreit, dann lacht. Er presst sie gegen den Baum, reißt ihr den Schal weg und küsst ihren Nacken.*

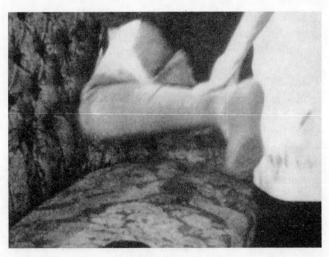

Tristanas Beinprothese

K. *sitzt auf dem Barhocker in der Küche und spielt mit einem Messer.*

Tori *kommt herein* Woran denkst du?

– 11 –

Als Tori am Sonntagnachmittag endlich anrief – seit Freitag fuhr sie mit der Eisenbahn kreuz und quer durch die Schweiz (aber nicht darüber hinaus, weil ihr Abonnement im Ausland nicht galt), um sich über ihre Beziehung Klarheit zu verschaffen –, hörte K. im Hintergrund Lärm, südlich klingenden Lärm. Das hätte er sich denken können. Von wegen kreuz und quer. Und was war mit der Klarheit?

Tori sagte, sie verstehe ihn kaum, es sei so laut hier. Ohnehin habe sie ihm nur mitteilen wollen, dass sie Montag am späteren Nachmittag wieder nach Hause kommen werde, und dann könne man ja reden.

Ob sie allein sei?

Es sei wirklich laut hier.

Er schrie, sie schrie etwas, dann war die Verbindung unterbrochen. Wie wohltuend! Der neutrale Aussetzer eines elektronischen Signals, und schon war Ruhe. Schon war alles weg. Der Süden, Tori, wen immer sie geküsst haben mochte. Damit hatte er nicht gerechnet. Er hatte mit der Stille dumpfe, lähmende Niedergeschlagenheit erwartet, stattdessen eröffneten sich Perspektiven. Als es wieder klingelte, ignorierte er das Telefon, doch als das Klingeln verstummt war, begann er einen verzweifelten Liebesbrief an Tori zu schreiben, einen, den er nicht abschickte und nicht einmal beendete: »Liebste, Geliebte, Allerliebste, lass uns doch! ... Ist es wirklich? ... Nach all diesen Jahren!?« Dieser verfluchte Süden. Gegen den Süden kam er einfach nicht an.

Dennoch schlief er gut. Den Montagmorgen verbrachte er mit der Revision eines neuen Romans (über einen mittelmäßigen Beamten, der ein Regierungsmitglied ermordet, um sich von seiner Mittelmäßigkeit zu befreien), wobei ihm schien, dass ihm die

Ideen wieder ein bisschen großzügiger zuflossen. Darauf brach er, traurig geworden, die Arbeit ab und rief eine Freundin an, ob sie Lust auf einen Kaffee habe. Die Freundin hatte, denn sie analysierte gern die Beziehungen anderer, ließ aber monatelang nichts mehr hören, wenn sich jemand die Mühe machte, eine ihrer Beziehungen der Analyse zu unterziehen. Beim Kaffee sprachen sie über Tori und ihn und erwogen das Für und das Wider, das Sowohl und das Als-auch, das Zusammenbleiben und das Fürimmerauseinandergehen. Der Kaffee schmeckte bitter, doch der anschließende Kauf einer »jungfräulichen« Agenda für das Jahr 1995 erwies sich als erhellend, weil symbolisch. Darauf gingen sie ins Kino, wo eine deutsche Komödie mit dem passenden Titel *Der entliebte* oder *entleibte Mann* lief. »Lass mich wissen, was passiert ist«, ermunterte ihn danach die Freundin und küsste ihn auf den Mund. »Wird schon werden«, sagte K. und griff mutig nach seiner Agenda.

Tori traf erst gegen acht ein. Sie setzte sich zu ihm an die Bar und schwieg.

Und? Was und? Hast du nichts zu erzählen? Nein, lass. Nach all dem Nachdenken nichts? Nichts! Er spielte mit dem Messer, das auf der Bar lag. Sie war noch magerer geworden, in nur drei Tagen. Hungrig? Nein. Was war nun mit der Klarheit, die ihr die Schienen der Schweizer Eisenbahn – *Bitte*, unterbrach sie ihn. Iss doch was.

Kürzlich hatte er sie nackt im Bad gesehen. Wie knochig sie geworden war. Sie gab zu, einundfünfzig Kilogramm zu wiegen, wog also etwa siebenundvierzig. Als er an das dachte, was ihre Mutter über ihre Tochter gesagt hatte, begriff er, dass er sich nicht mehr zu Tori hingezogen fühlte. Wie lange schon nicht mehr? Ein wenig tröstete ihn, dass nicht nur er einen Körper hatte, an dem man Anstoß nehmen konnte. Seine Schultern waren so knochig wie ihre Pobacken. Knochenhügel, Gratwanderungen. Seine Hüfte war fleischig geworden, ihre war es kaum noch. Ihre Haut hing ihr schlaff am Rücken, so wie ihm das Fleisch schlaff in den

Bauchmuskeln hing. War es das, was der Süden mit ihr anstellte? War er das? Sah sie seinetwegen so aus? War es das, was ihm ihr entfleischter Körper mitteilen wollte? Einmal war es der Vater gewesen, dann die Mutter, jetzt er? Er legte das Messer auf die Bar zurück.

»Was ist jetzt?« fragte er ungeduldig und mit einer Entschlossenheit, die ihn selbst überraschte. »Tori?«

»Was meinst du?«

Selbst ihr Gesicht war knochig. Jeder Knochen formulierte einen Vorwurf. An jedem sichtbaren Knochen war er schuld. Aß sie deshalb immer weniger: um ihren Vorwurf spitzer zu formulieren?

»Du weißt, was ich meine.«

Keine Messer mehr, er sah es ihr an. Sie waren jetzt jenseits der Messer. Er war endlich entschlossen zu reden, sie wollte nur noch schweigen. Es war vorbei, doch es würde nicht Tori sein, die den Schlussstrich ziehen würde. Wer den Schlussstrich zog, war schuld, wer davongejagt wurde, das Opfer.

»Willst du bleiben, bleib, und wir versuchen es noch einmal. Ein letztes Mal. Wenn nicht, dann geh. Aber dann geh jetzt.«

In einem Monat war Weihnachten. Wer zog schon gern vor Weihnachten aus. In seinem Auto lag die unbefleckte Agenda für das unbefleckte neue Jahr. In *seinem* Auto.

»Dann lass den Schlüssel da.«

Er nahm das Messer wieder in die Hand. Silberklinge, schwarzer Griff. Lag gut in der Hand. Dann begriff er, dass nicht das das Problem, dass Tori eine einigermaßen normale junge Frau war, deren einigermaßen normale Bedürfnisse die Grenzen ihrer einigermaßen normalen Ehe gesprengt hatten. Er war das Problem: nicht, weil er eine Behinderung hatte, sondern weil er sie nicht hatte gehen lassen. Er war ihr in allem entgegengekommen, sodass sie zum Äußersten hatte greifen müssen: Ihm das Gefühl zu geben, behindert zu sein.

Sie schaute ihn nicht mehr an, starrte auf die gerippelte Oberfläche der Bartheke, auf das Messer, das er wieder hingelegt hatte.

Schließlich rutschte sie vom Barhocker, ging ins Schlafzimmer und packte. Dann wählte sie die Nummer ihrer Mutter und fragte, ob sie nach Hause kommen könne. Bevor Tori ging, um vor der Haustür auf ihre Mutter zu warten, legte sie den Hausschlüssel auf die Theke und sagte: »Ich geh dann also.«

... die Postkarte, die T. von ihrem Onkel erhalten hat, als er vernahm, sie wolle mich heiraten: »... und bin zuversichtlich, dass du beizeiten von deinem Irrweg abkommen wirst. Dein Onkel Pater.« Mit dem Irrweg meinte der gute Onkel, dass seine körperlich gesunde, also an sich normale und somit im Grunde zurechnungsfähige Nichte beabsichtigte, einen Behinderten zu heiraten. Die Mühe, mich kennen zu lernen, machte sich der Gottesmann nicht. T.s Onkel war Pater der katholischen Kirche und setzte sich als Bruder-Niklaus-Prediger in Flüeli-Ranft für Nächstenliebe ein. Allerdings nur unter Gehenden, da es in Flüeli-Ranft viel zu pilgern gibt. T. hat mich doch geheiratet. Sie hat mich auch wieder geschieden, unser Irrweg aber war ein anderer.

Jetzt, da Tori nicht nur ihn, sondern auch die Schweiz verlassen hatte, konnte sich Toris Mutter endlich für K. begeistern. Nun stand sie manchmal mit einem selbst gebackenen Brot vor seiner Tür, doch über Tori reden mochte er nicht. Er lobte das Brot, Toris Mutter gab Geschichten aus der Vergangenheit ihrer Tochter preis, die alle darauf hinausliefen, dass sie »es schon immer geahnt habe«, und die alle in sein Notizbuch für sein Tori-Projekt flossen.

Auch wenn er sich bald schon erleichtert fühlte, wusste K., dass er lange an den sieben Jahren mit Tori zu kauen haben würde. Das Schreiben fiel ihm wieder leicht. Das Gehen lief nicht so gut, doch er kam zurecht. Er hörte Toris Mutter zu, was er doch »im Grunde« für ein feiner Kerl war, mit 1a-Charakter und diesem schweren Schicksal, und dass er sich nie beklage und immer von sich behaupte, es gehe ihm gut. K. nahm sich vor, sich häufiger zu beklagen. Das Brot verfütterte er an die Vögel.

Tori selbst, so wurde ihm mit der Zeit zugetragen, wohne mit einem italienischen Professor, den sie an der Universität Konstanz kennen gelernt hatte, in Siena. Niemand wollte wissen, wie er hieß und wann genau die beiden sich kennen gelernt hatten. Andere Quellen ließen verlauten, Tori habe sich mit der Marinetti, der ehemaligen Professorin für Medienwissenschaften der Universität Konstanz, einen VW-Bus angeschafft und fahre seither in diesem südwärts, mit Endziel Südpol. K. war beides recht.

»Typisch Tori«, sagte Toris Mutter, als sie K. Jahre später zum letzten Mal anrief, um von einem selbst gebackenen Brot zu schwärmen, das sie dann doch nicht vorbeibrachte, »typisch, sie wird schon wieder zur Vernunft kommen, meine Tori.«

K. sah Toris Mutter noch manchmal mit einem himmelwärts gerichteten Blick aus dem Dom kommen. Tori selber sah er nicht mehr.

Zweiter Teil

Fortsetzung

»Tori.«

»Wer?«

»Viktoria. Meine Frau.«

»Was ist mit ihr?«

»Du hast mich nach dem Namen meiner Frau gefragt. Sie heißt Viktoria. Mit k.«

»K?«

»Viktoria mit k, nicht c, da legt sie Wert darauf.«

»Wer?«

»Vik-to-ri-a!«

»Schrei nicht.«

»Du hörst mir nicht zu.«

»Klar hör ich zu.«

Pause.

»Ich hör immer zu!«

Pause.

»Ich bin der Weltmeister im Zuhören!«

Pause.

»Siehst ja, was es mir eingebracht hat.«

Pause.

»Noch einen Kaffee?«

»Nein, danke. Ich muss wieder gehen.«

»Ich auch. Immer so viel zu tun.«

Pause.

»Außerdem taugt der Kaffee hier nichts.«

Pause.

»Kocht sie für dich?«

»Wir kochen füreinander.«

»Kocht füreinander. Das ist gut. Ich hab manchmal für euch gekocht. Wir haben manchmal zusammen gekocht, du und ich, an den Sonntagnachmittagen. Weißt du noch?«

»Riesensandwich.«

»Riesensandwich! Genau! Man nehme: ein Riesenholzbrett, ein Riesenmesser und zwei Laibe Riesentoast, welche vom Riesenvater feinsäuberlich geschnitten und darauf dem Riesensohn vorgelegt werden, um die Ränder abzuschneiden. Die Riesenränder werden in Liliputstückchen zerschnitten, welche wiederum in einer Riesenschüssel für die Riesenbouillon bereitgestellt werden. Die Weichteile des Toastbrotes werden auf dem Riesenholzbrett so angeordnet, dass sie die ganze Holzfläche abdecken. Darauf wird riesenhaft großzügig der Quark-Butter-Schnittlauch-Aufstrich aufgeschmiert. Schinkenschichten als Grundierung, darauf Salamiinseln, darauf Ananasringe, aufgespießte Riesenradieschen, Zwiebeln, Gurken, was das Riesenherz begehrt. Fertig war der Riesenspoerri, doch Spoerri hätte daran keine Freude gehabt, weil nach dem Riesenfestmahl nicht das klitzekleinste Liliputkrümelchen übrig blieb, das er auf dem Teller festkleben und unter eine Glasglocke hätte stellen können. *Pause.* Im Ergebnis also ein Riesengenuss. *Pause.* Natürlich hinterließen Vater und Sohn in der Küche eine Riesensauerei, und schon war deine Mutter wieder sauer.«

Pause.

»Ein gargantuischer Schmaus.«

»Was?«

»Das Riesensandwich.«

»Garganwas?«

»Gargantuisch. Das Adjektiv steht für riesenhaft und leitet sich von Gargantua ab, dem Riesen aus Rabelais' Buch.«

»Du hast studiert, nicht ich.«

»Es war dein Buch. Ich hab das Buch aus deiner Bibliothek. Hast du es nicht gelesen?«

»Weiß nicht mehr. Da waren so viele Bücher.«

»Drei Bände im Schuber. Sie waren noch eingepackt.«

»Dann werde ich sie wohl nicht gelesen haben.«

»Dann wohl nicht.«

»Gargantuisch. Damit werde ich meine Künstler beeindrucken. Gargantuisch! Komm doch mal im *Hirschen* vorbei, dort sitze ich oft abends mit meinen Künstlern.«

»Es wird langsam Zeit für mich.«

»Wohnt ihr beide bei der Mutter, deine Viktoria-mit-k und du?«

»Nicht bei. Wir wohnen im selben Haus...«

»An der Alpsteinstraße.«

»Im Keller.«

»Wo ich damals hausen musste.«

»Dort habe ich jetzt mein Büro.«

Pause.

»Werden sich die anderen beiden auch blicken lassen?«

»Ich weiß es nicht.«

»Puck macht noch immer Spiegelschränke?«

»Ja.«

»Und Mix? Ist noch immer Gemeinderat dieser Neinsagerpartei? Von dem liest man ja auch in der Zeitung.«

»Ja.«

»Das muss dir mächtig auf die Nerven gehen!«

Pause.

»Nein sagen ist gut. Man muss zu allem Nein sagen. Immer! Siehst ja, was passiert, wenn man es nicht tut.«

Pause.

»Wissen sie, dass du hier bist?«

»Ja.«

»Wirst also rapportieren?«

»Ja.«

»Ob sich der Alte benommen hat.«

»Wenn du so willst.«

»Und dann kommen sie vielleicht auch.«

»Das ist ihre Entscheidung.«

»Betteln werde ich nicht. Die können tun, was sie wollen.«

»Das werden sie auch.«

Pause.

»Wartet sie jetzt auf dich?«

»Mutter? Nein.«

»Die meine ich nicht. Deine Frau. Deine Viktoria-mit-k?«

»Sie ist in Ferrara.«

»In Ferrara. So. Was tut sie da, in Ferrara?«

»Sie studiert.«

»Studiert. Kann sie das nicht hier?«

»Sie studiert Romanistik.«

»Romanistik?«

»Italienisch.«

»Weiß ich. Bin nicht blöd.«

»Ferrara ist die Stadt, in der Bassanis Geschichten spielen.«

»Bassani?«

»Ein italienischer Schriftsteller. Sie schreibt eine Arbeit über ihn.«

»Sollte sie nicht für dich kochen? Wer kocht jetzt für dich?«

»Manchmal meine Mutter.«

»Während sich deine Frau in Italien vergnügt?«

»Meist koche ich selber.«

»Kannst du kochen?«

»Fleisch anbraten, Salatsaucen, Spiegeleier.«

»Ich meine, am Herd stehen und so.«

»Ich koche Sachen, die nicht viel Zeit brauchen.«

»Mach ich auch so. Muss mich manchmal nach zehn Minuten schon wieder hinsetzen. Für ein Spiegelei reichts. Keine Riesensandwiches mehr.«

Pause.

»Bei der Küche haben wir eine Bar, sodass ich den Teller nur auf die Bar stellen muss.«

»Wo vorher das Büffet war. Und der alte Bauerntisch. Wo ist der jetzt? Verkauft?«

»Den benutzt Viktoria als Arbeitstisch.«

»Arbeitet dort an diesem…«

»Bassani.«

»Bassani. Konnt ich mir schon merken. Dein Vater ist nicht alt. Der kann sich noch alles merken. Vergisst nichts.« *Pause.* »Was habt ihr mit dem Kamin gemacht?«

»Verkleinert.«

»Wie alles, was? Sammlung, Geschäft, Familie. Alles verkleinert!«

»Die alte Abdeckung verstieß gegen die Feuerschutzvorschrift.«

»Also musste sie weg.«

»Also musste sie weg.«

Pause.

»Ist schon gut. Ich bezahl den Kaffee.«

»Von mir aus. Ihr schuldet mir sowieso noch einen Haufen Geld. Millionen! Das Haus, die Sammlung.«

Pause.

Pause.

»Stehst etwas mühsam auf. Das wird auch nicht besser. Wie heißt das gleich nochmal? Muskelschwund, oder?«

»Muskelatrophie.«

»Die Ärzte sind alles –«

»Also, machs gut.«

»Komm, ich bring dich zum Auto. Bist doch mit dem Auto hier?«

»Das ist nicht nötig.«

Pause.

»Wieso lässt du deine Frau für ein ganzes Semester nach Italien? Kapier ich nicht.«

»Weshalb sollte ich nicht? Gehört zu ihrem Studium.«

»Ist sie hübsch? Ich jedenfalls würde sie nicht aus den Augen lassen. Schon gar nicht zu den Italienern. Wenn sie hübsch ist. Hast du ein Foto?«

Pause.

»Gehts? Die Stufe da?«

Pause.

»Siehst ja. Dein Vater braucht auch schon einen Stock für eine vermaledeite Stufe.«

Pause.

»Vielleicht hast du ja dieses Atrophiezeugs von mir. So wie es mir geht.«

Pause.

»Diese Stufen! Diese Architekten glauben, sie seien was Besonderes, wenn sie überall Stufen bauen können.«

Pause.

»Was, wenn sie einen anderen kennen lernt?«

»Sie lernt keinen anderen kennen.«

»Ich wär da vorsichtiger. Gerade du mit deinen Muskeln. Musst du da nicht froh sein, wenn du überhaupt eine kriegst?«

Pause.

»Wie geht das überhaupt?«

Pause.

»Und lässt sie dann nach Italien.«

Pause.

»Lauf nicht so schnell.«

Pause.

»Die wirds dir auch besorgen. Wirst schon sehen.«

Pause.

»Ist das dein Wagen? Könnt ich mir nicht leisten.«

Pause.

»Gehts? Plumps, schon sitzt er. Geht doch noch ganz gut.«

»Also, machs gut.«

»Kommst also mal in den *Hirschen*? Oder zu einer Vernissage?«

»Ruf mich an.«

»Ruf du mich an! Oder komm einfach. Du bist es doch, der etwas will. Habe ich mich vielleicht mit einem Buch angebiedert?«

290

»Wir werden sehen.«

»Mach doch, was du willst. Ich jedenfalls würde meine Frau nicht nach Italien lassen. Ferrara! Italia! Occhi blu! Bestimmt treibt sie es mit diesem Bassani, deine studierte Viktoria-mit-k!«

Ist die Elektrotechnik die freie Entscheidung des Nichtbehinderten für eine Behinderung? Wer weiß, vielleicht werde ich unbewusst beneidet; das heißt, ich weiß es. Da ich vieles nicht kann, muss ich vieles auch nicht. Es gibt viele kleine Vorteile. Ich brauche bei manchen Museen nicht den vollen Eintrittspreis zu bezahlen. Ich finde immer häufiger für mich reservierte Parkplätze. Wenn man bedenkt, was die Menschen alles für einen Parkplatz tun, ist das vielleicht sogar ein großer Vorteil. Ich muss mich auf der Post nicht anstellen und fahre gratis Bus. Allerdings nur in New York: In der Schweiz müssen Behinderte anstehen wie alle anderen auch – schließlich wollen sie ja gleichberechtigt sein. Die Frage, ob die öffentlichen Verkehrsmittel gratis sein sollten oder nicht, stellt sich in der Schweiz nicht, weil sie für Behinderte meist ohnehin nicht zugänglich sind. Und ich muss nicht in den Krieg; das kann ein lebensrettender Vorteil sein.

Der Hauptgrund aber, weshalb ich beneidet werde, ist, denke ich, dass ich von den modernen Prothesen wirklich profitiere, während sie den Nichtbehinderten in ein noch hektischeres Geschöpf verwandeln und im Grunde – behindern. Mich aber, den Behinderten, rücken sie näher an den Nichtbehinderten und machen den Unterschied kleiner. Im Internet komme auch ich in jedes Geschäft, kann mit der ganzen Welt korrespondieren und habe Zugang zu allen Informationen, die mir die nicht virtuelle Welt oft verweigert, womit ich ein großes Stück weit wieder wie jeder andere geworden bin. Ein

E-Mail aber bedeutet in der Berufswelt nur eine weitere Erhöhung des Erwartungsdrucks, während ein Handy nichts anderes als die noch kürzere Leine der Firmen ist, an denen die erschöpften Angestellten, Tag und Nacht erreichbar, hängen. Wir gleichen uns an, indem wir uns auf dieselben Prothesen einigen. Doch für mich sind sie eher Vorteil als Nachteil, weil sie den Nichtbehinderten um ein weiteres Stück einschränken, während sie mir mehr Bewegungsfreiheit verleihen.

Was ist im Jahr 2000 ein Behinderter überhaupt noch, was bleibt in ein paar Jahrzehnten noch von ihm übrig? Die Technik und die Elektronik, die sie steuert, »raubt« mir meinen Status. Ich brauche mein Haus nicht mehr zu verlassen, wie viele andere auch nicht. Was ich zur Unterhaltung meines Organismus benötige, und sei es ein Orgasmus, wird alles ins Haus geliefert. Ich brauche nicht einmal zu wissen, dass ich nicht mehr (oder immer schlechter) von meinem Stuhl aufstehen kann.

Wenn meine Muskulatur zu schwach sein wird, um auch nur meinen Finger zu heben (jetzt schon könnte ich dem Computer meine Sätze sprechend eingeben), wenn ich die totale Bewegungslosigkeit erreicht haben werde, werde ich zugleich den Idealzustand des modernen Menschen, jenen des 21. Jahrhunderts, erreicht haben.

Der eigentliche Krüppel ist ohnehin der Nichtbehinderte (schon deshalb, weil er glaubt, keiner zu sein). Der Preis, den er für all die Prothesen – Cyberhandschuh, Flugzeug, Auto, Tastatur, Handy – bezahlt, ist hoch: Es ist seine Freiheit, während umgekehrt der Behinderte eben mit Hilfe dieser Prothesen seine Freiheit zu einem gewissen Grad zurückerhält. Seine Freiheit ist es in diesem Fall, nicht die Wahl zu haben.

Als Nächstes wird der Mensch verkleinert werden. Es macht keinen Sinn mehr, einen so großen Körper zu haben, wenn wir ihn nicht mehr wirklich benutzen. Unser Körper ist uns doch bereits lästig: Krebs frisst sich durch unsere Zellen, Knochen brechen, Pickel sprießen. Unser Körper macht keinen Sinn. Er macht uns irgendwann alle zu Krüppeln. Oder ist das der Sinn?

Ohne Körper fällt die Bewegung weg. Alles, was wir brauchen, ist ein Denk- und Fühlzentrum. Unsere Seele braucht nur noch eine Festplatte. Und die wird immer kleiner. Das Ideal unserer zukünftigen Daseinsform ist die kleinste elektronische Informationseinheit: das Bit.

1/0.

An/Aus.

Wahr/Falsch.

Das ist, nebenbei, die Lösung aller Probleme, welche die Menschheit verursacht hat.

Sie können Ihren Computer jetzt ausschalten.

Tack.

Das Atelierhaus.

»Nur mit der Ruhe«, murmelt der Galerist, der im großen Atelierraum in seiner Büroecke sitzt. Obwohl er weiß, dass er gleich aufstehen muss, starrt er vor sich hin, als könne er seine trägen Worte durch den Raum schweben sehen. Tatsächlich scheint etwas im Halbdunkel zwischen der Stiege mit dem Schiffstaugeländer und der überdeutlichen Aufforderung KUNST IST

ÜBERFLÜSSIG, GEHEN SIE NACH HAUSE aufzusteigen, an Geschwindigkeit zu gewinnen und darauf durch die Tür in der ihm gegenüberliegenden Ecke im Korridor zu verschwinden. Er schaut auf die Uhr.

Wieder klöppelt es an der Tür. Hockt Frau Meili nicht hinter ihrem Tischchen im Korridor? Der Galerist streift seine Buchhaltermütze vom Kopf und wirft sie neben die Lupe, mit der er den neuen Katalog eines Auktionshauses studiert hat. Wieder wird eine Uhr, die er einst besessen hat, unter Wert und, wie immer stümperhaft restauriert, angeboten. Ein Spinnennetz hat sich über die Schweiz gelegt: Es wäre interessant, die Wege nachzuvollziehen, welche seine zerstückelte Sammlung von jenem Sommer 1978 bis zu diesem Herbst 1994 zurückgelegt hat. Beinah wäre er wieder in seinen Gedanken versunken. *Klack-klack. Tick.* Natürlich: Wieder hat die Meili vergessen, die Tür zu entriegeln. Hockt hinter ihrem Tisch, starrt die Tür an und staunt.

»Die Tür!« brüllt er.

»Nur mit der Ruhe«, ruft Frau Meili. Manchmal besänftigt es ihn, seine eigenen Worte aus ihrem Mund zu hören.

Die Geräusche lassen darauf schließen, dass Frau Meili aufsteht. Holz auf Holz. *Tock-tock.* Er hievt sich aus seinem Stuhl. Als habe sie einen Holzfuß. Hat sie einen? Er grinst. Trägt sie deshalb stets knöchellange Röcke? Seit drei Jahren steht sie in seinen Diensten, doch er ist sich nicht einmal sicher, ob sie einen Stock benutzt. Er greift nach seinem, nimmt sich vor, endlich einen höheren Bürostuhl zu kaufen, und macht sich auf den Weg.

Wieder klopft es (nichts kann einen wahren Kunstliebhaber vertreiben), worauf Frau Meili ihr – eigentlich sein – »Nur hereinspaziert!« ruft. Das wird die Tür auch nicht öffnen. Wann wird sie sich damit abfinden, dass er vor einigen Wochen einen zusätzlichen Riegel hat anbringen lassen?

Wer ist es? *Tack.* Kundschaft? Der Gerichtsvollzieher? Gevatter Tod? Es wird wohl wieder der Vermieter sein. Will sich versichern, dass sein Geld, das er in die sichere Aktie Kunst investiert hat, Profite abwirft. Der Galerist ist mit der Miete für das Atelierhaus im Rückstand. Ist es immer gewesen. Er hat die Tür erreicht und verschnauft, bevor er in den Korridor einbiegt. Mit Bildern, die eigentlich seinen Künstlern gehörten, hat er den Vermieter eine Weile hinhalten können, doch dann wollte er mehr. »Jetzt gehörst du mir, Föns«, strahlte er, als er ihm sein Zehnprozentzertifikat an seinem Kunstimperium, Antiquariat und Galerie, überreicht hat. Seither belästigt er ihn wegen der Schwankungen im Kunstbetrieb noch häufiger, als er ihm früher mit seinen Mahnungen auf den Leib gerückt ist. Hat genug mit seinen Liegenschaften verdient und will jetzt Mäzen sein. Ein selbstloser Förderer der Künste. Das kann er haben. Dafür, dass sein Anteil bleibt, was er wert ist, nämlich nichts, wird leicht zu sorgen sein. Endlich hört er das metallene Klicken des zusätzlichen Riegels.

Im Korridor fällt dem Galeristen ein, dass er heute eine Vernissage hat. Die letzte, wie immer. Wer stellt aus? Claire. Claire Vandelay, die Künstlerin, welche als die Bankiersgattin, die sie in ihrem weniger aufregenden realen Leben ist, Wanda Mutz heißt. Sie hilft ihm mit Galeriehüten, ihr Mann kauft hin und wieder Kunst für die Schalterhalle seiner Bank. In diese seinen Fuß zu setzen hat er bislang vermieden, doch wie kann er, gefangen im Netz von gierigen Vermietern, unersättlichen Bankiers und den klebrigen Fäden, die seine Sammlung durch das Land zieht, Claire nicht ausstellen? Dabei ist ihre Kunst gut, sehr gut. Wie spät ist es? Noch nicht einmal sechs. *Tick.* Die Gäste sind wie immer zu früh.

»Herr Metzler, willkomm!« Frau Meili kann sich nicht dazu durchringen, die Künstler der Galerie, die sie wie auch er, der Galerist, seine Kinder nennt, mit dem Vornamen zu begrüßen. »Und Sie sind also der Herr...«

»Keller«, sage ich.

»Herr Keller junior!«

Frau Meili freut sich und streckt mir ihre Hand hin.

Da es kein Geländer gibt, stütze ich mich an der Mauer ab und nicke ihr zu, bevor ich hinter der Mauer aus ihrem Blickfeld verschwinde. Herr Metzler – Larry für mich –, den ich im *Hirschen* beim zweiten Treffen mit meinem Vater kennen gelernt habe, bietet mir an, mir über die Eingangsstufen zu helfen, doch diese Schwelle will ich auf meinen eigenen Beinen überschreiten.

»Wie ich mich freue, Sie endlich kennen zu lernen!« ruft Frau Meili und zieht ihre Hand wieder zurück. »Ich habe Ihre Bücher verschlungen. Vor allem jenes hat mich amüsiert, in dem Sie Ihren Vater mit dieser Modeschickse ins Münstertal durchbrennen lassen, die dann wiederum ihn hat sitzen lassen ... Herr Keller will mir einfach nicht verraten, ob das eine wahre Geschichte ist. Er freut sich ja so, dass Sie kommen konnten, auch wenn er es natürlich nicht zugeben kann. Kein Sterbenswörtchen. Sie kennen ihn ja. Ich muss ihm immer alles aus der Nase ziehen. Ah, da ist er ja endlich! Herr Keller, Ihr Sohn«, als müsse sie den Vater mit dem Sohn bekannt machen, und: »Herr Keller, Ihr Vater!«

Während sie redet, bin ich wieder hinter der Mauer verschwunden und auf der zweiten Stufe aufgetaucht.

»Willkomm, Sohn«, sagt mein Vater, der hinter Frau Meili steht. Auf dem Gartenweg erscheint die erste Besucherin.

»Sie sind das also ... – oder darf ich du sagen? Ich wusste, dass du kommst, Christoph!« Ich stehe fest auf der zweiten Stufe und halte mich an der Mauer fest, um wenigstens diese Hand zu schütteln. Wer sie ist, verrät mir die Frau mit der burschikosen Kurzhaarfrisur und dem forschen Block nicht; wer ich bin, weiß sie, wie es hier offensichtlich alle wissen. »Kann ich dir helfen?«

»Freut mich«, murmle ich und lehne auch ihre Hilfe ab. Ohne Absicht zu schroff. Unerfahrene Helfer greifen meist nach dem Arm, auf dem ich mich abstütze, sodass sie mich zu Boden reißen, wenn ich sie nicht daran hindere. Sie lässt los, stutzt etwas über meine Grobheit, lächelt aber dann. Ich schließe die Augen, um mich nicht länger im Eingang des Atelierhauses auf dem Boden liegen zu sehen, umringt von Fremden – weitere Besucher sind eingetroffen –, von Larry und meinem Vater, die Beine im Freien, der Oberkörper im Haus.

»Brauchst du wirklich keine Hilfe?« fragt Larry, der noch immer die Tür hält. Im Gesicht meines Vaters lese ich Müdigkeit, Gleichgültigkeit – hat er getrunken? –, in Frau Meilis das mütterliche Bedauern, dass sie mir nicht helfen kann. Hinter ihr, neben den Broschüren und Drucksachen der Galerie, liegen meine Bücher, von jedem ein kleiner Stapel, daneben auf einem postkartengroßen Zettel die Preise in der breiten, grünen Schrift meines Vaters.

»Ging dir im *Hirschen* besser, was?« sagt er.

Ich stemme mich auf die letzte Stufe, halte mich am Türpfosten und trete ins Atelierhaus. Endlich kann ich auch Frau Meilis Hand, dann jene meines Vaters schütteln. Hinter ihm an der Wand hängt die Eisenskulptur, die er aus unserem Garten gestohlen hat.

»Schön«, sage ich.

Er zwinkert mir verschwörerisch zu. Wir betreten den fensterlosen Galerieraum, den er damals für einige Monate zugemauert hat, um darin Wertgegenstände erst vor der Konkursmasse, dann vor uns, seiner Familie, zu verstecken. Um sich, und sonst niemandem, zu helfen.

»Nicht wahr?«, sagt mein Vater.

Ich nicke: schön hier. Zu schön.

Im Galerieraum befindet sich ein einziges Möbel, ein länglicher Tisch, auf dem für die Vernissagebesucher Snacks und Erfrischungen bereitstehen. Vier großflächige, abstrakte Bilder hängen im Raum. Das ist die Ausstellung.

»Das übrigens«, Larry legt mir die Hand auf den Arm, »ist Claire, eine Kollegin«, und weil es Claire zu langsam geht, fügt sie hinzu: »Ich stelle hier aus!«, lacht, nimmt mich am Arm und führt mich zu ihren Bildern.

»Merkst du, woraus die Arbeiten gemacht sind?«

Ich trete näher. »Papier?«

Claire lacht. »Klar, Papier, doch was für Papier? Ich gebe dir einen Hinweis: Mein Mann ist Bankier.«

»Ist es echt?«

»Und da kommt auch mein Mann, der Bankier, der dies alles möglich gemacht hat...«

Claires Mann, kleiner als seine Frau – heißt das, das geschredderte Geld, aus dem Claire ihre vier Arbeiten geklebt hat, ist echt? –, drückt meine Hand und sagt: »Ach, das sind bloß die Noten, die wir in der Bank nicht mehr gebraucht haben, die verfärbten, die mit Eselsohren, die nummerierten...«

»Unsinn«, sagt Claire.

»Man sollte sie zum Nominalwert verkaufen«, sagt mein Vater, der mit zwei Weißweingläsern hinter ihnen auftaucht. Mittlerweile ist die erste Besucherwelle eingetroffen und der kleine Raum voll. Ich lehne mich an die Tischkante. »Einzig die Zehner-Serie dürfte einst weniger als die sechstausend, die Claire für ihre Schinken will, wert sein...«

»Nominalwert, Föns, das ist gut!«

»Das hier sind die Zwanziger, hier die Fünfziger, die Hunderter, bei den Tausendern war dann auch mein großzügiger Gatte überfordert.«

Brezeln fallen zu Boden, Weingläser klirren.

»Übrigens«, lacht Claire, »um das klarzustellen: Die Geldscheine sind nicht echt.«

Ich bin doch Schriftsteller, will doch einer sein, der sich das Leben anderer und auch immer ein bisschen ein anderes Leben für sich selber ausdenkt, aber die Situation, in die ich mich an diesem Abend begeben würde, habe ich mir nicht ausgemalt. Ich habe mir so viele Gedanken über die physischen Hindernisse gemacht, dass ich mir keine anderen mehr habe vorstellen können. Ich schaue die Leute an, die den kleinen Raum füllen und in deren Mitte der Galerist steht. Stolz, triumphierend. Mich, meine Brüder, die mit mir diese fortschreitende Erkrankung teilen, hat er bestohlen, verstoßen und, als sei das noch nicht genug, auch noch verflucht, und auch wenn bestimmt keiner der Galeriebesucher denkt, was ich in diesem Augenblick denke, so kommen sie mir doch wie sein Publikum vor, dem ich vorgeführt werde, dem ich mich selbst vorführe. Mein Vater scheint den Verrat zu genießen, den nicht er begangen hat, sondern ich, indem ich den Kontakt wiederhergestellt habe, indem ich gekommen bin. Die Falle, in die ich getappt bin, ist perfekt, weil ich sie selber aufgestellt habe und er nicht einmal weiß, dass es eine ist. Die Skulptur, die er uns gestohlen hat, hängt als Trophäe an der Wand. Ich, der vom eigenen Vater verstoßene, verfluchte, für seine Erkrankung verachtete, vor Gericht – letztlich deswegen? – verklagte Sohn stehe darunter, als weitere Trophäe. Hier, in seinem Reich, in dem ich nicht mehr Thronfolger sein kann und will, werden ihm die Flüche, die er so lange so unermüdlich gegen uns ausgestoßen hat, zu Glückwünschen, die wir nur hätten entgegennehmen müssen. Hier können seine Drohungen gut gemeinte Ratschläge sein, in dieser Umgebung sind seine Prozesse heilige Kreuzzüge gegen die Ungläubigen, gerechte Schlachten im Namen seiner Sammlung, die er für sich alle gewonnen hat, auch wenn er vor Gericht stets abgewiesen worden ist, auch wenn er in seiner Umgebung stets alles zerstört hat.

»Lass uns nach oben gehen«, sage ich zu Larry, »es sind zu viele Leute hier.«

»Ich muss hier bleiben, Sohn«, sagt mein Vater, »geht nach oben, seht dann schon, aber klau mir nichts.«

»Verschwinde vor allem du nicht, wir haben noch etwas zu besprechen«, ruft Claire.

»Was?« will der Galerist wissen, und Claire zwinkert, »deine Nachfolge, Föns.« *Tick.*

Aber Kasperli musste *doch* ins Zimmer.

Ich greife nach Larrys Arm, damit er mich an den Leuten vorbeiführen kann. Vor der Treppe geht er in die Hocke, ich schlinge meine Arme um seinen Hals, er steht wieder auf, und so liege ich auf seinem Rücken. Wie immer steht jemand da, überrascht von dem treppensteigenden Tier mit dem Doppelrücken, und kann das Starren nicht lassen. Die Stufen verschwinden unter meinen in der Luft hängenden Füßen, und Stufe um Stufe, die ich höher

Im Bastelzimmer des Dachstockes, ca. 1968.

schwebe, wird mir klarer, dass ich oben in diesen wenigen, kleinen Räumen, als sei kein Jahrzehnt, kein Jahr, nicht einmal eine Stunde vergangen, dem Dachstockreich wiederbegegnen werde, und damit allem, was gewesen ist, allem, was hätte sein können: Thonet-Stühle, Eisenuhren, Mörser, durchgerostete Stethoskope, Tiffany-Vasen, Zwiebeltaschenuhren, Trichtergrammophone, dazu albenweise His-Master's-Voice-Schellackplatten (Satchmo, den er am liebsten hört), Rosenthal-Teller, Vogelbauer, Christbaumkugeln, aufziehbare japanische Tanzpuppen, Masken aus Urnäsch und dem Kongo, Gartenzwerge aus Thüringen, ein mittelalterliches Zahnziehset im wattierten Holzfutteral, Musikdosen aus Porzellan, und alles, was es aus Zinn gibt.

Zum Glück war das Zimmer im ersten Stock. So konnte er gut hinabklettern. Schon lange hatte er seine Strickleiter. Er band sie am Fenstersims an und stieg hinab. Er warf die Strickleiter aufs Gesimse. So konnte er jederzeit die Leiter mit der Hacke herunterholen.

»Gehts?« fragt Larry.

Kasperli lief jetzt auf der Straße, wo der Zirkus stand. Er lief auf dem Zirkusplatz umher. Da sah er ein Plakat.

»Lass uns nach unten gehen«, sage ich.

Große Aufregung! (stand auf dem Plakat) Achtung! Indischer Tieger ausgebrochen! Große Gefahr! Eine Belohnung von 100 Fr. an denjenigen der den Tiger Lebendig bringt und noch die Chanz Ihres Lebens: Er kann werden:
– Artist
– Claun
– Seiltänzer
– Schonglör

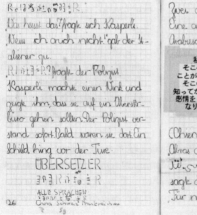

Tack.

Nach New York! Nach New York! Nur den Arm nicht vergessen! Mit dem Metallgreifer, der meinen Arm verlängert, kann ich stehend Gegenstände vom Boden aufklauben oder sitzend aus dem Regal fingern. Was nicht immer gelingt. Papier vom Boden aufzulesen bedarf einer gewissen Könnerschaft, zumal ich zugleich auf mein Gleichgewicht Acht geben muss, und die Bücher, die ich aus dem Regal angle, könnten mir auf den Kopf fallen –

Claires Überlegung *tick*, wer dem Galeristen nachfolgen könnte, wäre sinnvoll, würde nur der Galerist etwas von einer Nachfolgeregelung wissen wollen. Doch sobald die Anwesenden jemanden ins Spiel bringen – Claire? Eine Vereinigung von Künstlern, die hier ausgestellt haben? Gar der Sohn, der seit einiger Zeit wieder hier herumschleicht? – winkt er ab. Es gibt nur einen, der einen Nachfolger ins Spiel bringen kann, und es gibt nur einen, der als Nachfolger in Frage kommt. Im Grunde ist es das, was mein Vater will: sich selbst nachfolgen, denn er ist sich selbst genug. Er, der König, ist auch sein eigener Thronfolger und herrscht über ein Universum, das so klein wie Hadleyville und so groß wie Hadleyville ist – das ist sein ganzes Reich –, und sollte er untergehen, so wird es mit ihm untergehen. Ja, so formuliert er es, wenn dieses Thema wieder auftaucht, um es zu beenden: »Mein Nachfolger, das bin ich!« Worauf er, diesmal auf Französisch, einen anderen Franzosen zitiert: »Après moi, le déluge!«

Wir stehen schon auf dem Gartenweg, Larry, Claire und ihr Mann, der Bankier, während sich der Galerist umständlich daran macht, die Tür zu verriegeln.

»Und wisst ihr weshalb?« brüllt er, beleidigt, empört, verletzt mit dem Schlüsselbund hantierend, als habe sich auch dieser gegen ihn verschworen. »Weil ich mich überhaupt nicht verabschieden werde! Ich werde hundertzwanzig und danach unsterblich! Unbesiegbar bin ich schon!« Er hat den richtigen Schlüssel gefunden, wackelt ihn ins Schloss, dreht ihn zweimal um und rüttelt dann an der Tür, um sich zu überzeugen, dass sie abgeschlossen ist. Die Vernissage ist vorbei, gekauft hat wie immer keiner, doch Kunst muss ja nicht rentieren, wie ihn Jolanda Gut am nächsten Tag in der Zeitung falsch zitieren wird. So ein Quatsch!

»Brauchst du Hilfe, Föns?« Claire tritt auf ihn zu.

Ich stehe mit ihrem Gatten am Zaun, der den Garten des Atelierhauses vom Parkplatz trennt und an dessen Schrägseite sich der *Hirschen* befindet. Der Bankier berührt meinen Arm und sagt: »Man hat ihn schon etwas hart angefasst, Ihren Vater.« Ich schaue ihn fragend an. Es stellt sich heraus, dass er damals für jene Bank gearbeitet hat, die den Konkurs meines Vaters abwickelte. Mittlerweile ist er der Direktor einer anderen Bank. »Man hat an ihm ein Exempel statuiert, weil es der erste größere Bankrott nach den sechziger Jahren war. Das war ein Verrat. Er hat den Traum vom ewigen Geldfluss platzen lassen und vorgeführt, dass Versagen wieder möglich ist. Doch es ging nicht nur um das Geld«, philosophierte der Banker, »auch die Öffentlichkeit brauchte dringender als einen Schuldner einen Schuldigen. Als bald eine Firma nach der anderen Pleite ging, hat man sich an das Scheitern gewöhnt und ist behutsamer mit den Konkursiten umgegangen.«

Unterdessen hat sich der Galerist an den Abstieg der Eingangsstufen gemacht. Er hält sich am Türpfosten fest und nimmt die erste Stufe rückwärts. Rückwärts, weil er ohnehin schon so dasteht. Nachdem er diesen Tritt mit einer eleganten Rückwärtspirouette einwandfrei genommen hat, packt ihn der Übermut. Er dreht sich um und schreitet aus, in den Abgrund der zweiten und dritten Stufe.

»Seht, unbesiegbar!« ruft er und marschiert los, über das bemooste Kopfsteinpflaster, quer über den Parkplatz zum *Hirschen*, wo er einen Tisch reserviert hat. Ich höre deutlich, wie er etwas vor sich hin summt. Es hört sich wie die berühmte Melodie aus *High Noon* an. Ich frage Claire, die mir ihren Arm anbietet und den ich gern nehme, ob sie die Melodie auch höre. Sie schüttelt den Kopf, horcht zur Sicherheit in die Richtung des davon stapfenden Galeristen und schüttelt ihren Kopf dann noch bestimmter.

»Ich glaube nicht, dass dein Vater etwas summt. Er summt eigentlich nie etwas vor sich hin...«

»Kann er im Flugzeug zu seinem Sitz gehen oder braucht er den Tragstuhl?« fragt mein Betreuer über meinen Kopf hinweg die Hostess. Falls er mich meine, sage ich und muss zu dem Mann aufschauen, solle er doch bitte auch mich fragen. Dass ich im Rollstuhl sitze, heiße nicht, dass ich nicht über mich selber Auskunft geben könne. Der Betreuer, der die Frage gestellt hat, ist verlegen und entschuldigt sich bei mir. Dann fragt er die Hostess: »Wird er in New York abgeholt?«

Eine Ground Hostess am New Yorker Kennedy-Flughafen schiebt mich, die Taschen auf dem Schoß, durch den Zoll – nichts zu deklarieren –, und hinter der Absperrung schält sich Jan aus der Menge. Sie begrüßt mich mit einer roten Rose, nimmt meine Hände und tanzt um mich herum. Ich wippe in meinem Stuhl unter der Last der Taschen, so gut es geht. Der Rollstuhl klappert, die Rose tanzt über unseren Köpfen. Jan nimmt meine Hände in die ihren, ich bewege meinen Oberkörper, die Leute schauen, selbst hier ist ein Tänzer im Rollstuhl ein ungewöhnlicher Anblick.

In meiner Agenda, die das Jahr der Treffen mit meinem Vater vom März 1994 bis zum März 1995 (und ebenso meine Trennung und Scheidung von Viktoria, die in diese Zeitspanne fiel) abdeckt, finden sich zehn Eintragungen, die ich nur zögernd, mit Abkürzungen und mit Bleistift, gemacht habe, als wollte ich mir die Möglichkeit vorbehalten, statt eines Tages zu diesen Daten zurückzukehren, sie mit einem Radiergummi auszulöschen.

»Café Z.« steht natürlich für das Café Zimmermann, in dem ich meinen Vater zum ersten Mal wieder gesehen habe. Häufiger finde ich den Eintrag »*Hirschen*« oder »Atelierhaus«. Einmal steht in meiner Agenda: »70. Geb. im Waaghaus«. Das Waaghaus ist ein zu einem Ausstellungssaal (und dem Sankt Galler Gemeinderat) umgerüstetes ehemaliges Marktgebäude, wo die Stadt zu Ehren des Sammlers, Galeristen und Mäzens die erste und bislang einzige Ausstellung seiner eigenen Kunstwerke veranstaltet hat. Hin und wieder habe ich hinter diese Ortsbeschreibungen ein »V!« gesetzt, doch nicht ein einziges Mal habe ich »Vater« geschrieben.

Ich habe notiert: »Luftschutzkeller: V!«, mit der genauen Adresse. Hinter einer dreißig Zentimeter dicken Betontür lagerte er auf sechzig Quadratmetern sein Heiligtum, seine eigenen Werke. Dass ich ihn dort treffen sollte, war seine Idee gewesen, nachdem Claire ihn nach ihrer Vernissage im *Hirschen* in meiner Gegenwart auf seine Nachfolge angesprochen hatte.

»Hunnensicher!« rief er stolz, als er die schwere Tür zum Luftschutzkeller aufstieß. »Du bist der Erste, der diesen Raum betritt. Schau dich um! Hier ruht er, Keller, der Künstler. Das Gesamtwerk, bombensicher gelagert. Collagen, Objekte, Kohlezeichnungen, Bilder, Skulpturen, alles, und wie immer alles in Massen, kennst mich ja! Na? Was sagst du? Nicht einmal so schlecht, was? Kannst dir was aussuchen. Aber keine Skulptur, eine Skulptur musst du dir erst noch verdienen. Und weißt du, was? Weshalb kommst du nicht einmal in meiner Wohnung vorbei? Ja, komm! Schau dir den ganzen Kram mal an. Seid ja doch meine Buben. Solltet doch das alles erben, nicht? Ich weiß noch nicht einmal, was nach meinem Tod sein wird. Ich brauche einen Thronfolger, und das warst doch immer du. Natürlich ist der Plunder hier nichts wert, doch in der Wohnung habe ich noch Schätze. Los, komm erben! Tritt die Nachfolge an! Wann willst du? Morgen? Nächste Woche? Bringen wir es hinter uns!«

Sodass ich in meiner Agenda auch – am 23. März 1995 – die mit einem »V!« markierte Adresse seiner Wohnung finde. Er lebte jetzt ausschließlich hier und benutzte jene andere Wohnung, in der ihn Puck damals gebeten hatte, seine Gerichtsklage gegen uns wieder zurückzuziehen, nur noch als Lager. Da sich seine Wohnung im ersten Stockwerk eines Gebäudes ohne Fahrstuhl befand und um nicht allein zu sein, bat ich erneut Larry, mich zu begleiten.

Die Haustür sprang auf unser Klingeln hin sofort auf, und Larry nahm mich auf seinen Rücken. Als die Brüstung des ersten Stockwerkes in Sicht kam, bemerkte ich im Halbdunkel des schwachen Treppenhauslichts meinen Vater, der sich dort festhielt. Die Tür seiner Wohnung war zugezogen. Er schaute, neugierig, verwundert, verletzt. Ich blickte von Larrys Rücken hoch, nickte mit dem Kopf, als sei mein Kopf Larrys zweiter, und murmelte eine Begrüßung in Larrys Nacken. Mein Vater schwieg noch immer, doch er schien erregt. Dann – ich spürte, wie Larry unter mir zitterte, wie seine Hand sich um das Geländer verkrampfte – lachte er auf und rief: »Was für ein abartiger Anblick!«

Wir erreichten das erste Stockwerk. Während ich nach dem Geländer griff, ließ Larry mich langsam von seinem Rücken auf meine Füße gleiten. Vater löste sich von der Brüstung und stellte sich zwischen uns und die verschlossene Tür zu seiner Wohnung.

»Wie zwei Schwule, die es nicht erwarten können, bis sie zu Hause sind und es deshalb schon im Treppensteigen treiben, seht ihr aus!«

Larry war zu erschöpft, um etwas zu erwidern.

»Lass uns wieder gehen, Larry«, sagte ich.

Das sei ihm auch am liebsten, brüllte mein Vater. Er habe eben mit seiner Schwester telefoniert, die auch nicht einsehe, weshalb er einen seiner Söhne nach den vielen Jahren, während denen sie ihn im Stich gelassen hätten, empfangen sollte. Jetzt, da es ihm nicht mehr gut gehe, kämen sie angekrochen, um ihn zu beerben.

»Ich muss mir das nicht bieten lassen«, sagte ich.

»*Ich* muss mir das nicht bieten lassen!«

»Komm«, sagte ich zu Larry und wandte mich der Treppe zu. Larry stand zwischen mir und meinem Vater. Ich fragte mich, ob er daran dachte, wie einfach es für ihn wäre, mich die Treppe hinunterzustoßen. Und ich fragte mich, ob ich ihm deshalb den Rücken zugedreht hatte. Um endlich endgültig Klarheit zu haben?

»Meine Schwester hat Recht! Jetzt kommt ihr, weil ihr glaubt, ich kratze ab. Doch diesen Gefallen tue ich euch nicht! Verreckt selber!«

Endlich verstummte er. Worauf wartete er? Worauf wartete Larry? Ich umklammerte das Geländer, streckte den Fuß aus, als wollte ich die Tiefe eines Flusses austesten. Setzte zum Schritt an. Zog den Fuß wieder zurück.

»Larry…«

Wieder streckte ich den Fuß aus, und diesmal machte ich den Schritt. *Klonk.* Ich spürte den Aufschlag, wie sich die Stufe in meinen Fuß grub, wie sie auf mein Knie aufschlug. Würde ich stürzen? Ich umfasste das Geländer stärker, mit dem rechten Bein stand ich sicher auf der Stufe, sodass ich das linke nachziehen konnte. *Klonk.* Schon schmerzte mein Knie, würde mich nach einem ganzen Stockwerk zwei, drei Tage lang schmerzen, doch es war ein Schmerz, auf den ich mich freute.

»Föns«, sagte Larry, »du wolltest deinem Sohn alles zeigen…«

»Geleimt habt ihr mich, wie immer! Alles gehört mir! Bevor ihr auch nur einen Bilderrahmen kriegt, verbrenne ich alles, und mich dazu, sodass ihr mich los seid, ein für alle Mal, denn das wollt ihr ja alle!«

Als Larry mich auf dem ersten Treppenpodest wieder auf seinen Rücken nahm, rief mein Vater, plötzlich weinerlich geworden, ich solle doch bleiben und mir seine Wohnung anschauen. Jetzt verfluchte er seine Schwester. Jetzt flehte er. Ich sah noch, wie er an die Treppenbrüstung trat, doch dann schaute ich nicht mehr zurück. Larry musste Acht geben, dass ihn meine Füße, welche die Stufen streiften, nicht aus dem Gleichgewicht brachte während ich mich auf die Stufen konzentrierte, die unter mir verschwanden.

Mein Vater folgte uns nicht. Seine Stimme klang nach Flasche 4, mit der er mich früher, nachdem er schließlich auch mich aus dem Wohnzimmer vertrieben hatte, wieder anzulocken versucht hatte. Noch eine halbe Flasche oder auch nur einen Schluck, und er würde einschlafen. Wie in meiner Erinnerung, so hörte ich ihn auch jetzt wieder auf der Treppe, deren Ende wir erreicht hatten, flehen. Ich solle doch bleiben, ich sei doch trotz allem einer seiner Söhne.

Doch als mich Larry wieder auf meine Füße gestellt hatte, verfluchte er mich bereits wieder. Die Türen fielen ins Schloss, ich weiß nicht mehr, welche es zuerst war, die Haustür, die wir hinter uns gebracht hatten, oder die Tür der Wohnung, in der sich mein Vater wieder eingeschlossen hatte.

Das Taxi hält vor unserem Haus im New Yorker West Village. Ich bezahle den Fahrer, während Jan aussteigt, um den Rollstuhl aus dem Kofferraum zu holen. Der Taxifahrer drückt einen Knopf, worauf der Kofferraum aufspringt. Ein junger Afroamerikaner, der an der Ecke steht, als habe er auf uns gewartet, setzt sich in Bewegung. Was will er? Während der (weiße) Fahrer sitzen bleibt und auf sein Geld wartet, nimmt der Fremde den Stuhl aus dem Kofferraum. Ich sehe, wie er ihn auseinander zieht, wie er die Sitzfläche gerade drückt, wie er den Stuhl schon fast zärtlich hält.

Der Fremde sieht, dass Jan Mühe hat, mir aus dem Wagen zu helfen und bedeutet ihr, zur Seite zu treten. Er fasst mich unter den Armen und zieht mich hoch. Kaum in Manhattan angekommen, umarme ich einen fremden Menschen. Wie gut das tut. Er habe selbst einen Rollstuhl benutzt, als er sein Knie verletzt habe, sagt der Fremde. Erst als er mich sicher in meinem Rollstuhl weiß, verschwindet er in der Menge.

»Seit ich Sie kenne, achte ich auf Stufen, Fahrstühle, Begehbarkeit, als hätte ich ein neues Auge entwickelt.«

»Ich weiß«, sage ich, »das ist mein Auge.«

New York, Frühjahr 2000

»Was ist das?« fragte ich entsetzt.
»Ein Halt«, antwortete mein Onkel.
»Beruhigt sich der Vulkan jetzt?«
»Ich hoffe nicht.«

Jules Verne, Reise zum Mittelpunkt der Erde
Axel und Professor Lidenbrock,
die von einem Vulkan aus
dem Inneren der Erde ausgespuckt werden

Ahhhh-iiieeeeh!

Der Raum ist klein, doch finde ich in ihm alles, was ich brauche. Licht. Luft. Ich habe Aussicht. Wann immer ich von meinem Schreibtisch aufschaue, der zugleich auch der Ess- und Wohnzimmertisch unserer Einzimmerwohnung ist, huscht ein silbergraues Eichhörnchen über eine der Mauern im Hinterhof. Immer lauert eine Katze an einem strategischen Knotenpunkt des Mauerlabyrinths, das die Gärtchen voneinander trennt. Will ich Himmel, so brauche ich nur in meinem Bürostuhl zum Fenster zu rollen. Der Kirschbaum blüht, auch wenn der nächtliche Hagelschauer die meisten Blütenblätter vom Baum geschlagen hat. Bei starkem Wind klopft das schnell wachsende Schilf an unser Fenster und erinnert mich daran, den Vermieter aufzufordern, es zurückzuschneiden. Ich tue es nicht. Ich habe Zeit.

Jemand hat Glasscherben auf die Mauern seines Gartens gestreut. Ich beobachte, wie geschickt die junge Katze unserer Nachbarn die gefährlichen Fallen umgeht. Nie verletzt sie sich; nie wischt sie die Scherben einfach weg. Jetzt schießt die Katze einem Eichhörnchen nach. Es scheint ihr nichts auszumachen, dass sie es nicht erwischen wird.

Ich habe *Aaaah-iiieeh!* Ruhe. Die Sirenen und manchmal ein Autoalarm oder das Tuten eines rückwärts fahrenden Lasters sind auch hier gedämpft zu hören. Das ist nichts im Vergleich zur siebten Avenue, die nur einen Straßenblock entfernt ist. Hier zwitschern die Vögel, dort brummen die Motoren. Zugegeben, es ist auch hier lauter geworden. Das Viertel verändert sich. Von den alten Bohemiens, von Marcel Duchamp, der auf den Triumphbogen am Washington Square gestiegen ist, um die Unabhängige Republik von Bohemien auszurufen, bis zu Allan Ginsberg, dem Hofpoeten des Village, den man vor kurzem noch durch die Straßen schlendern sehen konnte, gibt es hier nicht mehr viele. Wer sich die Mieten leisten kann und nicht schon seit einer Ewigkeit hier wohnt – nun, der kann kein Bohemien sein. *Aaah-iiieeeh-aaah-iiieh!*

Unser Haus war im neunzehnten Jahrhundert ein Bedienstetenquartier. Es gibt hier nur Einzimmerwohnungen. Was als Zweizimmerwohnung angeboten wird, ist nichts anderes als eines dieser Zimmer, durch das unser schamloser Vermieter eine Wand gezogen hat. Auf diese Weise entsteht die Illusion einer größeren Wohnung, sodass er noch mehr Miete verlangen kann. Im »Schlafzimmer« dieser Miniaturwohnungen steht in der Regel ein Bett, das sich tagsüber in ein Sofa verwandeln lässt, und schon befindet man sich im »Wohnzimmer«. Räumt man den »Esszimmertisch« frei, sitzt man im »Büro«. Der Eingangsbereich wird dadurch größer, indem man ihn »Foyer« oder, wenn es lediglich ein Kleiderhaken an der Wohnungstür ist, »Galerie« nennt.

Wer auszieht, wird nach einer Totalrenovation des Zimmers durch einen möglichst jungen Mieter ersetzt. Dem Vermieter sind Studenten am liebsten, da diese bald wieder ausziehen. Studenten verfügen auch über die von Vermietern geschätzte Qualität, dass sie laut sind, was wiederum die älteren, auf Ruhe bedachten Hausbewohner daran erinnert, dass es allmählich an der Zeit ist, sich nach einer ihrem Alter angemesseneren Bleibe umzusehen. Doch die Veteranen in unserem Haus bezahlen so wenig Miete, dass sie sich von ein bisschen Lärm nicht vertreiben lassen.

Den Rekord, auf dreiundzwanzig Quadratmetern den Versuch zu unternehmen, wie ein Erwachsener zu leben, hält in unserem Haus Daniel. Er hat uns kürzlich gesagt, er wohne seit dreißig Jahren hier und schien über diese Auskunft selber am meisten erstaunt zu sein. Daniel ist klein, gedrungen, hat einen dichten, schwarzen Bart, arbeitet nachts und ist, wie Jan vermutet, ein linker Cartoonist. Er beginnt ein bisschen wie ein Maulwurf auszusehen. Unter uns wohnt Jules, ein französischer *chef*, der für einen der Jazzclubs im Quartier kocht. Morgens schreit ihn seine Frau an, oder er hört Jacques Brel. *Madame promène son cul sur les rampards de Varsovie* dringt es zu uns hoch oder: *Don't you know that I'm the clever one here, and you're the asshole!* Über uns wohnt Fran aus New Jersey. Sie arbeitet *on spec*, also auf eigenes Risiko, an einer Pilotserie für das Fernsehen und hält sich für eine Schriftstellerin in der Tradition Edith Whartons. Sie verfügt über die so genannte *prime time sensibility*, was zu haben, wie sie uns im Treppenhaus bei jeder Begegnung versichert, *so much more prestigious* sei, als nur gerade für das Nachmittagsprogramm zu schreiben. Und da ist Karim Candyman, der nicht mehr weiß, wie lange er schon in unserem Haus wohnt. Er ist ein *caterer*, ein Partyservice-Organisierer, doch mehr noch ist er ein *clutterer*, ein Sammler oder, um meinem Vater nicht Unrecht zu tun, ein Anhäufer von allem. Karim lässt niemanden in seine Wohnung, weil es in New York, der freiesten aller freien Städte, verboten ist, Plunder anzuhäufen. Weil Karim durch dieses Gesetz zum Sicherheitsrisiko geworden ist, könnte er jederzeit seiner Wohnung ausgewiesen werden. *Aaaah-iii-eeeh!*

Ich weiß nicht einmal, wie warm es draußen ist. Die Sonne scheint. Es könnte dreißig oder drei Grad sein. Es ist April. Hier ist es angenehm. Ich habe Wasser. Ich habe Saft. Musik, wenn ich will. Als wäre unsere Wohnung nicht schon klein genug, verkleinere ich sie um noch ein Stück, indem ich mir zum Arbeiten Kopfhörer aufsetze. Auf diese Weise sitze ich im »Musikzimmer«. Das Sandwich für den Mittag steht bereit. Wenn ich will, habe ich Hunger. Ich habe Namen im Adressbuch. Telefon, TV, Fax, E-

Mail, das Internet. Ich muss sie nicht benutzen. Ich sitze barfuß, weil ich gern barfuß sitze und weil ich nur so von dem Bürostuhl, den ich hier habe, aufstehen kann. Ich habe alles. Ich schreibe. Ich bin da.

Ich bin etwas Kitzliges auf meiner Wange, als schwebe ein warmer Finger über meinem Gesicht. Es fühlt sich an wie eine Wespe, das natürliche Vorbild des »Helikopeters«, den ich kürzlich meiner Spielzeugarmee einverleiben konnte. DIE REGEL aber besagt, dass es zum Kratzen noch zu früh ist. Selbst zum Augenöffnen ist es noch zu früh. *Aaaah-iii-eeeh! Tick*

Ist es Zeit? Gegen zwei Uhr wird Jan eintreffen, um mir aus dem Haus zu helfen. Will ich mir Kaffee nachgießen, brauche ich nur im Bürostuhl die zwei Meter zur Küche zu rollen, wo die Kaffeemaschine auf dem Kühlschrank steht. Doch keinen Kaffee mehr; ich werde heute Nachmittag wieder die Stadt durchstreifen. Das setzt vor allem zwei Dinge voraus: Die Batterie meines elektrisch betriebenen Rollstuhls muss geladen und meine Blase leer sein, damit es für meinen Radius von acht Kilometern reicht. Auch wenn es mir mit meinen Beinen nicht zum Flâneur, meinem Traumberuf, gereicht hat, so bin ich in New York im Rollstuhl doch immerhin ein rollender Flâneur, also nichts weniger als ein Rôleur geworden.

Der Morgen weht in mein Zimmer und trägt das Aroma von frisch geschnittenem Gras und feuchter Erde herein. Das liegt daran, dass ich im Schatten der Tanne hinten bei der Garage ein Loch grabe. In der Erde habe ich ein uraltes isländisches Pergament gefunden, eine vor Schmutz kaum lesbare Einladung, zum Mittelpunkt der Erde zu reisen. Ich bin auf dem richtigen Weg, und mein Loch ist schon dreiviertel Meter tief! Und am Nachmittag –

Jan kommt *Aaaah-iiieeeh!* nach Hause. Ich merke mir, wo sie den Schlüsselbund hinwirft, denn bevor sie mir hinaushelfen kann, wird sie ihn suchen. Wahrscheinlich wird sie ihn auf dem Bett unter der Post vergraben, die sie mit gebracht hat. Erst habe ich mich daran gestört, dass sie jedes Mal nach ihren Schlüsseln sucht, bis ich begriffen habe, dass dies etwas ist, das ich für sie tun kann: ihr dabei zu helfen, die Schlüssel zu finden und mich nicht mehr darüber aufzuregen, dass es nicht unbedingt nötig ist, sie jedes Mal zu verlegen.

Ich stemme mich aus dem Bürostuhl, während Jan den an das *Scalamobil* montierten Rollstuhl aus dem Schrank zieht – ohne Räder, die hängen an der Wand. Ein Scalamobil ist ein batteriebetriebenes, etwa fünfundzwanzig Kilogramm schweres Gerät von der Größe eines Rasenmähers, mit dessen Hilfe eine Person im Rollstuhl mit der Unterstützung einer weiteren Person gewisse Treppen überwinden kann. Sobald ich im Rollstuhl sitze, schiebt mich Jan in den Korridor, wo wir häufig Mitbewohnern begegnen, die uns vorangehen lassen wollen. Wir lehnen dieses freundliche Angebot ab, denn es dauert etwa zehn Minuten, bis wir draußen sind.

Jan öffnet die Korridortür und hakt sie an der Wand ein. Mit einem bisschen Anlauf und einem kräftigen Ruck überwinden wir die kleine Schwelle, die unser Vermieter mit einer kleinen Gummirampe versehen hat. Jetzt stehen wir am Rand der Treppe. An dieser Stelle frage ich Jan, ob sie den Motor des Scalamobils eingeschaltet hat. Ich frage sie nicht, weil sie das vergessen würde, sondern weil ein Vorgang wie dieser Mut braucht – für die Person, die hilflos im Rollstuhl befördert wird, mehr noch aber für die Person, welche die Hilfe leisten muss –, und Mut fasst man am besten, wenn man einen nicht ungefährlichen Vorgang wie diesen ritualisiert.

Jan atmet tief durch *Aaaah-iiieeeh!* – auch das gehört zum Ritual –, kippt mich an den Haltestangen nach hinten und rollt mich vorsichtig an den Treppenrand. Dies ist der Augenblick, der am meisten Mut erfordert (es ist auch der Augenblick, in dem ich Stufen persönlich nehme). Würden die Bremsräder des Scalamobils in diesem Augenblick nicht den Treppenrand erfühlen und das Gerät zum Halten bringen, so würde ich Jan entgleiten und die Treppe hinabstürzen. Doch wir können uns auf die Bremsräder verlassen, bislang haben sie noch nie versagt.

Der Abstieg beginnt. Das Scalamobil hat vier Räder, welche, langsam rotierend, die Stufen hinab (und später auch wieder hinauf) klettern. Wichtig ist während des Abstiegs, dass mich Jan im richtigen Winkel hält: Beugt sie mich zu weit nach vorne, rutsche ich aus dem Stuhl, kippt sie mich zu weit nach hinten, werde ich ihr zu schwer, sodass ich auf die Treppe fallen würde. Um den Balanceakt zu vereinfachen, greife ich nach dem Geländer, auch wenn es eine Illusion ist, dass ich dadurch einen Sturz auffangen könnte. Andererseits ist die Illusion ein wichtiger Teil des Rituals – jedes Rituals –, denn nichts kann uns mehr Sicherheit vermitteln als die Illusion von Sicherheit, ob wir die Straße überqueren oder uns in ein Flugzeug setzen. Nur eines wird auf diesen Stufen, die wir so mühsam bewältigen, jedes Mal ein bisschen weniger zur Illusion, und das ist unsere Liebe. Denn was wir hier tun, ist ein Akt der Liebe, für mich, indem ich mich Jan anvertraue, und für Jan, vor allem für Jan, indem sie sich mit mir auf dieses tägliche Treppenritual einlässt. Manchmal denke ich, was für ein Privileg es doch ist, diese Gewissheit täglich auf jeder Stufe spüren zu dürfen ...

So gehe ...? rolle? ... fließe ich Stufe um Stufe, *klonk*, *pfut*, *klonk-pfut*, immer nur eine auf einmal, die Treppe hinab, ein bisschen wie Fuß, meine treppensteigende Metallfeder, mit der ich in meinem Dachstock gespielt habe. Am Treppenende, das wir sicher erreicht haben, kippt mich Jan wieder nach vorne und holt die Räder meines Rollstuhls, die mit ihren Motoren jeweils etwa zehn Kilogramm schwer sind. Sie macht sie am Rollstuhl fest, hakt das Scalamobil aus und steigt es – es kann ja schließlich Treppen gehen – in die Wohnung zurück. Sie kommt mit der Batterie (zwölf Kilogramm), den Metallstützen, die hinten am Rollstuhl festgemacht werden müssen, damit dieser nicht nach hinten kippen kann, und mit meiner Tasche zurück. Bevor sie den Rollstuhl fertig zusammensetzen kann, muss sie mich über die hohe Türschwelle auf die Straße bringen. Dort schalte ich meinen Motor ein. Wir vereinbaren, wann ich wieder nach Hause kommen werde, küssen uns, und ich rolle los. *New York City – Aaaah-iiieeeh! –, here I come!*

Waverly Place, von Richard Estes, 1971.

»Hey, Bill Gates, gib mir was!« Ein Bettler kommt mir entgegen. Weshalb ausgerechnet ich im Rollstuhl der reichste Amerikaner sein soll, weiß ich nicht. Stellt der Penner sich vor, Bill Gates habe sich zur Tarnung einen Rollstuhl zugelegt? Der Kerl kriegt nichts, sonst werde ich nie so reich wie Bill.

Meistens passiert es in der Nähe Harlems, und meistens sind es Afroamerikaner, die auf mich zugehen, mir »Du bist stark, Bruder!« zurufen oder mir auf die Schulter klopfen; doch diesmal ist es ein Weißer, der in einem Postamt im Village auf mich zusteuert.

»Dir wird es täglich besser gehen«, sagt er mit einer Stimme, die keinen Zweifel zulässt. Nicht schon wieder ein Verrückter, denke ich undankbar. Weshalb nur zieht mein Rollstuhl sie an? »Dann ist ja gut«, antworte ich und will an ihm vorbei. Der alte Mann lächelt und fährt unbeirrt weiter: »Du bist großartig.« Er ist weiser als ich. Ich höre zu, gespannt, was er noch über mich zu sagen hat. »Du siehst gut aus.« Meint er wirklich mich? Vielleicht ist er gar nicht verrückt. Ich schaue ihn an, schaue in dieses alte, schöne Gesicht. Es setzt wieder ein, dieses Gefühl, auch ein bisschen privilegiert zu sein. Wer erhält schon auf der Straße Komplimente!

Bild oben: eine Rampe in der W 10th Street. Bild unten links: eine freistehende Modellwendeltreppe in der Ostschweiz. Das Bild unten rechts zeigt den Haupteingang des 1999 fertig gestellten Neubaus der Kantonspolizei Sankt Gallen. Die etwa fünfundzwanzig Meter lange Holzrampe musste nachträglich hinzugefügt werden, da es versäumt wurde, den Millionenbau von Anfang an behindertengerecht zu konzipieren.

»Du bist ein 13-Millionen-Genie«, verkündet der Mann, »du hast mir den Tag vergoldet.« Ich murmle »wie Sie meinen« und fahre wieder aus dem Postamt, ohne meine Briefe aufgegeben zu haben.

In einem Fahrstuhl lässt eine Frau ihren Hund an mir schnuppern. Der Hund sei in einem Erziehungskurs, und sie müsse herausfinden, wie ihr Hund auf Rollstühle reagiere. Ich sage, das sei allright, doch wisse ich nicht, wie mein neuer Rollstuhl auf Hunde reagiere.

Ich warte hinter einem geparkten Auto. Jan winkt ein Taxi herbei, das neben ihr anhält. BEHINDERTE UND HUNDE WILLKOMMEN, steht an der Tür. Als der Fahrer mich im Rollstuhl sieht, schaltet er das Besetzt-Zeichen ein. Jan ruft ihm zu, er tue das nur, weil er den Rollstuhl nicht transportieren wolle. Keineswegs, entgegnet der Fahrer und gibt Gas. Noch bevor er um die nächste Ecke gebogen ist, schaltet er das Frei-Zeichen wieder ein.

Ah, da kommt er mir wieder entgegen, mein Freund, der alte Weise, der vor nur wenigen Stunden in mir das 13-Millionen-Genie erkannt hat! Er hält auf meiner Höhe und teilt mir mit, dass er geradewegs aus der Grace Church komme. Ob es nicht verrückt sei, dass so viele Unschuldige in den Gefängnissen sitzen würden. Bevor ich das bestätigen kann, beugt er sich über mich und will wissen, ob auch ich über Sex und Sexualität lese. Er tue das dauernd. Der Mann ist kaum zu verstehen, während mein 13-Millionen-Genie-Prophet deutlich gesprochen hat. Hatte jener nicht auch mehr Zähne als dieser? Es darf doch nicht sein, dass mein Seher völlig verrückt ist. Er darf nur gerade so verrückt sein, dass er sämtliche Genies, die ich alle bin, sehen kann.

Dann sagt er auf Russisch »Doswidanije«, und als auch ich ihm »Doswidanije« wünsche, wendet er sich ab. Erst jetzt sehe ich seine Betreuerin. Sie zuckt die Achsel, während sich ihr Schützling bereits über ein Baby im Kinderwagen beugt und es fragt, ob es auch dauernd über Sex und Sexualität lese. Aaaah-iiieeeh!

Bin ich in dieser Stadt unterwegs, staune ich, einfach weil es überall etwas zu staunen gibt, am meisten aber staune ich darüber, dass ich einen Teil des Jahres hier lebe. Ich war einmal mit siebzehn hier, zwei Mal mit achtzehn, beide Male auf meinen eigenen Beinen. Und jetzt, als habe mich der achtjährige Junge, als der ich vor einem Vierteljahrhundert schon in einem sechstausend Kilometer entfernt liegenden Dachstock von dieser Stadt geträumt habe, in seinen Geschichten und Zeichnungen wirklich hierher geschickt, wohne ich hier, rolle ich – *das* habe ich mir so nicht vorgestellt, auch wenn es mir mein erster Arzt deutlich genug vorausgesagt hatte – zwanzig Jahre später durch die Straßen New Yorks, jetzt ohne Bindestrich.

Kann ein Mensch also doch gebeamt werden? Kann sich der menschliche Körper, wie mir damals Puck erklärt hat, räumlich zerlegen, um zeitlich zu reisen? Was spricht dagegen? Der Geist tut es ständig. Wäre ich sonst hier? *Aaah-iiieeeh-aaah-iiieh!* Spielt es eine Rolle, dass es (für jene, die sich die Fantasie mit Realität ausgetrieben haben) umgekehrt war und dass ich jenen Jungen mit auf die Reise genommen habe? Ich bin noch immer so neugierig auf das, was mich um die nächste Ecke erwartet, ich halte die Welt noch immer ein bisschen für jenen Schrank ohne Rückwand, für den ich meinen Dachstock gehalten habe, und ich will, zurück in unserer winzigen Wohnung, noch immer alles – das mag meine »Sammlung von Allem« sein – aufschreiben oder doch zumindest in meinem Gedächtnis festhalten. Mag mich um die nächste Straßenecke auch nicht Nana oder KopfFuß oder Fuß erwarten – wobei ich mir da nicht einmal so sicher bin –, so habe ich es doch mit fantastischen, wenngleich immer wirklichen – auch da bin ich mir nie so sicher – Geschöpfen zu tun.

»Weshalb sitzt du in einem Rollstuhl?« Eine Obdachlose. »Wird das wieder gut? Bestimmt wird es wieder gut, ich weiß es. Bald wirst du wieder laufen. Hast du eine Frau? Kümmert sie sich gut um dich? Ja? Sie muss sich gut um dich kümmern. Bald wirst du wieder laufen. Bestimmt.«

Mit Jan, 2000.

Jan und ich sehen den schwarzen Spinner fast jeden Tag auf dem Broadway, eine Furcht erregende Erscheinung: hochgewachsen, drahtiger Bart, aggressiv. Oft fuchtelt er mit einer Holzlatte. Manchmal rennt er auf der Straße den Autos nach. Immer brüllt er irgendetwas. Unbedingt Augenkontakt vermeiden!

Aber heute bin ich ihm ausgeliefert. Als Jan in einem Laden verschwunden ist, sehe ich ihn auf mich zukommen. Er ist noch einen Block entfernt, doch sie wird nicht vor ihm zurück sein, und ich kann im manuellen Rollstuhl, mit dem wir heute unterwegs sind, nicht wegrollen. Und der Schwarze steuert auf mich zu. Ich weiche seinem Blick aus. Warum auch kauft Jan ausgerechnet jetzt ein Eis? War wohl meine Idee: Plötzlich ist es so warm geworden ...

Da steht er vor mir, der schwarze Kerl, es gibt kein Entrinnen. Doch er will mir keine Holzlatte über den Kopf hauen. Er will nicht einmal Geld. Er nimmt meine weiße Hand in seine schwarze, streicht sie über seinen Bart, der keineswegs drahtig, sondern flauschig ist, führt sie zu seinen Lippen und sagt: »Ich habe für dich gebetet. Fühlst du dich schon besser?«

Sommermorgen, 2000

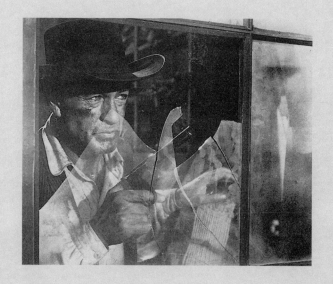

Ich traf meinen Vater doch noch einmal. Larry hatte mich im August 2000 zu einer Ausstellung in der Ostschweiz eingeladen. Ich hinterließ auf seinem Beantworter die Nachricht, dass ich kommen würde, und erkundigte mich, ob die Galerie – eine umfunktionierte Lagerhalle – rollstuhlgängig sei. Als Jan und ich wieder nach Hause kamen, erwartete uns seine Antwort auf unserer Maschine. Ja, die Halle sei für mich zugänglich, doch wolle er mich wissen lassen, dass er auch meinen Vater eingeladen habe. Nach unserem Besuch bei ihm würde er es verstehen, wenn ich es mir nun anders überlegte, und doch hoffe er, dass ich kommen würde.

Ich spielte die Nachricht ein zweites Mal ab, als könne dies die Möglichkeit, dass mein Vater auch erscheint, vertreiben oder als sei jetzt die Halle für mich doch nicht mehr zugänglich, verbarrikadiert nicht durch Stufen, sondern durch die unerwünschte Gegenwart meines Vaters. Wusste Larry, dass er kommen würde, und bot mir diesen Ausweg an? Wollte ich diesen Ausweg? Ich stand in meinem Büro vor dem Beantworter und dachte daran, wie ich in den letzten Jahren, als Vater noch bei uns gewohnt hatte, im Wohnzimmer den Augenblick abpasste, in dem er den Raum durch die vordere Tür betrat, um durch die hintere wegzuschleichen. Ich sah mich meinen Wagen beschleunigen, wenn er mir in seinem entgegenkam, ich sah mich in der Do-it-yourself-Abteilung des Supermarkts hinter einem Regal verschwinden und eine Fahrradkette in die Hand nehmen, als ich ihn hatte kommen sehen. Ich löschte die Nachricht.

Seit unserer letzten Begegnung im Treppenhaus vor seiner Wohnung im März 1995 hatte ich meinen Vater nicht mehr gesehen oder auf eine andere Art und Weise mit ihm Kontakt gehabt. Es gab jetzt keinen Grund mehr. Er wollte nicht. Er konnte nicht. Manchmal, meist auf dem Flohmarkt oder bei einer Vernissage, begegnete ich einem Künstler, der ihn gut kannte und der auch schon bei ihm ausgestellt hatte. Ich fragte ihn, wie es meinem Vater gehe, doch als Antwort versicherte er mir meist, dass mein Vater nicht mehr trinken würde. Ich fragte manchmal noch, ob er sich nach seinen Söhnen erkundigen würde, was der Künstler jedes Mal ein bisschen zu schnell bejahte. Dann redeten wir über den tönernen Wasserkrug aus Mali, den ich gekauft hatte, oder den alten Dreschflegel, den ich mir wegen seiner ungewöhnlichen Form an der Wand in unserem Wohnzimmer als Objekt vorstellen konnte. »Wie dein Vater«, sagte mir der Künstler, und endlich machte es mir nichts mehr aus, das zu hören.

1998 erfuhr ich aus der Zeitung, dass seine Galerie zwanzig Jahre nach ihrer Eröffnung geschlossen worden sei. Neben dem Üblichen – Jolanda Gut zeichnete für diesen Artikel – stand dort, dass mein Vater trotz intensiver Suche keinen Nachfolger gefunden habe. Er müsse das Atelierhaus verlassen, das er seit 1960 gemietet und in dem er 1978, seinem Schicksalsjahr, die Ateliergalerie gegründet habe. Wohin jetzt nur mit all dem Unrat? Doch habe das alles auch sein Gutes, denn nun könne er sich auf das Restaurieren seiner Antiquitäten konzentrieren, was schon immer seine Lieblingsbeschäftigung gewesen sei. Endlich rücke auch seine eigene Karriere als Künstler in den Vordergrund. Die sei zu kurz gekommen, weil er sich stets für andere aufgeopfert habe. Ich schnitt den Artikel aus und legte ihn zu den anderen in den Katalog, der zur Ausstellung anlässlich des 70. Geburtstags meines Vaters erschienen war.

Die Rednerin hatte die Vernissage schon eröffnet, als sich mein Vater in den weiten Kreis schob, der sich um sie gebildet hatte. Wie Kasimir Stanislawowitsch, der sich in die Kirche, in der seine Tochter heiratete, geschlichen hatte, war er zu spät gekommen. Doch anders als Kasimir Stanislawowitsch gab er sich nicht die Mühe, seine Anwesenheit zu verbergen. Er stützte sich breitbeinig auf seinen Stock, wie immer Platz beanspruchend, den Platz aber nur noch unsicher behauptend.

Ich saß ihm etwa fünfzehn Meter entfernt gegenüber. Er schaute in meine Richtung. Er muss mich gesehen haben – wie konnte ich ihm in meinem Rollstuhl entgehen? –, doch er ließ sich nichts anmerken. Wir beide wussten, dass der andere ihn gesehen hatte. Ich schaute trotzig in seine Richtung, ich wollte seinem Blick standhalten, ich wollte noch immer seine Aufmerksamkeit, doch mein Vater stand nur da. Was ging ihm in diesem Augenblick durch den Kopf? Hörte er der Rednerin zu? Hatte Larry auch ihn gewarnt, dass möglicherweise einer seiner Söhne kommen würde?

Als die Rednerin fertig war – nur mein Vater, der noch immer den Stockknauf umklammerte, klatschte nicht –, sang ein Duo zu den Klängen einer Gießkanne und einer Kinderrassel ein Lied, das einzig aus gedehnten Silben zu bestehen schien. Larrys Installation bunter, halbtransparenter Plastikfolien, die wie Kleidungsstücke an Drahtseilen hingen, füllte den hinteren Teil der Galerie, im vorderen befand sich das Büffet, dem sich die Besucher zuwandten.

Ich wartete. Was würde mein Vater tun? Jemand tippte ihn auf die Schulter, und er wandte sich ab, wandte mir den Rücken zu. Jan, die meinen Vater noch nie gesehen, aber viel von ihm gehört hatte, schlug vor, uns die Installation anzusehen. Während ich mir vorstellte, wie ein Luftzug die bunten Plastikblätter zum Tanzen bringen würde, fing Jan an, sie mit sanften Stößen in Bewegung zu setzen. Wir gratulierten Larry zur Ausstellung. Sollten wir uns verabschieden? Mein Vater würde auch diese Gelegenheit verstreichen lassen, auf mich zuzugehen, und Larry könnte ich später zu einem Kaffee treffen.

Ich schaute zu meinem Vater und dachte an meine Brüder, die wie ich diesen – einen – Vater gebraucht hätten, die wir, durch diese Muskelerkrankung geschwächt, vielleicht in besonderem Maße einen starken Vater hätten brauchen können. Ich dachte an meine Brüder und an das, was sie trotz allem erreicht haben. Ich dachte an unsere Mutter, die uns trotz allem – immer dieses Trotzallem – immer wieder daran erinnert hat, dass unser Vater auch ein guter Vater hatte sein können. Ich dachte an Jan, meine Frau, die mir gesagt hat, dass sie für mich atmen würde, sollten meine Muskeln eines Tages zu schwach dafür sein; ich dachte daran, dass ich vielleicht auch ein bisschen wegen meiner schwachen Muskeln das Glück hatte, diese Liebe zu finden, die mir mehr wert ist als alle Muskeln der Welt. Und ich sah meinen Vater, der sich um all das gebracht hatte, weil, ja, vielleicht einfach nur deshalb, weil er auf niemanden zugehen kann.

»Lass mich mit ihm reden«, sagte ich zu Jan. Sie nickte und schob mich auf meinen Vater zu.

Ich bin nicht einmal sicher, ob er überrascht war, als ich auf ihn zu rollte. Er stand mit Larry in einer kleinen Gruppe von Leuten. Auf mein »Hallo« sagte er nur sein »Na, so sieht man sich mal wieder«. Sein Händedruck war schwach, und er zog seine Hand gleich wieder zurück. Er machte keine Anstalten, mir das Gespräch zu erleichtern: Ich war ja wieder auf ihn zugekommen.

»Das ist Jan, meine Frau«, sagte ich, »und das ist mein Vater.«

Sie schüttelten sich auch die Hand. Larry blieb zögernd stehen, während sich die anderen entfernten.

»Hast wieder geheiratet. Hab was gehört. Eingeladen war ich ja wieder nicht.« Als ich nicht darauf einging, fuhr er fort, »Lebst jetzt in New York?«

»Und hier.«

»Sag mal, du hast doch Russisch studiert: Was ist eigentlich mit diesem Putin?«

»Putin ist der Präsident Russlands.«

»Klar. Weiß ich schon. Taugt der was?«

»Perfektes Deutsch, spricht Ganovenrussisch, KGB-Karriere.«

»Heißt, dass er ein blöder Kerl ist?«

»Heißt, er bewegt sich in einer gewissen russischen Tradition.«

»Dann ist er ein blöder Kerl.«

Pause.

Larry meinte, wir könnten uns vielleicht später zu einem Kaffee treffen, und entfernte sich.

»Mist, was?« sagte mein Vater.

»Was?«

»Na, Larrys Mist.«

Pause.

»Und? Wie gehts dir so?«

»Wie solls schon gehen. Die Galerie ist vor die Hunde gegangen, das stand ja in der Zeitung. Der Kunstmäzen widmet sich jetzt vermehrt seiner eigenen Kunst. Das stand auch in der Zeitung. So ein Quatsch! Der Kunstmäzen widmet sich jetzt vermehrt seiner Arthritis und tausend anderen Gebrechen, die diese superschlauen Ärzte nicht heilen können. Verdienen sich nur dumm und dämlich an ihren Honoraren und der Pharmaindustrie, mit der sie unter einer Decke stecken.«

»Klar.«

»Eben. Aber sonst? Beschissen. Galerie weg, alle Künstler haben mich sitzen lassen, kaum war die Galerie weg, und mir tut alles weh. Ein Nachfolger hat sich natürlich nicht gefunden.«

»Wir müssen weiter.«

»Klar müsst ihr weiter. Also dann.«

»Also dann.«

Er zögerte. »Weißt du, was wirklich witzig ist?«

»Was?«

»Wer mich hierhergebracht hat. Weißt du, wer das war? Das war der Direktor der Invalidenversicherung des Kantons Sankt Gallen!«

»Das ist wirklich witzig.«

»Der Direktor der Invalidenversicherung bringt mich auch wieder nach Hause. Ich bin jetzt auch Invalide. Ist das nicht witzig?«

»Wir müssen wirklich gehen, Vater.«

»Deinen Stuhl da, diesen Rollstuhl, den bezahlt doch die Invalidenversicherung?«

»Ja.«

»Na, dann hat dein alter Vater ja doch die ganze Zeit etwas für dich getan. Siehst du! Hat bei seinem Freund, dem Direktor der Invalidenversicherung, ein gutes Wort für dich eingelegt.«

Pause.

»Versteht natürlich nichts von Kunst.«

Pause.

»Und hat ständig Ärger mit seiner Frau.«

»Machs gut.«

Ich gab ihm die Hand. Wieder zog er seine rasch zurück.

»Scheißarthritis! Alles tut weh. Ich komm kaum noch die Stufen in meine Wohnung hoch. Kannst du dir gar nicht vorstellen.«

Ich nickte: Letztlich hatte er Recht. Letztlich konnte ich mir nicht vorstellen, wie das für einen anderen sein würde. Jan schüttelte meinem Vater auch die Hand und drehte mich im Rollstuhl von ihm weg.

»Scheißalter!« hörte ich ihn rufen. »Werde bloß nicht alt, ich sags dir!«

Ich hob die Hand, um ihm zuzuwinken, doch ich schaute nicht mehr zurück. Ließ ihn stehen. Ließ meinen Vater ziehen.

Heute wieder rasend vor Glück.

Am Nachmittag mit dem rechten Rollstuhlvorderrad zu hart aufgeschlagen: Es ist abgebrochen. Glück gehabt, denn es geschah neben einem Restaurant, wo ich bei einem Bier auf Jan wartete, die das Auto holte.

Endlich den Antrag gestellt, Hadleyville mit einem Rollstuhlschienennetz auszustatten. So könnten die Rollstuhlbenutzer, die in meiner Heimatstadt die öffentlichen Transportmittel auch im Jahr 2000 noch nicht benutzen können, ihr unabhängiges Schienennetz erhalten. Den Rollstuhl in die Schienen gesetzt und losgebraust! Wurde wie erwartet begeistert angenommen. Wachte zufrieden auf. Peng-Peng!

Ich speichere in mir dieselbe Krankheit wie meine Brüder, weiß daher zu jedem Zeitpunkt meines Lebens in ernüchternder Genauigkeit, was mich in fünf, was in sieben Jahren erwartet, so wie ich meinen Brüdern als Rückblick auf beweglichere Zeiten dienen mag.

Mix, der wie ich einst Ski fahren konnte, benutzt für die Strecke von seinem Wohnzimmersessel bis zum Badezimmer eine vierbeinige Gehhilfe, die er vor sich herschiebt, während Puck sich nur noch im Rollstuhl bewegt und regelmäßig in den »Uribag« uriniert, also seit Jahren nicht mehr im Stehen gepinkelt hat. Er besitzt Autos, die er nicht mehr selber fahren kann, und ich frage mich, ob er sie vielleicht deshalb alle drei Monate wechselt. Mix benutzt von seiner Wohnung bis zu seinem Auto in der Tiefgarage einen Scooter. Es ist sein Ruderboot, das ihn zum Viermaster bringt. Sie beide können kein Glas, schon gar kein gefülltes, mehr mit dem ausgestrecktem Arm halten, weil es für ihre Arme zu schwer geworden ist. (So lernt das zu sehen, wer SMA hat: Nicht die Arme sind zu schwach, der Gegenstand, den man nicht mehr heben kann, ist zu schwer geworden.)

Puck kann sich seine Socken nicht mehr selber überstreifen; in Mix' Knöcheln hat sich wegen des Bewegungsmangels und dem Übergewicht, an dem er leidet, Wasser angesammelt. Damit Puck täglich ein paar Minuten stehen kann, um die Blutzirkulation zu regulieren, hat er einen Rollstuhl mit einer »Hannibal-Lecter-Vorrichtung«, wie ich es nenne, gekauft. Sobald seine Beine und sein Oberkörper festgeschnallt sind, fährt ihn ein Motor hoch, bis er sich in Stehposition befin-

Sven Wingquist,
Self-aligning Ball Bearing,
1929, Chromstahl,
Museum of Modern Art.
Wingquist, schwedischer Erfinder,
erfand 1907 das Kugellager,
das unter anderem
Stühle zum Drehen bringt.

det. Alles, was er für seine Hannibal-Rolle noch braucht, ist die Maske. Ich sage ihm das, und er lacht, festgezurrt wie er ist.

Mir genügt jetzt der Stock nicht mehr, um zu gehen. Ich kann einen Raum nicht mehr durchqueren, denn nun gehe ich an den Wänden entlang, an denen ich mir mit gespreizten Fingern zusätzlich Halt suche. Erst nach einiger Zeit merke ich, dass die Flecken, die plötzlich an den Wänden auf Schulterhöhe auftauchen, von meinen Fingern herrühren. Um aus der Dusche zu kommen, habe ich meine »Duschpirouette« entwickelt, eine linke Dreivierteldrehung um meine eigene Achse. Es fällt mir auf einmal schwer, die Dusche mit einem simplen Schritt nach rechts zu verlassen. Ich beobachte an mir, dass ich die Linkspirouette manchmal auch anwende, um an einer geöffneten Tür vorbeizukommen.

Auch beobachte ich an mir, dass ich von mir manchmal in der dritten Person denke, um den Schmerz eines weiteren Verlusts etwas abzuschwächen. Ich denke an Axels Zögern, die Reise ins Innere der Erde anzutreten. Ich nehme mir vor, de Maistres Reise um mein Zimmer wieder zu lesen, weil ich neugierig bin, wie es nach einem Dutzend Jahren auf mich wirkt. Die Stufen, die von unserem Wohnzimmer in den Garten führen, überwinde ich nur noch selten und auch nur, wenn Jan oder meine Mutter in der Nähe sind. Ich sage mir, dass die Schweizer Sommer ohnehin zu kühl und regnerisch sind, um draußen zu sitzen.

Bislang hat keiner der SMA-Brüder Atemprobleme. Ein bisschen Scoliosis haben wir alle. Osteoporose – Nr. 1: schwer, Nr. 2: vernachlässigbar, Nr. 3: mild – sorgt dafür, dass die Knochen leicht brechen, was bei Puck bislang zu drei (Knöchel, zweimal Knie) und bei Mix einem halben (Knie) und mir bislang zu einem Bruch (Knöchel) geführt hat. Puck hat die »Knochensubstanz einer Vierundachtzigjährigen«, Mix den Bauch Robert Morleys. Ich habe ein »Sportlerherz«. Auch Pucks Herz ist infolge Überbelastung zu groß, aber ich glaube eigentlich nicht, dass ein Herz zu groß sein kann.

Das Treffen mit
Christoph Keller

Eine Erzählung

S. Fischer

*I write fiction and they tell me
it's autobiography; I write autobiography
and they tell me it's fiction.*
Philip Roth, Deception

meiner Frau

– 1 –

Eigentlich mache ich nur Tote. Der erste Hrabal ist von mir, die Presse überschüttete mich mit Lob. Mein Eich gilt mittlerweile als der »Standard-Eich«; Bunin steht als Nächster auf meiner Liste; Baldwin wird folgen; ein Sterne ist in der Pipeline. Jeder Biograph, der etwas auf sich hält, hat einen Sterne in der Pipeline. Als Dürrenmatt starb, habe ich mit dem Gedanken gespielt, ihn zu machen. Nur über ihre Leiche, beschied mir seine Witwe. Das ließe sich einrichten, doch ist es des Biographen erste Pflicht, persönliche Eingriffe in das Leben oder Nachleben ihres oder seines Objektes unter allen Umständen zu vermeiden. Uns allen sitzt Robert Frosts Biograph im Nacken. Er hat seine Glaubwürdigkeit zum guten Teil verspielt, als bekannt wurde, dass er ein Kind mit der zweiten Mrs. Frost hatte.

Einen grimmigen Winter lang (auch die Heizung fiel an manchen Tagen aus) kehrte ich zu Sterne zurück, arbeitete aber insgeheim auch an einem Nabokov, bis dieser davon Wind bekam. »Du hast nicht mein Niveau«, faucht er, sobald ich im Computer das Dokument anklicke. Ich träume von einem Giacometti, wobei ich aber nicht seinen Werdegang als Künstler aufzeichnen, sondern den Versuch unternehmen würde, die Biographie seiner berühmten Skulptur zu schreiben: Der Mensch, der geht; strauchelt; fällt; in drei Teilen, wie das Leben. Ich werde es jedoch nie

tun, und eben deshalb wird es mein wichtigstes Werk werden: Die
ideale Biographie ist die niemals geschriebene. Sie existiert nur
im Kopf und ist deshalb makellos. Doch vorerst – zur Erholung
(ich habe das Gefühl, mich für diese Arbeit rechtfertigen zu müssen) – mache ich erstmals einen Schriftsteller, der noch lebt. Un-
bedeutend wie er ist, wird er meinen Schlaf kaum stören.

Keller und ich kamen überein, uns erst zu treffen, wenn ich
sein Leben abgeschlossen haben würde. Noch nicht einmal seine
Stimme habe ich gehört, da wir ausschließlich online verkehren.
Mir ist bewusst, dass eine E-Mail-Korrespondenz bereits einen
gewissen persönlichen Eingriff darstellt; ich komme im Buch auf
diese Problematik zu sprechen. »Darüber hinaus gebe ich Ihnen
Zugang zu meinen Gedanken und Träumen«, schrieb mir Keller.
Die Vereinbarung, in der er auf das Recht verzichtet, meinen Text
zu redigieren, zu ändern oder in einer anderen Art einzugreifen,
unterschrieb er umstandslos. Ich wartete auf den Vorschuss und
machte mich an die Arbeit.

Das Buch wird unter Kellers Namen veröffentlicht. So gesehen
ist es nicht eigentlich eine Biographie (was mich entlastet). Sie
werden es bei Ihrem Buchhändler in der Abteilung »Erinnerungen« oder »Lebensbeschreibungen« und in verzweifelten Fällen
unter »Memoiren« finden. Keller, der Autor einiger von der Kri-
tik gepriesener, vom Publikum jedoch wenig bemerkter Romane,
ist keine der literarischen Legenden, die gewöhnlich meine Aufmerksamkeit auf sich ziehen. Sein nächstes Buch aber ist ein
neuer Anfang. Es sind Erinnerungen »vor der Zeit«, die er jetzt
schon geschrieben haben will. Klaus Mann habe seine ersten (von
dreien!) mit sechsundzwanzig verfasst (wie ich dieses schwülstige
»verfasst« verabscheue!), und ich entgegnete Keller, dass er abgesehen vom gemeinsamen Vaterproblem nun wirklich kein Klaus
Mann sei. Mag seine Geschichte auch kräftig mit einem Vater gewürzt sein, so ist es doch in erster Linie die Geschichte seines Lebens mit einer fortschreitenden Krankheit, die seine Muskeln
mehr und mehr schwächt. Er begann sein Leben als »normaler«
Junge, doch jetzt, mit achtunddreißig, kann er nur noch ein paar

Schritte weit gehen und hat nicht mehr die Kraft, eine ordentliche Enzyklopädie hochzustemmen oder auch nur das Manuskript seines neuen Buches, egal, wer es geschrieben hat. Seine Leserschaft weiß das nicht; in dem Lebensfragment, abgedruckt neben dem lächelnden Porträt in seinen Büchern, steht es nicht.

Ich bin zum Ergebnis gekommen, dass seine Romane lediglich ein Nebenprodukt seines medizinischen Zustandes sind. »Jeder Satz ist ein Muskel, den er nicht mehr hat«, wenn ich mich hier selber zitieren darf. Ich frage mich, ob er den Versuch unternehmen wird, mir dieses Statement auszureden. Oder sonst eines. Er sollte es besser bleiben lassen. Er hat die Vereinbarung unterschrieben. Auch, weil *Der beste Tänzer* sein bestes Buch werden wird.

– 2 –

Seine Stimme klang vertraut. Natürlich war ich nicht überrascht, als er schließlich anrief.

»Ich lese die Fahnen«, fuhr ich ihn an. »Das ist der Augenblick, in dem ich Sie nun wirklich nicht sehen will. Oder auch nur von Ihnen hören will. Warten Sie, bis Sie Ihr Exemplar erhalten. Lesen Sie in der Zwischenzeit noch einmal unseren Vertrag.«

»Wie wärs mit nächsten Samstag?«

Ich sah ihn an seinem Schreibtisch sitzen, in seinem Sitag Synchro-sit 45 S, von wo aus er mich von seinem Brother Faxphone 490DT anrief, während an seinem vergitterten Fenster ...

»Kinder?«

... vorbeirannten.

»Ich schaue den Nachbarkindern beim Spielen im Garten zu. Jean-Claude und ...«

»Raphaël, ich weiß.«

»Schicken Sie die Fahnen per Express. Ich will sie lesen, bevor wir uns treffen.«

Ich sagte nein. Nein zur Expresssendung. Nein zum Treffen mit Christoph Keller.

»Treffen wir uns im Restaurant *National*. Ich kann es kaum erwarten, dort zu sitzen und zu lesen, wie Sie mich beschreiben, wie ich dort sitze und mir Notizen mache…«

»… etwa für die Szene Ihres letzten Romans *Zeit, das Gebirge abzukarren*, die dort spielt. Die leckeren Chäschüechli, die sie da haben…«, doch ich unterbrach mich selbst. »Nein.«

»Achten Sie auf die Schwelle. Eine Stolperfalle! Das könnte unabsehbare Folgen haben.«

Ich notierte mir dieses Detail. Dann zerriss ich die Notiz wütend.

– 3 –

Ich kam absichtlich zu spät. Natürlich wusste ich, dass Keller schon da sein würde. Er zieht es vor, bereits an seinem Platz zu sitzen, damit er nicht beobachtet wird, wie er dorthin gelangt. Als ich auf das *National* zuschritt, sah ich seinen Van auf dem Gehsteig. Er stand nah genug beim Restaurant, sodass er zu Fuß hineingelangen konnte. Der Rollstuhl, den er sein »Rettungsboot« nennt oder sein »Cabrio«, wenn er in besserer Stimmung ist, hockte hinten im Wagen. Der Van sollte dringend gewaschen werden, doch das gehört nicht zu den Pflichten eines Biographen.

Ich spähte durch das verschmutzte Fenster: Da saß er auf der Bank an seinem runden Ecktisch. Der Stock lehnte an einem Stuhl. In diesem Moment stellte die Kellnerin ein Bier vor ihn hin. Sie redeten. Die Frau war groß und trug einen schwarzen Rock und schwarze Strümpfe. Ihr Haar war lang und ebenfalls schwarz. Als sie sich entfernte, schaute Keller ihr nach. Ich wusste, dass er an ihre Beine, nicht an ihre Muskeln, dachte. In diesem Augenblick schaute er in meine Richtung –

… und das Nächste, woran ich mich erinnern konnte, ist, dass ich durch die enge Gasse zwischen zwei sich leicht zueinander neigenden Häuserwänden hastete – so eng, dass der Himmel über mir kaum zu sehen war. Die Häuserschlucht führte mich tiefer in die Stadt hinein. Ich presste meine Hände gegen die Wände, um mein Gleichgewicht zu bewahren. Als ich nach nur wenigen Metern die Fußgängerzone erreichte, war ich außer Atem. Doch der Anblick von Menschen beruhigte mich. Obwohl ich in Sankt Gallen geboren wurde, war ich seit fast zwanzig Jahren nicht mehr hier gewesen. Oder nur für ein »Rein-Raus-Wochenende«, wie meine Mutter meine Überraschungsbesuche nennt. »Kaum ausgepackt, hast du schon wieder alles eingepackt«, sagt sie. »Damit beleidigst du deine alte Mutter. Wenn du nicht mehr Zeit hast, komm besser überhaupt nicht. Ich kann dir schicken, was du brauchst.« Der Altstadt wiederzubegegnen machte mir schmerzhaft bewusst, wie sehr ich mich selber verändert hatte. Die alte Ribaux-Buchhandlung war mit dem Schreibwarengeschäft McPaper ersetzt worden. Die Würstchenstände verkauften Starbucks Kaffee.

Als ich abhaute, war ich siebzehn, Francine neunzehn. Ich war ein Austauschstudent, der für einen Sommer nach St. Malo geschickt worden war. Francines verwitweter Vater Albert bestand auf der Abtreibung, Francine auf dem Kind. Als der Sommer vorüber war, fuhr ich nach Hause, um meinen Eltern mitzuteilen, dass ich mit meiner Frau und dem Kind in St. Malo leben würde. Meine Mutter sagte, ich sei verrückt. Mein Vater war nicht zu Hause.

Von St. Malo aus sandte ich meinem Lehrer eine Postkarte, die ihn darüber informierte, dass ich meine Hausaufgaben seriös nehmen und nicht mehr zurückkehren würde. Als Sommerlektüre hatte er uns die Lektüre von Alain-Fourniers Roman *Le Grand Meaulnes* aufgetragen. Wie Meaulnes hatte ich meine Prinzessin gefunden, doch anders als er hatte ich mir geschworen, sie nicht wieder zu verlieren. Als Meaulnes versuchte, zum Palast seiner Freundin zurückzukehren, fand er ihn nicht mehr; als er sie schließlich wieder gefunden hatte, war sie bereits jemand anders geworden, nicht die Frau, in die er sich verliebt hatte. Das sollte mir nicht passieren. Als ich Francines Vorortreihenhäuschenpalast verließ, um nach Sankt Gallen zu fahren, notierte ich mir ihre Adresse in zittriger Schrift auf ein Dutzend Zettel und verteilte sie auf die Taschen meiner Hosen und Jacken.

Francine überzeugte ihren Vater, sich auf seinen französisch-schweizerischen Enkel zu freuen und dessen Schweizer Knaben-Vater zumindest zu tolerieren. Albert war ein Mann der Extreme, also auch der extrem schwankenden Meinungen. Er missbrauchte seine Tochter, schrieb ich in einem gescheiterten Versuch, meine eigene Biographie zu verfassen, doch ich lag falsch; so war es nicht, ich war undankbar und erneut sehr, sehr ungerecht. Ich verbrannte das Manuskript.

Francine und ich waren unbedarfte Kinder; noch nicht wirklich einmal verliebte. Wir hatten keine Erfahrung, ich noch weniger als sie. Francine rühmte sich gleich einer ganzen Phalanx von Freunden, von denen keiner je einen Namen erhielt, während es mein Job war, die Illusionen in diese Beziehung zu bringen. Damit ich meine Frau und meinen Jungen durchbringen konnte, quartierte uns Albert in die beiden Dachzimmer seines Hauses ein und beförderte mich zum Geschäftsassistenten und ersten und einzigen Austragejungen seines Comestible-Ladens, der auf einen Marktplatz hinausging, der älter als die Menschheit war. Für Siebzehnjährige ist St. Malo als Wohnort zu niedlich. Wir nannten unseren Jungen Albert. Wir schmachteten nach Freiheit. Unseren Traum nannten wir Paris.

Wir wollten beide Literatur studieren. Auf meiner Wunschliste standen Französisch und Deutsch. Mit Französisch war Francine einverstanden, doch sie gab mir zu verstehen, dass ich die Krauts gleich vergessen könne. »Mon amour, warum nicht Italienisch? Spanisch? Russisch!« Ihre Diamantenaugen spießten mich auf, und meine Résistance brach zusammen.

Francine war ein zerbrechliches Wesen, doch wenn es darum ging, was sie wollte, warst plötzlich du die Puppe, die in ihren Händen zerbrach. Sie war es, die das Baccalauréat hatte, während ich, wegen ihr, vom Gymnasium desertiert war. Ohne Matura blieben mir die Universitätstüren verschlossen, während sich meine Stellung als Familienoberhaupt festigte. Zugleich war ich die Mutter, während sich Paris als Orléans entpuppte. Ich kochte und putzte, verdiente das Geld und wechselte Klein-Alberts Windeln, während sich Francine anschickte, ihr Studium mit einer Lizenziatsarbeit über Châteaubriand zu krönen. Ich entdeckte, dass ich meine Frau nicht wirklich liebte, nie wirklich geliebt hatte; ich begriff, dass ich nur meine Version von Francine geliebt hatte, und da begann ich sie zu hassen. Ich war einundzwanzig, verheiratet, hatte einen vierjährigen Sohn und eine zweiundvierzigjährige Geliebte mit männlichen Zwillingen in meinem Alter in der Wohnung neben unserer; ich hatte kein Geld, keine Erziehung, doch noch immer einige Illusionen. Ich haute ab. Haute wieder ab.

Für eine Weile lebte ich in Genf, schuftete Tag und Nacht. Ich nahm jeden Job an, doch nichts Illegales. Ich war doch ein Vater: Ich lehnte zum Beispiel das Angebot eines französischen Immigranten ab, meine Abendschule zu finanzieren, indem ich meine Kameraden mit ein bisschen Koks motivierte. Es dauerte vier Jahre, bis ich an einer Universität anfangen konnte, und weitere fünf, um mein Studium – in Zürich – abzuschließen. Ich studierte Deutsch und Französisch. Ich konnte nicht alles, woran ich glaubte, über Bord werfen. Mein Französisch war natürlich grauenhaft.

Jede Nacht träumte ich von Albert, doch nie sah ich sein Gesicht. Da war nur ein heller, brauner Fleck, der in einem Algensee zu schwimmen schien. Ich versuchte mir vorzustellen, wie mein Sohn lebte, wie er aufwuchs und wer er war – jenseits der nutzlosen Tatsache, dass er eben mein Sohn war. Ich versuchte ihn für mich zu beschreiben, und wieder scheiterte ich. Francine ließ mich meinen Verrat nicht wieder gutmachen. Ich schrieb ihr, machte verzweifelte Anrufe, schickte ihr dicke Briefumschläge mit dünnen Spielzeugen.

Einmal reiste ich nach St. Malo, um meinen Albert zu sehen. Nachdem ich verschwunden war, war Francine nach Hause zurückgekehrt. Näher als an ihren Freund kam ich nicht an sie heran. Laurel war über das intimste Detail ihrer Version meines

Lebens vertraut. Er verprügelte mich. »Hol dir dein eigenes Leben!« schrie mich Laurel an. Ich dachte an Mord. Ich dachte daran, meinen eigenen Sohn zu entführen. Doch stattdessen machte ich mich an meine erste (unvollendete) Biographie: Sterne. Tristana sagt, ich solle um Albert kämpfen, doch ich glaube nicht, dass sie das wirklich meint. Tristana ist die Sekretärin eines Seelenklempners und träumt von ihrer eigenen Seelenklempnerei. Sie verdankt meiner Frau viel und weiß das auch. Wir sind noch immer verheiratet, Francine und ich, und ich denke, wir werden es auch immer bleiben. Sex mit Tristana ist immer ein Seitensprung; das hält ein Sexleben in Schwung.

Jetzt lebe ich mit Tristana in einer von Zürichs Pendelvorstädten. In der Regel arbeite ich zu Hause, während sie pendelt. Als Tristana klein war, sperrte sie ihre Mutter über den Mittag mit einem butterlosen Sandwich in einen Schrank im Keller ein, da der Papa es nicht mochte, am Mittagstisch beim Nachrichtenhören gestört zu werden. Als Tristana achtzehn wurde, schwor sie sich, eine Hure zu werden, um ihrem Vater zu zeigen, was er aus ihr gemacht hatte. Es kam nicht dazu. Stattdessen entschloss sich Tristana für eine weniger aufopfernde Opferrolle. Am liebsten wäre sie Jüdin. Sie diskutiert mit einem Rabbi jüdische Probleme. Wenn ich sie im Bett befriedige, nennt sie mich auf Jiddisch einen »mensch«. Wenn es mir nicht gelingt, will sie, dass ich mich beschneiden lasse. Ich habe den Malamud von meiner Liste gestrichen.

Tristana wirft mir vor, ich sei vom Leben anderer Menschen durchtränkt. Ich sage, einem Seelenklempner würde es nicht anders ergehen. Außerdem sei die Metapher schief.

»Du kramst im Leben toter Leute!« schreit sie.

»Du und dein Boss tun das auch.«

Sie nennt meine Kunst des Biographierens Grabschändung. Bestenfalls sei das literarisch gerechtfertigte Nekrophilie. Üblicherweise entgegne ich darauf, dies solle mich davor bewahren, zu tief in mein eigenes einzudringen.

»Grab?«

»Leben, Tristana.«

Tristana liest nie, was ich schreibe.

»Du bist morbid«, sagt sie.

– 4 –

Der Van stand noch immer vor dem Restaurant, illegal geparkt, doch ohne Strafzettel. Es gibt einige wenige Privilegien, die einem das internationale Rollstuhlzeichen verschafft, obwohl sich eine Behinderung deswegen nicht lohne, wie Keller in seiner verqueren Logik irgendwo schreibt. Ich war durstig geworden. Als ich mich im *National* in seine Ecke setzte, war der Sitz noch warm. Ich kenne seinen Körper so gut wie meinen. Manchmal fühle ich das Surren seiner Muskeln. Das Manuskript lag noch immer auf dem Tisch. Wohin war er gegangen? Weit würde er ohne Wagen nicht kommen. Auch der Stock lehnte noch am Stuhl. Würde er zurückkehren? Ich blätterte im Manuskript. Da waren keine Bemerkungen, nicht einmal Unterstreichungen.

Die Kellnerin grüßte mich nicht.

»Noch ein Bier?«

»Ist Christoph Keller ein Stammgast?« Als wüsste ich das nicht. Sie musterte mich. Groß gewachsen und dünn. Vielleicht Slowenin. Die verwirrende Schönheit der Fremden.

»Ja, ich denke schon.« Sie war selber verwirrt. »Das heißt, natürlich weiß ich, dass er es ist. Ein Stammgast. Ich wusste nur seinen Namen nicht.«

Sie kam wieder mit meinem Bier. Ich fühlte mich schwindlig. Ich bewunderte ihre Muskeln, nicht ihre Beine.

»Wenn du mit mir flirten willst, weshalb sagst du es mir nicht gleich? Wie immer du heißen magst, du hast eben hier gesessen. Und schon ein paar Biere gehabt. Drei, wenn du es genau wissen willst. Hier steht Nummer vier.« Sie lächelte. »Nett, dich kennen zu lernen, Herr Keller.« Sie kritzelte eine Telefonnummer auf das Manuskript. »Ich bin Ljuba.«

Nach meinem zweiten Bier (oder war es das fünfte?) beschloss ich, meine Mutter mit einem Besuch zu überraschen. Ich sah mich schon, wie ich mich ihr im Garten näherte, wo sie Johannisbeeren pflücken oder auf den Knien Schnecken jagen würde, während die beiden Nachbarjungen auf der Wiese Ball spielten. Ich bezahlte alle fünf Biere und stand auf. Ich winkte Ljuba, die einen Tisch abwischte, doch sie sah mich nicht. Vielleicht achtete ich deshalb nicht auf die Türschwelle. Ich schlug hart auf. Mein Kopf knallte auf das Straßenpflaster, während meine Füße im Restaurant liegen blieben. Vielleicht war ich für einen Augenblick ohnmächtig, ich bin mir nicht sicher. Der Sturz fühlte sich seltsam, ich mich danach anders an. Als ich aufwachte (falls ich überhaupt ohnmächtig war), schmerzten meine Muskeln. Ich versuchte, aufzustehen, doch es gelang mir nicht. Ljuba sah, wie ich mich abmühte.

»Hast du dir wehgetan, Christoph?«

»Was ist mit mir geschehen?« dachte ich. Es war kein Traum. Ich sah, wie sich Ljubas Wadenmuskeln zusammenzogen, als sie mir aufhalf. Für einen Augenblick hing ich in ihren Armen und fühlte mich wohl. Dann setzte das Surren wieder ein.

»Ich weiß nicht«, sagte sie und reichte mir meinen Stock, den ich an meinem Platz vergessen hatte. »Du hast es mir mal gesagt, doch ich habe es vergessen.«

Sie half mir zum Auto. Ljuba war nicht nur groß, sie war die geborene Handballspielerin.

»Bist du okay?«

»Klar. Ich habe daran gedacht, wie ich vor einer Weile mit Basketball aufhören musste.«

Ljuba presste meinen Arm. Streichelte sie mich? Vielleicht war es nur ein Windstoß.

»Pass auf dich auf.« Sie war schon wieder unterwegs ins Restaurant.

Als ich den Motor gestartet hatte, stand Ljuba wieder neben dem Wagen. Ich lehnte mich zu ihr hinüber und stieß die Beifahrertür auf.

Sie lächelte. »Du hast dein Buch vergessen.«

Ich fuhr nicht gleich weg. Ich starrte auf meine Beine. Es kam mir vor, als könne ich durch den Hosenstoff sehen, wie sich meine Muskeln anspannten. Ich war spät dran, wie immer. Mir kam in den Sinn, dass ich den Auftrag erhalten hatte, fürs Abendessen einige Brötchen mitzubringen, doch es war schon nach fünf und die Geschäfte geschlossen. Ich könnte nach Hause fahren und das Essen von einem Restaurant bringen lassen. Wenn meine Frau eintreffen würde, wäre der Tisch gedeckt, der Wein eingeschenkt, die Pizza abrufbereit im Mikrowellenherd. Allein der Gedanke daran machte mich hungrig.

Zu Hause ging ich direkt zur Küchenbar, wo das bescheidene Häufchen Samstagspost auf mich wartete, und machte mir einen Ristrette. Das *Sankt Galler Tagblatt*. Die Einladung zu einer Vernissage in New York. Als ob ich deswegen nach New York fliegen würde. Eine vorgedruckte Absage. Der Herausgeber einer Anthologie fragte mich an, etwas über das Schreiben zu schreiben. Wurfsendungen. Schritte auf der Treppe. Natürlich würde ich meinen Sturz nicht erwähnen.

Meine Frau musste nur hereinkommen und schon waren ihre Sachen über die ganze Wohnung verstreut. Ihre Handtasche hockte auf dem Wäschekorb bei der Tür, ihr Mantel lag über einer Stuhllehne, ihre Schlüssel in einem Büchergestell (wo sie, bei den Russen, verschollen bleiben würden, bis ich ihr sagen würde, wo sie waren), die Einkäufe wanderten an der Küche vorbei und strandeten auf dem Wohnzimmersofa. Ich betrachtete verliebt, wie sich ihre Schuhe im Korridor küssten.

»Du hast den Beantworter nicht abgehört.« Sie küsste mich, verließ die Küche und rief: »Erzähl! Wie war dein Treffen?«

Ich hielt den Flyer eines Reisebüros in der Hand. Das Angebot, für fünf Tage nach St. Malo zu reisen, wo ich mit siebzehn meinen ersten Liebessommer erlebt hatte. Das Mädchen war nach dem ersten Versuch schwanger geworden; ihr Vater zwang sie abzutreiben; ich ließ nach unserem Sommer nichts mehr von mir hören. Vielleicht war das die Geschichte für diese Anthologie.

Ich hörte der Stimme im Nebenraum zu.

»Wer ist das? Und hast du meine Handtasche gesehen?«

Was, wenn sie das Baby dann doch nicht abgetrieben hatte? Ich nahm meinen Stock und ging, mich am Büchergestell abstützend (auf der Höhe von Bulgakows Gesamtausgabe lagen ihre Schlüssel), in mein Büro, wo meine Frau die Anrufe abspielte. Im Garten rannten die Nachbarkinder einem Ball nach. Ich könnte Vater eines französischen Sohnes sein.

»Eine Lida oder Lisa. Kennst du sie?

Ich könnte eine erwachsene Tochter haben.

»Eine Journalistin?«

Ich hätte sie Ljuba genannt.

»Sag schon, wie war es mit Keller? Wie ist er so?«

»Lass mich erst einen Anruf machen. Das Manuskript liegt auf der Bar. Wollen wir das Abendessen kommen lassen?« Ich schrie; sie hatte das Zimmer schon verlassen.

»Da ist ja meine Handtasche! Du bist beinah über sie gestolpert!«

Obwohl ich ihn nur einmal angerufen hatte, wusste ich seine Nummer bereits auswendig.

»Bitte?« Die Frauenstimme klang vertraut.

»Wer spricht da?«

»Vielleicht sollten Sie mir zuerst sagen, wer Sie sind.« Sie verstummte. Doch sie hängte nicht auf.

»Ich versuche, Christoph Keller zu erreichen.« Es war keine gute Verbindung. Ich konnte das Echo meiner Stimme hören.

»Er ist noch nicht nach Hause gekommen«, sagte Tristana. »Obwohl er schon da sein sollte. Ehrlich gesagt bin ich ein bisschen beunruhigt. Wann hat er Sankt Gallen verlassen?«

»Ich weiß es nicht. Er...«

»Was?«

»Ich habe eine ganze Stunde im *National* auf ihn gewartet.«

»Er ist gar nicht gekommen?«

Wieder das Echo.

»Er ist doch so zuverlässig.«

»Ich weiß«, sagte ich.

»Was soll ich nur tun?«

Ich empfahl ihr, zur Polizei zu gehen, und hängte auf.

Meine Frau saß an der Bar.

»Wirklich gut«, sagte ich.

»Was?« Sie blätterte gedankenverloren in dem umfangreichen Manuskript, das auf der Bar lag.

»Das Treffen mit Christoph Keller.«

Aus dem Englischen von Christoph Keller

Abbildungen

Der S. Fischer Verlag dankt allen Rechteinhabern für die Abdruck-
genehmigungen. In einigen Fällen konnten die Rechteinhaber trotz
intensiver Recherche nicht ermittelt werden. Der S. Fischer Verlag
verpflichtet sich, rechtmäßige Ansprüche nach den üblichen Ho-
norarsätzen zu vergüten.

11 *High Noon*, 1952 – Will Kane: Gary Cooper; Amy Kane: Grace Kelly;
    Frank Miller: Ian MacDonald; Regie: Fred Zinnemann. Courtesy of
    United Artists Corporation.

23 Marcel Duchamp, *Roue de bicyclette*. Die Abbildung zeigt die dritte
    Version von 1951; das Original von 1913 ging verloren. Metallrad auf
    gemaltem Stuhl, Museum of Modern Art, New York.

25 *Around the World in Eighty Days*, 1956, Phileas Fogg: David Niven
    Robert Morley; Regie: Michael Anderson. Courtesy of United Artists
    Corporation.

    »So much climbing, on a spherical world;/had Newton not been a
    mere beginner at gravity/he might have asked how the apple got up
    there/in the first place. And so might have discerned an ampler phy-
    sics.« (Les Murray, »Quintet for Robert Morley«) – »So viel Geklet-
    ter auf einer kugelrunden Welt;/wäre Newton nicht ein blutiger An-
    fänger in Sachen Gravitation gewesen,/hätte er vielleicht gefragt, wie
    der Apfel überhaupt/dort hochgekommen ist. Und hätte so viel-

leicht/eine weiträumigere Physik erahnt.« (Les Murray, »Quintette für Robert Morley«, in: *Ein ganz gewöhnlicher Regenbogen. Gedichte*, aus dem Englischen von Margitt Lehbert, Carl Hanser Verlag, München 1996)

41 *Manchmal kamen wir durch eine Reihe von Spitzbogengängen*, Illustration zu Jules Vernes *Voyage au centre de la terre*.

   »Nun, Axel?« fragte der Professor ungeduldig.

   »Nun, ich kann nicht mehr!« erwiderte ich.

   »Wie denn? Wir gehen doch immer abwärts!«

   »Aufwärts, würde ich sagen!«

   »Aufwärts!« wiederholte mein Onkel und zuckte die Schultern.

43 Privat.

45 Privat.

59 Carl Liner, Porträt meiner Mutter, 1955.

64 Privat.

69 Privat.

75 Privat.

76 Privat.

78 Privat.

81 Gustave Doré, in: François Rabelais, *Gargantua und Pantagruel*, übersetzt von Walter Widmer, Editions Rencontre Lausanne (Lizenzausgabe Winkler Verlag), S. 72; Text S. 73.

89 Privat.

92 Privat.

97 Privat.

103 Privat.

117 Privat.

118 Daniel Spoerri, *Danse macabre de grenouilles*, 1989, Froschkadaver, auf Holz aufgespießt, in: Heidi E. Violand-Hobi: »Daniel Spoerri. Biographie und Werk«, Prestel 1998.

124 Gustave Doré, in: François Rabelais, *Gargantua und Pantagruel*, übersetzt von Walter Widmer, Editions Rencontre Lausanne (Lizenzausgabe Winkler Verlag), S. 86; Zitat S. 89–90.

133 Privat.

139 Privat.

144 *Belle de Jour*, Simon and Schuster, New York, 1971.

146   Privat.

149   Zeichnungen »Käfer« und »Samsas Wohnung« von Vladimir Nabo-
      kov, in: Vladimir Nabokov, *Lectures on Literature: Austen, Dickens,
      Flaubert, Joyce, Kafka, Proust, Stevenson*, hrsg. von Fredson Bowers,
      Harcourt Brace & Company, 1980. Copyright by the Estate of Vladi-
      mir Nabokov.

154   Privat.

157   Abbildung aus dem St. Galler Tagblatt.

158   Frank Lloyd Wright, Guggenheim-Gebäude New York, 1959,
      www.hamline.edu/depts/art/ArtH/art545/fllwimag/guggenhe/gmi-
      downl.jpg).

165   Privat.

177   Kurt Adler, *Chromosomen III*, Privatbesitz.

179   *High Noon*. Courtesy of United Artists Corporation.

189   Privat.

192   Privat.

198   Schweizerisches Dienstbüchlein und Schweizerisches Zivilschutz-
      büchlein. Montage. Copyright by Schweizerische Eidgenossen-
      schaft.

204   Peter Greenaway, *Stairs*, 1994, Foto: Christoph Gevrey, www.cri.ch/
      stairs/img0067.jpg. Muss Kunst rollstuhlgängig sein? Wenn man es
      nicht einmal von der Kunst erwarten kann, von wem dann?

208   *Dr. Strangelove, or: How I Learned to Stop Worrying and Love the
      Bomb*, 1963; Peter Sellers; Regie: Stanley Kubrick. Courtesy of Co-
      lumbia Pictures Industries.

213   Alberto Giacometti, *Le chariot*, 1950, Museum of Modern Art, New
      York (Abb. aus: Christian Klemm, in Zusammenarbeit mit Carolyn
      Lachner, Tobia Bezzola, Anne Umland: *Alberto Giacometti*. Nicolai-
      sche Verlagsbuchhandlung Berlin, 2001, S. 167). »Er geht weiter, hin-
      kend. Er sagt mir, dass er sehr froh war, als er erfuhr, dass er nach sei-
      ner Operation – Folge eines Unfalles – hinken würde. Deshalb wage
      ich folgende Behauptung: seine Statuen machen mir den Eindruck,
      dass sie sich letztlich in ich weiss nicht welche geheime Gebrechlich-
      keit flüchten, die ihnen Einsamkeit gewährt.« (Jean Genet über Gia-
      cometti, in: Jean Genet, *Alberto Giacometti*, aus dem Französischen
      von Marlis Pförtner, Verlag Ernst Scheidegger, Zürich, 1962.)

Müssen Königsmärchen als Königsdramen enden?

217 *El jardín de las delicias*. Filmplakat der spanischen Version von Carlos Saura, 1972 (Ausschnitt).

233 Privat.

241 *Belle de Jour*, Simon and Schuster, New York, 1971.

256 *Belle de Jour*, Simon and Schuster, New York, 1971.

276 *Tristana*, Lorrimer Publishing, London 1971. » … aber ich erinnere mich, dass ich besonders den zweiten Teil mochte, von der Stelle an, wo die junge Frau, nachdem man ihr das Bein abgeschnitten hat, wieder nach Hause zurückkehrt. Ich höre noch ihren Gang im Flur, das Geräusch der Krücken …« (Luis Buñuel über *Tristana*, in: *Mein letzter Seufzer. Erinnerungen*, aus dem Französischen von Frieda Grafe und Enno Patalas, Athenäum Verlag, Königstein/Ts, 1983)

293 Privat.

295 Privat.

302 Privat.

303 Textseite, in: Christoph Keller, *Kasperli*, Heft 8, »Der Zirkus«, S. 26–27, G. Fischer Druckerei, 1974.

311 *Old New York, 1905*, Foto Underwood & Underwood.

319 *Waverly Place*, Richard Estes, 1980, Öl auf Leinwand. Hirshhorn Museum, Washington D. C.

320 Privat.

323 Photo von Jonathan Santlofer, 2000. Aus einem Gedicht Jans über – unter anderem – Verlust (bevor sie mich kennen gelernt hat): »And what are they singing about?:/the liner notes say a woman who threatens their friendship, which they vow to uphold./But I say they're singing life,/how we're always losing something,/how beautiful that is.« – »Und was besingen sie?/Das Beiheft sagt, eine Frau, die beider Freundschaftsschwur bedroht./ Aber ich sage, sie singen das Leben,/wie wir immer was verlieren,/wie schön das ist.« (Jan Heller Levi, in: *Switzerland or Somewhere/ Schweiz oder Sonstwo*, Gedichte, zweisprachig, übersetzt von Christine Frick-Gerke, Sabon Verlag, Sankt Gallen, 2000)

325 *High Noon*. Courtesy of United Artists Corporation.

333 Privat.

334 Sven Wingquist, *Self-aligning Ball Bearing*, 1929, Chromstahl, Museum of Modern Art.

356 Privat.

363 Kurt Adler, *Hommage à Duchamp*, 2001, Rollstuhlvorderräder auf Holzsockel (gebohrt), Gummi, Metall. Privatbesitz.

Danksagung

Late Fragment

And did you get what
you wanted from this life, even so?
I did.
And what did you want?
To call myself beloved, to feel myself
beloved on the earth.

Raymond Carver

Mein Dank gilt der Pro Helvetia, die mir vor langer Zeit einen Werkauftrag für ein ganz anderes Buch anvertraut und mir, während der Arbeit an diesem Buch, zu zwei Lesereisen durch die USA verholfen hat; sowie der Familie-Vontobel-Stiftung, der Dienemann-Stiftung und der Goethe-Stiftung für Kunst und Wissenschaft. Besonders zu Dank verpflichtet bin ich der Berner Cerebral-Stiftung, die stets bereit ist, die Mehrkosten zu übernehmen, die ein behindertes Leben verursacht, sowie all jenen, die mir dabei geholfen haben, die vielen Hindernisse in unserer Gesellschaft – im konkreten und übertragenen Sinn – zu überwinden oder sogar zu beseitigen.

Kurt Adler, *Hommage à Duchamp*, 2001, Privatbesitz.

Henning Ahrens
Tiertage
Roman
288 Seiten. Gebunden

Hinter den sieben Bergen … könnte diese Geschichte beginnen. Aber hier gibt es keine Berge. Hier gibt es flaches Land, zwischen Kraftwerk, Stahlwerk und Windrädern. Warum sollten sich Schicksal und Tragödie, Leidenschaft und Gefühle davon abschrecken lassen? Henning Ahrens' großer tragikomischer Roman über die Fallstricke der Liebe erzählt von Paaren und Beziehungen an einem Ort, an dem Reiher und Hase sich buchstäblich Gute Nacht sagen – bevor sie einschreiten.

»Mit Henning Ahrens haben wir einen
bedeutenden Gegenwartsautor.«
Süddeutsche Zeitung

S. Fischer

Antje Rávic Strubel
Kältere Schichten der Luft
Roman
190 Seiten. Gebunden

Anja lässt in einem schwedischen Sommer-Camp ihre alten
Geschichten hinter sich und trifft dort auf Siri, eine fremde
junge Frau, die noch immer auf ihren verschollenen Geliebten wartet. Immer mehr wird Anja zu diesem geheimnisvol-
len »Schmoll«. Ist der Zauber dieser wiedergefundenen ersten
Liebe Wirklichkeit oder Phantasie? Oder eine Täuschung des
nördlichen Lichts?

»Betont karg ist Antje Rávic Strubels Sprache,
aber manchmal beginnt sie zu leuchten; und dann
fliegt sie über Landschaften, innere wie äußere,
wie wir sie so noch nicht gesehen haben.«
Christoph Bartmann, Süddeutsche Zeitung

S. Fischer

fi 1-075121 / 1

Felicitas Hoppe
Johanna
176 Seiten. Gebunden

Im Jahr 1412 wird im lothringischen Domrémy ein Bauern-
mädchen geboren. Keine zwanzig Jahre später wird sie als
Ketzerin verbrannt. Aber Felicitas Hoppes »Johanna« ist
kein Buch über Johanna von Orleans. Dieses Buch ist
Johanna selbst, die Geschichte unseres Aufbegehrens und
der eigenen unersättlichen Sehnsucht.

»Die schönste und intelligenteste Prosa Deutschlands
schreibt Felicitas Hoppe.«
Denis Scheck, ARD Druckfrisch

S. Fischer

fi 1-032450 / 1

Arnold Stadler
Eines Tages, vielleicht auch nachts
Roman

Band 16575

Es geht um einen Mann namens Marinelli, der eines Tages
(vielleicht auch nachts) am Patrice-Lumumba-Strand von
Havanna tot aufgefunden wird. In seinem Portemonnaie
finden sich drei Fotos, in seiner Hand eine Wasserflasche mit
Rum. Marinellis Geschichte ist eine Liebesgeschichte, und sie
beginnt mit den Vorbereitungen der Reise einer Delegation
des Schriftstellerverbandes nach Kuba. Aber nicht nur Kuba
zeigt sich anders als erwartet – z.B. eher grau, eher wie
Husum –, auch Marinelli kann nicht ganz die Erwartungen
erfüllen, die in ihn gesetzt sind: Er hat sich nämlich verliebt,
in Ramona, und sie werden heiraten, beschließen sie, und sie
wollen zwei Schweine anschaffen und aufziehen, damit das
Hochzeitsfest wird, wie es sein soll. Aber statt daß Hochzeit
gefeiert wird, liegt eben eines Nachts (vielleicht auch tags) der
tote Marinelli am Patrice-Lumumba-Strand, und ein Arnold-
Stadler-Roman ist an sein traumverlorenes Ende gekommen:
»Dem fügen wir das Schweigen und die Farbe Blau hinzu.«

Fischer Taschenbuch Verlag